健康企业建设实践实用指南

张海东　陈艳芹　主编

山东大学出版社
SHANDONG UNIVERSITY PRESS
·济南·

图书在版编目(CIP)数据

健康企业建设实践实用指南/张海东,陈艳芹主编
.—济南:山东大学出版社,2024.4
ISBN 978-7-5607-8107-5

Ⅰ.①健… Ⅱ.①张… ②陈… Ⅲ.①企业-职工-健康-管理-指南 Ⅳ.①F272.92-62 ②R13-62

中国国家版本馆 CIP 数据核字(2024)第 077501 号

策划编辑 唐 棣
责任编辑 唐 棣
封面设计 王秋忆

健康企业建设实践实用指南
JIANKANG QIYE JIANSHE SHIJIAN SHIYONG ZHINAN

出版发行 山东大学出版社
社 址 山东省济南市山大南路 20 号
邮政编码 250100
发行热线 (0531)88363008
经 销 新华书店
印 刷 济南巨丰印刷有限公司
规 格 787 毫米×1092 毫米 1/16
12.25 印张 292 千字
版 次 2024 年 4 月第 1 版
印 次 2024 年 4 月第 1 次印刷
定 价 62.00 元

《健康企业建设实践实用指南》
编委会

主　编	张海东	山东省职业卫生与职业病防治研究院
	陈艳芹	山东省职业卫生与职业病防治研究院
副主编	高衍新	山东省疾病预防控制中心
	李小炟	山东警察学院
	张宇初	国网山东省电力公司
	张　帅	山东鼎安检测技术有限公司
	李　俊	山钢股份莱芜分公司炼钢厂
	张晓强	胜利油田石油开发中心有限公司
编　者	杨治峰	山东第一医科大学附属职业病医院
	张　普	山东第一医科大学附属职业病医院
	杨绪廷	山东省疾病预防控制中心
	毕心鄰	山东医学高等专科学校
	吕艳鹏	济南铁路疾病预防控制中心
	王　坤	国网山东省电力公司电力科学研究院
	赵一鸣	山东鼎安检测技术有限公司
	王　晔	山钢股份莱芜分公司炼钢厂
	邵　敏	山东京博控股集团有限公司
	徐向阳	山东里能鲁西矿业有限公司

前　言

2019年10月21日，全国爱国卫生运动委员会、国家卫生健康委、工业和信息化部、生态环境部、全国总工会、共青团中央、全国妇联七部门联合印发了《关于推进健康企业建设的通知》和《健康企业建设规范(试行)》两个与健康企业建设相关的文件，指导各地开展健康企业建设，重点落实健全管理制度、建设健康环境、提供健康管理与服务和营造健康文化四项任务。在健康中国大战略背景下，企业积极参加到健康企业建设活动中。这些企业在具体建设过程中，遇到各种问题和难点，发现很多问题具有相似性。因此，制定更为详细、更为具体的技术资料，成为指导健康企业建设工作的迫切需要。

本书依据国家有关健康企业建设的文件和规范要求，结合山东省实际情况，应用和参考了国内外健康企业建设的相关著作、规范性文件、标准、规范、论文等资料，在总结工作经验的基础上编写完成。本书主要面向企业、各级健康企业建设技术指导单位、第三方技术服务机构等对象，从健康企业建设的背景、目的与意义、评估程序、基本条件、评估细则等方面进行了比较详细的介绍。同时，将煤矿、化工、冶金、电力行业企业建设案例单列一章，作为建设经验进行分享。本书中个别外文单词或字母缩写暂无正式中文译名，为避免讹误，未翻译为中文。

本书力求语言通顺，简洁清晰，内容实用，但由于时间仓促，编者经验和水平有限，难免存在缺点和不足，欢迎各位同行及广大读者批评指正。

编　者

2023年10月

前言

目　录

第一章　绪　论

我国是世界上劳动人口最多的国家，截至2022年底，我国16～59岁劳动年龄人口为8.8亿，劳动人口占总人口的62.0%。多数劳动者的职业生涯超过其生命周期的一半。党的十九大作出了实施健康中国战略的重大决策部署，充分体现了党中央、国务院对维护人民健康的坚定决心，充分彰显了以人民为中心的发展理念。健康企业建设是践行“大卫生、大健康”理念，强化以人民健康为中心的工作思路和服务方式，全方位、全周期保障劳动者身心健康的重要举措，是健康中国行动在企业层面的具体实践。

第一节　建设背景

健康是促进人全面发展的必然要求，是经济社会发展的基础条件。实现国民健康长寿，是国家富强、民族振兴的重要标志，也是广大人民群众的共同追求。

2016年8月，习近平同志在全国卫生与健康大会上强调，“没有全民健康，就没有全面小康”①，要“树立大卫生、大健康的观念，把以治病为中心转变为以人民健康为中心”②。要深入开展健康城市和健康村镇建设，形成健康社区、健康村镇、健康单位、健康学校、健康家庭等建设广泛开展的良好局面。

2016年10月，党中央、国务院发布了《“健康中国2030”规划纲要》，首次在国家层面提出健康领域中长期战略规划，提出要“把健康融入所有政策”“全方位、全周期维护和保障人民健康”，提出要将健康城市建设作为健康中国的重要抓手全力推进。

2019年7月，健康中国行动推进委员会印发《健康中国行动(2019—2030年)》，明确了“职业健康保护行动”的目标(附录1)，提出将“健康企业”建设作为健康城市建设的重要内容。

---

① 人民网-中国共产党新闻网.习近平的健康观：以人民为中心，以健康为根本[EB/OL].(2016-08-09)[2023-12-12].http://jhsjk.people.cn//article/28650588.

② 人民网-人民日报.习近平在全国卫生与健康大会上强调：把人民健康放在优先发展战略地位　努力全方位全周期保障人民健康[EB/OL].(2016-08-21)[2023-12-12].http://jhsjk.people.cn/article/28652210.

2021年12月7日，国家卫生健康委等十七部门联合印发了《国家职业病防治规划（2021—2025年）》，明确提出把健康企业纳入健康城市、健康村镇建设的总体部署，大力推进健康企业建设。

健康中国的核心是人的健康。2022年末，我国16～59岁劳动年龄人口占总人口的62.0%，而人的一生中约有2/3的时间在各种职业活动中度过。职业人群是社会财富、经济文明的创造者，是社会发展的中坚力量，是历史前行的推动者。其健康水平直接关系到社会和经济的发展水平，关乎千千万万劳动者及其家庭的幸福。因此，只有职业人群的健康得到保障，才能实现全人群全周期的健康。世界卫生组织（World Health Organization，WHO）将健康工作场所定义为“劳动者与管理者共同采取的为保护和促进所有劳动者的健康、安全和福祉的持续改进过程以及可持续的工作场所”。

为践行“大卫生、大健康”理念，指导企业有效落实维护员工健康的主体责任，打造良好的企业文化，全方位、全周期保障劳动者身心健康，全国爱国卫生运动委员会办公室（以下简称“全国爱卫办”）会同多部门单位，组织起草了《国务院关于进一步加强新时期爱国卫生工作的意见》《关于开展健康城市健康村镇建设的指导意见》等文件，对开展健康社区、健康单位和健康家庭等健康“细胞”建设提出明确要求；以学校、企业、机关和事业单位等为重点，完善控烟措施，落实健康体检、职业健康检查、职业防护、安全管理等制度，营造相互尊重、和谐包容的单位文化，创造有益于健康的环境。

为落实健康“细胞”建设要求，2019年10月21日，全国爱卫办会同多部门单位，组织起草了《关于推进健康企业建设的通知》，明确了健康企业重点落实的健全管理制度、建设健康环境、提供健康管理与服务、营造健康文化四方面工作任务。

健康企业是指依法履行《中华人民共和国职业病防治法》等相关法定责任和义务，全面承担企业社会责任，工作环境健康、安全、和谐，可持续发展，劳动者健康和福祉得到有效保障的企业。通过不断完善企业管理制度，有效改善企业环境，提升健康管理和服务水平，打造企业健康文化，满足企业员工健康需求，实现企业建设与人的健康协调发展。

最后，健康企业建设不仅应关注职业病防治，更应关注影响职业人群健康的因素，包括但不限于传统职业病防治所关注的工业企业，还面向农业企业、商业企业、交通运输企业和服务企业等。我国的健康企业建设是国际工作场所健康促进理论和世界卫生组织健康城市理念在中国的良好实践与融合，对于保障和促进劳动者的身心健康，推动健康中国建设具有重要意义。

第二节　建设目的与意义

推进健康中国建设，是全面建成小康社会、基本实现社会主义现代化的重要基础，是全面提升中华民族健康素质、实现人民健康与经济社会协调发展的国家战略，是积极参与全球健康治理、履行2030年可持续发展议程国际承诺的重大举措。未来10年是推进健康中国建设的重要战略机遇期。经济保持中高速增长将为维护人民健康奠定坚实基础，消费结构升级将为发展健康服务创造广阔空间，科技创新将为提高健康水平提供有力支撑，各方面制度更加成熟、更加定型，将为健康领域可持续发展构建强大保障。

健康中国建设的重要抓手是健康城市，健康城市是以健康细胞工程为载体进行整体推进的，健康企业是健康城市的健康细胞工作之一。因此，健康企业是健康中国建设的微观基础。实施微观概念下的健康企业细胞工程，建立健全企业健康管理政策、打造企业健康环境、开展工作场所健康促进与教育、完善职业健康服务与健康管理、营造企业健康文化等，是保护和促进劳动者全面健康的根本策略，是健康城市建设和健康中国战略得以落地的微观基础。

我国工业企业数量庞大，员工众多，涉及矿山、电力、化工、冶金、有色金属、建材、建筑、交通运输等行业领域。目前，我国传统的化学、物理和生物因素所致的职业病危害依然严重，职业病高发态势不容忽视，防治任务十分严峻。同时，随着我国经济由高速增长转向高质量发展，面临解决工业化、城镇化带来的问题，人口老龄化加速、疾病谱变化、健康方面投入不足、生态环境治理、健康生活方式需求等的挑战，引发了新的健康问题，我国职业人群的疾病谱、工作环境和生活方式等亦发生变化，导致其职业健康面临复杂局面、多重威胁并存、多种健康影响因素交织，既要面对发达国家面临的职业健康问题，又要面对发展中国家面临的卫生与健康问题。如果不能有效解决这些问题，人民健康必将受到重大影响，经济发展也会受到制约，社会和谐稳定也将倍受影响。

建设健康企业要坚持以人为本，健康优先。从场所的角度出发，以建立健全管理制度、建设健康环境、提供健康管理与服务、营造健康文化等方面为主要内容，多角度、多维度开展，保障劳动者身心健康。健康企业建设不仅应关注职业病防治，更应关注影响职业人群健康的因素，包括但不限于职业病防治所关注的内容，还有工作相关疾病、劳动者自身基础疾病以及来自各方面的生理和心理压力。不仅工业企业要创建健康企业，农业、商业、交通运输业和服务业等企业也要建设健康企业，推进健康中国战略实现。健康企业不仅为劳动者提供布局合理、配套设备设施完善、保护劳动者身心健康、整齐干净卫生、智能绿色环保、舒适优美贴心和人性化、长效化的工作生产环境，还要切实满足《中华人民共和国安全生产法》的要求，关注劳动者的身心状况和行为习惯，增强对劳动者的心理健康辅导、精神抚慰，严格落实全员安全生产责任，防止劳动者因生活、心理压力出现的行为异常导致意外事故发生。

健康企业建设既关注现阶段我国主要法定职业病的防治，也着眼于新的职业人群的健康问题。健康企业建设倡导将保障劳动者健康融入企业的所有政策，将职业人群的健康管理作为企业管理的重要内容，为劳动者提供环境整洁、舒适优美、绿色环保、健康安全和人性化的工作和生活环境，完善的、全员的健康服务与健康管理、健康教育与健康促进，提高职业人群健康素养和身心健康水平。健康企业建设是为了贯彻《中华人民共和国职业病防治法》《国家职业病防治规划(2021—2025年)》，是按照党的二十大精神及党中央、国务院的要求开展的工作，是开展健康城市健康村镇建设的重要内容之一，亦是推动职业卫生工作的有效载体，对于保障和促进劳动者健康、推进健康中国战略目标的实现具有重要意义。

第三节　重点任务

世界卫生组织提出，大量的研究数据证明，从长远来看，那些促进和保护工人健康的企业，往往是最成功和最有竞争力的企业，工人也更愿意留在这样的企业任职。《健康企业建设规范（试行）》（附录 2）中明确了健康企业重点落实的四方面工作任务。

一、建立健全管理制度

企业应结合其性质、劳动者作业内容及健康需求和健康影响因素等因素，制定、完善与劳动者健康相关，符合国家法律法规、标准规范文件要求的各项规章制度，将劳动者健康列入企业发展的重要目标，采取措施保障其贯彻执行。

二、建设健康环境

企业应充分考虑劳动者健康需求，为劳动者提供布局合理、设施完善、整洁卫生、绿色环保、舒适优美和人性化的工作与生活环境。健康环境包括公共区域环境、生产环境、餐饮环境和办公环境。积极开展控烟工作，打造无烟环境。

三、提供健康管理与服务

企业应采取多种形式，广泛开展职业健康、心理健康、慢性病防治、传染病和食源性疾病防治等健康宣传与教育活动，倡导健康生活方式，提高劳动者健康素养和身心健康水平。

将企业全体员工纳入健康管理服务体系，服务内容包括一般健康、心理健康和职业健康。一般健康管理与服务以预防性健康查体为基础，实施人群的分类健康管理，降低慢性病的患病风险；制订应急预案防止传染病传播流行；制订并实施员工心理援助计划，提供心理评估和心理咨询服务；针对女职工积极落实《女职工劳动保护特别规定》，提供特殊劳动保护和妇科疾病、乳腺疾病检查等健康服务。职业健康管理与服务要求落实职业健康监护制度，依法依规安排接触职业病危害员工开展职业健康检查工作，并安排职业病患者进行治疗、康复和定期检查，切实保障劳动者职业健康权益。

四、营造健康文化

“人是文化的动物。”文化的历史性、现实性、渗透性、继承性和社会性等特征决定了其对健康影响的广泛性及持久性，可持续于生命的整个过程。企业应切实履行对劳动者、消费者和社区的社会责任以及环境保护义务，关爱劳动者身心健康，构建和谐、平等、信任、宽容的人文环境；参与公益活动，传播企业文化健康理念；预防工作场所暴力、歧视和性骚扰；将健康企业的影响扩展到家庭和社区。

第四节　评估程序

评估是开展健康企业建设的重要组成部分，定期对健康企业建设开展评估，有助于了解健康企业的整体建设情况，总结经验和推广好的建设路径和有效模式，不断完善健康企业建设，促进企业健康、可持续发展。

一、评估概述

（一）评估种类及含义

健康企业建设的评估一般包括需求评估、过程评估、效果评估和总结性评估。

1.需求评估

需求评估在具体开展健康企业建设工作之前进行。企业主要负责人应牵头健康企业建设活动，要了解用人单位健康状况和全体员工的健康需求，明确健康企业建设的等级目标和目的。需求评估是一个信息搜集和分析各类健康有关资料的过程，明确或推测与健康问题有关的行为和影响因素。其主要解决建设活动是否满足企业发展需要、能否给企业带来改变，项目是否可行和项目的可持续情况如何等问题。

2.过程评估

过程评估贯穿于整个建设活动。其主要目的是对健康企业建设实施情况和影响因素进行分析，以便有效推进健康企业建设工作。评估内容包括组织建设和人员构成、相关资源投入、员工参与度以及阶段问题整改落实情况。过程评估主要解决计划执行情况、干预措施是否覆盖拟订的目标人群、目标人群接受干预措施的目标和效果、目标人群的满意程度等问题，为最终效果评估提供过程资料和成果。

3.效果评估

效果评估一般在健康企业建设的结尾阶段进行。其包括对短期或长期效果和预期目标的评估，目的是评估健康企业建设整体的工作成效。评估指标包括员工的自我健康管理意识、健康知识与技能、吸烟率、企业的环境和政策改变等。其主要解决在需求阶段确定的整体健康状况、员工健康水平和素养变化等。

4.总结性评估

总结性评估是对企业整个健康企业建设活动的总结性概括，反映建设工作中存在的不足和经验。其主要依据健康企业建设评估标准的整体得分，判断企业是否具备申报健康企业的资格与条件。

实际工作中，对于专业技术人员多、领导重视度高的企业，整个建设活动可以由企业相关人员组织开展，在评估效果阶段，可以委托第三方机构结合相关技术指南，更加客观地对健康企业建设情况进行整体评估。对于自身建设能力不足的企业，可以在现有人员建设的基础上，委托第三方技术指导机构在需求、过程及效果三个阶段派人协助、全程跟进健康企业建设活动。

(二)评估内容

健康企业评估的内容主要参照《关于推进健康企业建设的通知》(全爱卫办发〔2019〕3号)、《健康企业建设规范(试行)》(附录2)有关要求,着眼于我国职业人群的主要健康问题及其影响因素,秉持"大卫生、大健康"理念,实施"把健康融入所有政策"策略,坚持"共建共享",同时强调预防为主,全方位全周期保障职业人群健康。

评估过程一般通过资料查阅、现场查看、人员访谈相结合的形式开展,具体如下:

1.听取汇报

由申报企业的负责人宣读健康企业建设承诺书,表明建设活动的自愿、主动原则;由具体负责人介绍单位健康企业建设概况,一般要包括企业基本概况、健康企业建设过程的具体做法和成效、特色亮点和持续性提升等内容,形式上采用纸质材料、集中汇报、视频展示等。

2.资料查阅

评估人员对照评估指标,查看健康企业建设过程的相关工作档案和资料,包括制定的相关规章制度、活动资料、会议资料、各种健康需求调查记录、培训资料和职业健康管理制度落实的相关记录等。

3.现场查看

现场查看主要查看企业基础设施、生产环境布局、"三废"处理情况、健身场所、餐饮场所等一般环境;查看心理健康、医务室/健康小屋、女职工保护设施等健康管理与服务相关设施;查看工作场所职业病危害防护设施运行、警示标识和各种告知牌设置情况。

4.人员访谈

健康企业建设的最终落脚点为员工的满意度与幸福感提高。通过对员工共同参与健康企业活动的基本知识宣贯、健康知识与技能提升、健康素养水平提高等活动参与程度进行交流,以落实健康企业建设活动"全员参与,全员共享"的初衷理念。

二、评估程序

(一)企业自评

企业组织相关人员对照《健康企业建设规范(试行)》(附录2)开展健康企业建设自评,得出整体得分,并编写成自评报告(附录4)。根据自评得分情况确定是否向有关部门进行申报。

(二)审核推荐

自评得分达到一定分数以上的企业,向所在县(市、区)牵头部门提交自评报告和相关材料,审核符合条件的,向市级牵头部门推荐。中央驻鲁和省管企业申请省级健康企业评估,可直接向市级牵头部门提交自评报告和相关材料。

(三)审核申报

市级牵头部门对企业基本条件、自评报告和相关材料进行审核,组织有关专家进行现场评估,经审核达到省级健康企业建设标准的,报经市爱卫办同意后,向省评委会申报省级健康企业评估。

(四)评估评定

省评委会组织评估专家,依据《健康企业建设规范(试行)》(附录2)、《省健康企业建设评估表》(附录3)、《省健康企业建设评估技术指南》,组织5～7名专家对申报企业进行资料审核和现场技术评估,形成专家评估书面意见。每年11月底前,依据专家评估书面意见和相关资料召开专题会议,研究评定省级健康企业名单。

(五)公示通报

年度健康企业建设活动结束后,省爱国卫生运动委员会办公室在省卫生健康委员会网站公示省级健康企业名单并予以通报,颁授省级健康企业牌匾。

市级或县(市、区)级健康企业评估评定、公示通报和颁发牌匾等工作,由市级或县(市、区)级参照以上步骤组织实施。

具体申报工作流程见附录5。

第五节　基本条件

本节介绍健康企业建设评估的基本条件。若基本条件中有任一不符合项,则不具备健康企业申报基本条件,停止评估。一个地区可根据实际情况修订基本条件,如山东省关于基本条件的要求包括六项,涉及企业主要负责人承诺、传染病和群体性食源性疾病发生情况、重大职业健康安全责任事故发生情况、重大突发环境事件发生情况、企业信用等级及职业健康整体工作合法合规情况。

一、企业主要负责人书面承诺组织开展健康企业建设

企业负责人书面承诺自愿开展健康企业建设,是为了证明主要负责人重视健康企业建设,是企业主动行为,从而保证健康企业建设活动顺序开展所需的人、财、物等得到决策保障。企业可参照如下样本准备承诺书,由负责人书面签字并加盖公章存档。

承诺书样本

本人作为(×××企业)(×××职务),秉承以人为本的方针,在此郑重承诺本企业自愿开展健康企业建设。

本企业将严格遵守各项法律法规,把健康理念融入各项制度并持续应用到实际工作中,全面履行社会责任,营造健康、安全、和谐和可持续发展的工作环境,切实保障员工身心健康。

承诺人:×××

(企业公章)

年　月　日

二、近3年内未发生因防控措施不力导致的甲、乙类传染病暴发流行和群体性食源性疾病等事故

本条主要是评估企业对甲、乙类传染病暴发流行和群体性食源性疾病的预防控制能力。《中华人民共和国传染病防治法》中已明确规定甲、乙类传染病种类。其中甲类传染病是指鼠疫、霍乱；乙类传染病是指传染性非典型肺炎、艾滋病、病毒性肝炎、脊髓灰质炎、人感染高致病性禽流感、麻疹、流行性出血热、狂犬病、流行性乙型脑炎、登革热、炭疽、细菌性和阿米巴性痢疾、肺结核、伤寒和副伤寒、流行性脑脊髓膜炎、百日咳、白喉、新生儿破伤风、猩红热、布鲁氏菌病、淋病、梅毒、钩端螺旋体病、血吸虫病、疟疾。《中华人民共和国食品安全法》定义的食源性疾病，是指食品中致病因素进入人体引起的感染性、中毒性等疾病，包括食物中毒。

该条款强调的是由于企业自身防控措施不到位导致上述事故发生，目的是督导企业在日常生产过程中，应充分重视传染病防治和食品安全工作。在实践过程中，一般需要企业所在的行业主管部门申请并出具书面证明材料(近3年)。

三、近3年内未发生重大职业健康安全责任事故，上一年度未发生职业健康安全责任事故造成的死亡事件

本条评估的依据为《中华人民共和国安全生产法》《中华人民共和国职业病防治法》。"近3年内未发生重大职业健康安全责任事故"是指在近3年内未发生因违反《中华人民共和国安全生产法》《中华人民共和国职业病防治法》等法律法规，造成"死亡、疾病、伤害、损坏或其他损失的意外情况"，而对劳动者健康造成危害及不良社会影响的重大职业健康安全责任事故。"上一年度未发生职业健康安全责任事故造成的死亡事件"是指申请评估的上一年度未发生由于用人单位职业健康安全责任导致的死亡事件。《生产安全事故报告与处理条例》规定："重大事故，是指造成10人以上30人以下死亡，或者50人以上100人以下重伤，或者5000万元以上1亿元以下直接经济损失的事故。"

该条款内容主要是评估企业对职业安全健康工作的重视程度，这里的3年内"职业安全责任事故"强调是在违反相关法律的基础上，对劳动者健康造成危害及产生不良社会影响的情况；上年度的"死亡事件"强调是由于用人单位职业健康安全责任导致。在实践过程中，一般需要企业所在的行业主管部门出具相关书面证明材料；另外，考虑到5年内新发职业病例数为职业病防治规划考核指标，要求查阅职业病报告系统，确定5年内新发职业病例数不超过3人。

四、近3年内未发生企业过失造成的重大突发环境事件

国务院颁布的《国家突发环境事件应急预案》(2014年12月29日)定义的重大突发环境事件：

(一)因环境污染直接导致10人以上30人以下死亡或50人以上100人以下中毒或重

伤的。

(二)因环境污染疏散、转移人员1万人以上5万人以下的。

(三)因环境污染造成直接经济损失2000万元以上1亿元以下的。

(四)因环境污染造成区域生态功能部分丧失或该区域国家重点保护野生动植物种群大批死亡的。

(五)因环境污染造成县级城市集中式饮用水水源地取水中断的。

(六)Ⅰ、Ⅱ类放射源丢失、被盗的;放射性同位素和射线装置失控导致3人以下急性死亡或者10人以上急性重度放射病、局部器官残疾的;放射性物质泄漏,造成较大范围辐射污染后果的。

(七)造成跨省级行政区域影响的突发环境事件。

该条款强调是由于企业过失原因导致发生重大突发环境事件。在实践过程中,一般需要企业所在的行业主管部门出具相关书面证明材料。

五、近3年内信用等级在A级以上或无失信信息

2022年山东省发展和改革委员会印发《山东省公共信用综合评价办法》,规定每个信用主体1000分基本分值,在此基础上,设置加分项、减分项两类指标。各类信用主体统一划分为诚信守法、轻微失信、一般失信、严重失信四类。各类信用主体细分为A^+、A、B、C、C^-、D、D^-七个信用等级。诚信守法类信用主体包括A^+级、A级;轻微失信类信用主体为B级;一般失信类信用主体包括C、C^-级;严重失信类信用主体包括D级、D^-级。其中A级为信用主体原始基准等级,一般是无失信信息、无良好信息,或失信信息与良好信息分值相等,即为1000分。

申报健康企业的信用主体可通过登录“信用中国(山东)”官方网站,通过公共信用综合评价查询获得相关信息。在评估工作实践中,要求提供提交评估材料日期之前的彩色原版打印材料为佐证。

六、可能产生职业病危害的用人单位依法依规开展建设项目职业病防护设施“三同时”、职业病危害因素定期检测和职业病危害现状评价、职业健康检查、职业病危害申报工作

《中华人民共和国职业病防治法》规定,新建、扩建、改建建设项目和技术改造、技术引进项目(以下统称建设项目)可能产生职业病危害的,建设单位应当开展职业病危害预评价、职业病防护设施设计和职业病危害控制效果评价;用人单位应当定期对工作场所进行职业病危害因素检测、评价;对从事接触职业病危害的作业的劳动者,用人单位应当组织上岗前、在岗期间和离岗时的职业健康检查;用人单位工作场所存在《职业病因素分类目录》所列职业病危害因素的,应当及时、如实向所在地卫生行政部门申报职业病危害项目。

《工作场所职业卫生管理规定》要求,职业病危害严重的用人单位,应当委托具有相应资质的职业卫生技术服务机构,每三年至少进行一次职业病危害现状评价,每年至少进行

一次职业病危害因素检测；职业病危害一般的用人单位，每三年至少进行一次职业病危害因素检测。

该条款的现场审核，要求用人单位提供落实职业病防治相关责任的承诺书，并结合省级职业病危害管理系统的查询结果确定。该条款的审核过程贯彻整个评估、会议评定和后续公示等全过程。

（张海东，陈艳芹）

第二章　管理制度

健康企业建设中的管理制度建设是企业开展健康企业活动组织管理系统的基本框架，是保证健康企业活动顺利开展的根本性保障。健康企业建设是一个整体的、系统的工程，过程涉及活动有效开展的机构、多个部门负责人的支持；另外，也需要开展活动必需的经费、场所支持和全体人员的参与。因此，通过制定和采用由企业主要负责人签署的综合性政策，并将其传达到所有工人，动员全员参与，才能确保健康企业活动实现“共建共享”的目标。

本章对应《山东省健康企业建设评分表》中的一级指标“管理制度”，包括组织保障、人员保障、制度保障、经费保障、劳动合同与参保情况和全员参与六项二级指标。

第一节　组织保障

一、成立健康企业建设工作领导小组，由主要领导担任负责人

建设健康企业，应设立独立的健康企业建设工作领导小组，以文件等形式确认企业设立健康企业建设工作的领导小组和主要负责人，有利于健康企业建设活动的顺利开展；健康企业建设工作领导小组负责人由法定代表人或法人委托人之外的其他主要领导担任的，应建立向主要负责人定期通报建设进度的工作机制，确保健康企业建设活动顺利开展。领导小组成员主要包括职业健康、安全、环保、卫生、人力资源、工会、办公室、采购与财务等部门和车间负责人等。如果因管理、人员等方面的需求，健康企业建设工作领导小组也可挂靠在现有的相关组织机构，但要从正式文件上予以确认。

健康企业建设工作领导小组的职责是负责领导本单位的健康企业建设工作，审定健康企业建设工作的目标和实现目标的实施方案，并定期检查实施方案的落实情况，协调解决各部门关系和所需物质、经费落实等问题，组织并推动全体人员参加健康企业建设活动。

企业应以正式文件等形式明确健康企业建设领导小组的组织框架和工作机制，明确负责人和小组成员的分工与职责，并建立相应的档案。

健康企业建设领导小组每年至少召开 1 次专题会议部署健康企业建设工作，相关会议资料应记录并存档。

二、明确健康企业建设管理部门及职责

企业应明确设置健康企业建设管理部门，也可以挂靠在现有部门，并应有固定的办公场所。

健康企业建设管理部门应制定相应的工作制度，明确、详细的健康企业建设工作职责，包括工作范围、内容、承担责任等，有计划地、科学有序地组织实施和评估健康企业建设工作。相应的文件应存入档案备查。

健康企业建设管理部门的主要职责包括：

(1)宣传、贯彻国家与职业健康、环境保护、安全生产、食品安全等有关法律、法规，并监督实施。

(2)组织执行健康企业建设领导小组的方针政策。

(3)制订健康企业建设年度工作计划和中长期计划，确定明确的目标和量化指标，并组织实施。

(4)对存在职业病危害的企业，制订有效的职业病防治工作计划，以识别、控制和消除职业病危害和工作有关疾病；监督、管理和评估本单位的职业病防治工作；开展工作场所职业病危害因素定期检测、日常监测和职工职业健康监护。

(5)开展健康需求评价，系统性收集工作场所各种与健康有关的资料，并对这些资料进行整理、分析，明确或推测与某种健康问题有关的行为和影响因素，以及健康相关资源可及性的过程，为确定健康企业建设目标、策略和具体措施提供基本依据，为决策提供基础性依据和方案。

(6)制定并完善相关制度，如职工定期体检制度、安全生产管理制度、饮水饮食卫生管理制度、职业病防治规章制度、防护用品使用管理制度、工间操制度、健康教育与健康促进制度、食堂营养保障管理制度等，规范企业职工操作规程，强化职工安全意识，提高健康管理水平。

(7)开展健康干预，针对健康问题或健康危险因素开展一系列有组织、有计划的健康信息传播和教育活动，目的是促使工作环境、目标人群的行为生活方式向着有利于健康的方向转化，保护员工健康，提高员工健康水平，推动社会和经济健康、持续发展。

(8)进行效果评价，对健康企业建设项目的执行情况和完成结果进行测量，将实际结果与预期目标进行比较，判定是否完成了预定目标和完成程度。

(9)定期向健康企业建设工作领导小组和企业最高管理层汇报健康企业建设取得的成效和存在的问题。

(10)做好年度专题会议的组织工作；完成年度健康企业建设各类台账和资料归档工作。

(11)持续完善健康企业建设的计划、政策和制度。

(12)负责健康企业建设活动的宣传报道和对外工作。

第二节 人员保障

配备健康企业建设专(兼)职管理人员

开展健康企业建设的企业应配备相应的专(兼)职管理人员,为本单位健康企业建设工作提供技术指导,并负责日常管理。企业员工总数500人及以上的,配备1名及以上专职管理人员负责健康企业建设工作。员工总数500人以下的,配备不少于1名专(兼)职管理人员负责健康企业建设工作。根据近几年现场评估得分情况,建议企业设置专职工作人员,可为开展健康企业建设提供更好的核心支持。

健康企业建设涉及工作场所、一般环境、员工的一般健康状况、职业卫生、心理卫生、传染病与慢性病防治、食品安全与膳食营养等,管理人员应具有一定的专业背景和相关的工作经历,并加强培训和学习。负责健康企业建设的专(兼)职管理人员应有正式的任命文件,并建立健康企业管理人员的档案。

第三节 制度保障

一、制订健康企业工作计划和实施方案

为了确保健康企业建设活动的有序开展,需要按照健康企业建设标准要求,结合实际情况,制订工作计划和实施方案,完整的建设计划应包括3～5年的中长期计划和本年度计划及配套的实施方案。

企业制订的中长期计划应包括健康企业建设的总体目标、内容、要求和时间表等;年度工作计划应包括目的、目标、措施、考核指标及保障条件等,涉及员工一般健康检查、职业健康检查(存在职业病危害的企业评估内容)、健康管理和健康促进项目等内容,并有配套的实施方案。实施方案应包括组织机构、责任体系、人员配备、阶段目标、质量控制、效果评估和经费保障等核心内容,且具有企业自身特点和操作性。

健康企业建设管理部门每年应对健康企业建设计划和实施方案的落实情况进行必要的评估,并撰写年度评估报告。评估报告应包括年度总体工作情况、存在的问题和下一步的工作重点,书面评估报告应送达主要负责人阅知,并作为下一年度制订计划和实施方案的参考。企业通过不断调整和落实健康企业建设年度计划,最终实现健康企业中长期计划目标。

企业的中长期计划和年度计划、配套的实施方案、年度评估报告等应形成书面文件并归入健康企业年度档案。

二、建立完善与劳动者健康相关的各项制度

结合企业性质、作业内容、劳动者健康需求和健康影响因素等，建立完善与劳动者健康相关的各项规章制度，如劳动用工制度、职业病防治制度、定期体检制度、女职工保护制度、健康促进与健康教育制度等。

存在职业病危害的企业应依法落实各项职业健康管理的相关制度，包括职业病防治管理责任制、职业病危害警示与告知制度、职业病危害项目申报制度、职业病防治宣传教育培训制度、职业病防护设施维护检修制度、职业病防护用品管理制度、职业病危害监测与评价管理制度、建设项目职业病防护设施“三同时”管理制度、劳动者职业健康监护及其档案管理制度、职业病危害事故处置与报告制度、职业病危害应急救援与管理制度、岗位职业卫生与安全操作规程、职业病危害风险管控和隐患排查治理体系制度（以下简称“双重预防体系”）等核心制度。

随着员工健康需求的不断提高，企业还应结合实际持续改进和完善健康相关的各项制度。

公司制定的各项制度应以发文等形式确认，按照最新相关法律法规进行完善和修订，使其具有针对性和操作性。在实际评估过程中，很多企业重视职业健康相关制度建设，而忽视了传染病防治、健康教育与健康促进、心理健康等相关的制度；另外，职业健康管理制度中存在较多的问题，就是文件内容过多借鉴其他公司的内容，出现与实际情况不一致的情况较多。

三、落实企业民主协商制度，建立全体员工共同参与健康企业建设的协商协调机制，构建和谐劳动关系

健康关乎每位职工的切身利益，企业要根据有关法律法规和政策措施，制定开展健康企业建设相关的协商民主工作制度，丰富企业民主管理形式，扩大职工的有序参与。

建设健康企业，不能简单地“征询”或“告知”企业的劳动者，而是应该从计划制订到具体实施每一步都让员工积极参与进来，征求员工的观点和想法，倾听并予以实施，最终实现“共建共享”的建设目标。同时，充分发挥工会的纽带作用，建立企业相关方与员工的协调对话机制，定期就健康企业建设中出现的问题进行协商，研究出台相关政策，组织和教育员工依法依规行使民主权利，发挥企业主人翁的作用。

企业从制度和管理方面有鼓励员工通过各种途径和形式参与健康企业建设相关事务的相关要求，共同推进健康企业建设。企业管理人员、工会和职工代表、职工群众都是企业民主协商的平等参与主体。要保障企业民主协商的参与主体，在法律地位和人格尊严、获得协商机会、获取相关信息和资源、表达各自利益诉求以及对协商结果的影响力等方面享有平等权利。

落实企业民主协商制度，建立全体员工共同参与健康企业建设的协商协调机制，可以通过以下多种形式：

(1)会议式协商:如民主对话会、民主恳谈会、民主议事会、民主咨询会等,强化职工代表大会的审议、评议、监督等职能。

(2)专题式协商:由具有相对专业知识和专业技能的职工与企业高层管理人员或企业职能部门,围绕健康企业建设的前瞻性问题和热点、难点问题中的某一专题进行平等议事。

(3)投票式协商:坚持涉及职工切身利益的重大决策、重要事项采取无记名票决方式,切实保障职工代表自主意愿的真实表达。

(4)个体式协商:通过座谈、访谈等传统方式和网络、手机等通信手段,设置接待日、领导直通车等形式,不断丰富职工个体与企业的协商民主实践。

(5)群体式协商:企业工会要组织职工内部不同的利益群体展开协商对话,如各类协会群体,实现职工整体利益与局部利益、长远利益与眼前利益的有机兼顾、统筹落实。

民主协商还要与职工代表大会、集体协商、信息公开等民主管理制度互动实施,注重发挥企业民主管理制度体系的综合作用,出台与健康企业建设有关的政策,促进健康企业建设工作和谐发展。

第四节　经费保障

设立健康企业建设专项工作经费,专款专用

为了确保健康企业建设的顺利推进,企业应设立健康企业建设专项工作经费,专款专用。经费应与企业发展规划、工作计划和实施方案相适应,满足健康企业建设工作需求。

健康企业建设专项工作经费包括日常办公、一般健康检查、健康宣教、健康评估、健康相关设施设置与维护等方面。在实践过程中,需要特别值得注意的是,健康企业建设专项工作经费不包括依据法律法规要求所必须投入的经费,如工伤保险费用和存在职业病危害企业的职业病防治经费(职业健康检查费用、职业病危害检测评价费用、个人防护用品购买费用、建设项目职业病危害评价费用、职业病危害告知和职业病危害警示标识和中文警示说明设置费用以及个人防护用品购买费用等)。

健康企业建设专项经费应根据实际情况,编制年度预算,不得挪作他用。经费支出应有使用记录,保留原始凭证。在实际评估工作中,发现企业对相关的支出项目不是很清楚,大多列出的是职业健康相关的费用支出,而对于厂区绿化、环境整治、非职业健康相关宣传培训等的支出,未纳入专项工作经费。

第五节　劳动合同与参保情况

一、依法与劳动者签订劳动合同，并将工作过程中可能产生的职业病危害及其后果、职业病危害防护措施和待遇等如实告知劳动者

健康企业建设要求企业规范劳动用工管理，依法与劳动者签订劳动合同，明确劳动条件、劳动保护和职业病危害防护措施等内容。

(1)企业应依据《中华人民共和国劳动合同法》与员工签订劳动合同，如实告知员工工作内容、工作条件、工作地点、职业病危害、安全生产状况、劳动报酬以及劳动者要求了解的其他情况。劳动合同格式参考人力资源社会保障部编制并公布的《劳动合同(通用)》和《劳动合同(劳务派遣)》示范文本。

(2)存在职业病危害的企业与员工订立劳动合同(含聘用合同，下同)时，还应依据《中华人民共和国职业病防治法》要求，将工作过程中可能产生的职业病危害及其后果、职业病防护措施和待遇等如实告知劳动者，并在劳动合同中写明，不得隐瞒或者欺骗。员工在已订立劳动合同期间因工作岗位或者工作内容变更，从事与所订立劳动合同中未告知的存在职业病危害的作业时，企业应当向劳动者履行如实告知的义务，并协商变更原劳动合同相关条款。

(3)根据《人力资源社会保障部办公厅关于订立电子劳动合同有关问题的函》(人社厅函〔2020〕33号)，企业与员工协商一致，可以采用电子形式订立书面劳动合同。企业应保证电子劳动合同的生成、传递、储存等满足电子签名法等法律法规规定的要求，确保其完整、准确、不被篡改。企业与员工应当按照电子劳动合同的约定，全面履行各自的义务。

在现场评估过程中，需要单位人资部门提供全部职工员工花名册，评估人员现场随机要求提供部分人员的劳动合同原件(含电子合同)查阅，对员工会随机访谈合同签订情况，根据实际缴纳额度与足额比例确定分值。

二、按时、足额缴纳工伤保险、医疗保险保费

《中华人民共和国职业病防治法》规定用人单位必须依法参加工伤保险。依据《工伤保险条例》规定参加工伤保险，按时为本企业全部员工或者雇工足额缴纳工伤保险费，保障员工因工作遭受事故伤害或者患职业病时能够获得医疗救治和经济补偿，促进工伤预防和康复，分散用人单位的工伤风险。劳动者被诊断患有职业病，但用人单位没有依法参加工伤社会保险的，其医疗和生活保障由最后的用人单位承担；最后的用人单位有证据证明该职业病是先前用人单位的职业病危害造成的，由先前的用人单位承担。

依据《中华人民共和国城镇职工基本医疗保险条例》规定，企业及其从业人员应按规定缴纳职工基本医疗保险费。

在现场评估过程中，需要企业人力资源保障部门提供全部职工员工花名册、工资表与工伤保险、医疗保险缴纳凭证，根据实际缴纳额度与足额比例确定分值。

第六节 全员参与

采取多种措施，调动员工积极参与健康企业建设

“全员共建共享”是健康企业建设的指导方针之一。健康企业建设是企业全员参与、人人建设、人人享有的过程；“共建”是指企业、员工等各方共同参与、合作共建，从而形成互利共赢的利益共同体；“共享”是指各方共同分享健康企业建设带来的积极成果；“共建”是“共享”的前提，“共享”是“共建”的目的。

员工是健康企业建设的主要受益者，也应该是主要参与者，必须让员工深切体会到“我是健康的第一责任人”的健康理念，才能充分调动员工的积极性。企业应通过多种方式鼓励、引导、接纳、培养员工发挥主人翁精神，主动参与健康企业建设的组织动员、资源整合、需求评估、优先排序、制订计划、活动实施、项目评价和改进完善等全部过程。另外，员工应了解本单位、本岗位的职业病危害风险、管控措施和隐患排查治理的相关内容等。

全员参与的前提是对健康的认识到位。在健康企业建设过程中，应采用多种形式，使员工与管理者共同参与目标的设定，并就最终达到的目标达成一致意见。鼓励全体员工为健康献言献策，让员工充分体会到健康企业活动对自身健康水平提高的意义和积极作用，充分发挥主观能动性，变“要我做”为“我要做”。

要确保全员参与健康企业建设活动就必须有良好的全员参与的环境氛围和必要的物质条件，可采取以下措施：

(1)主要负责人应起到带头参与的作用，积极参与健康企业相关的活动。

(2)为各类与健康相关的活动提供必要的经费和物资支持。

(3)建立工作机制，扫除员工参与的思想和组织体系上的障碍，如将健康咨询时间视为正常工作时间。

(4)对员工积极参与做出的成绩给予评价和奖励，如优先确定为“健康达人”推荐人选。

员工参与健康企业建设的活动过程要有相关记录，每次活动应对开展情况进行评估，总结取得的效果和存在的问题，为下一步更好地鼓励员工参与健康企业活动提供参考。

全员参与健康企业建设活动，可通过多种形式进行宣传，鼓励更多的员工参与；同时，相应的资料应纳入健康企业建设档案。

在现场评估过程中，要求至少提供三种能证明发动员工积极参与健康企业建设、建言献策活动的档案资料，有建议和意见被采纳的相关支撑材料；相关活动目标人群参与率也要有指标要求。评估人员现场对员工进行随机访谈，了解各类活动的参与、职业病危害风险及其管控措施、隐患排查治理等情况。

（张宇初，王坤，张海东）

第三章　健康环境

本章内容对应《山东省健康企业建设评分表》中的一级指标“健康环境”，包括一般环境、工作场所环境两项二级指标。

第一节　一般环境

一、基础设施完善

企业在厂区内设置包括生产生活设施、卫生辅助用室以及文化和体育设施等基础公共服务设施在内的基础设施。其中非工业企业的配套基础设施应包括阅览室、休息室或茶歇区、健身房等。

(一)厂区道路及文化、体育设施的设置

厂区交通道路应硬化平坦，整洁卫生，无违章搭建、占路设摊，无乱堆乱停等现象。道路交通设计应符合《厂矿道路设计规范》(GBJ 22—87)，厂内主干道和次干道可采用水泥混凝土、沥青混凝土、冷拌沥青碎石等高级或次高级路面。

企业应根据实际情况设置健身场所或健身设施，在厂区(生活区)内配置健身房、乒乓球台、羽毛球场、篮球场等，鼓励员工开展体育锻炼；同时在厂区(生活区)应设置阅览室，订购一定数量的书籍、杂志，供员工日常学习阅读，提升员工专业技术能力和文化素养。

在现场评估过程中，多数企业能够达到相关的要求，但对于租赁办公楼的情况，存在实际使用权的不确定性，成为影响得分的主要原因。

(二)生活设施及卫生辅助用室的设置

企业应根据实际使用需求设置生产生活卫生辅助用室，包括浴室、更(存)衣室、盥洗室、洗衣室、休息室。按照《工业企业设计卫生标准》(GBZ 1—2010)的要求，辅助用室的设置应根据工业企业生产特点、实际需要和使用方便的原则，并应符合相应的卫生标准要求。辅助用室应避开有害物质、病原体、高温等职业性有害因素的影响。建筑物内部构造应易于清扫，卫生设备便于使用。浴室、盥洗室、厕所的设计，一般按劳动者最多的班组人数进行设计。更(存)衣室设计人数应按车间劳动者实际总数计算。应根据车间的卫生特征设置浴室、更(存)衣室、盥洗室。不同车间卫生特征分级如表 3-1 所示。

表 3-1 车间卫生特征分级

卫生特征	1 级	2 级	3 级	4 级
有毒物质	易经皮肤吸收引起中毒的剧毒物质(如有机磷农药、三硝基甲苯、四乙基铅等)	易经皮肤吸收或有恶臭的物质,或高毒物质(如丙烯腈、吡啶、苯酚等)	其他毒物	不接触有害物质或粉尘,不污染或轻度污染身体(如仪表、金属冷加工、机械加工等)
粉尘	—	严重污染全身或对皮肤有刺激的粉尘(如炭黑、玻璃棉等)	一般粉尘(棉尘)	
其他	处理传染性材料、动物原料(如皮毛等)	高温作业、井下作业	体力劳动强度Ⅲ级或Ⅳ级	

注:虽易经皮肤吸收,但易挥发的有毒物质(如苯等)可按 3 级确定。

车间卫生特征 1 级、2 级的车间应设浴室;3 级的车间宜在车间附近或厂区设置集中浴室;4 级的车间可在厂区或居住区设置集中浴室。浴室可由更衣间、洗浴间和管理间组成。浴室内一般按 4～6 个淋浴器设一具盥洗器。淋浴器的数量,可根据设计人数按表 3-2 计算。

表 3-2 每个淋浴器设计使用人数(上限值)

车间卫生特征	1 级	2 级	3 级	4 级
人数	3	6	9	12

注:需每天洗浴的炎热地区,每个淋浴器使用人数可适当减少。

女浴室和卫生特征 1 级、2 级的车间浴室不得设浴池。

体力劳动强度Ⅲ级或Ⅳ级者可设部分浴池,浴池面积一般可按 1 个淋浴器相当于 2 m^2面积进行换算,但浴池面积不宜＜5 m^2。

车间卫生特征 1 级的更(存)衣室应分便服室和工作服室。工作服室应有良好的通风。车间卫生特征 2 级的更(存)衣室,便服室、工作服室可按照同室分柜存放的原则设计,以避免工作服污染便服。车间卫生特征 3 级的更(存)衣室,便服室、工作服室可按照同柜分层存放的原则设计。更衣室与休息室可合并设置。车间卫生特征 4 级的更(存)衣柜可设在休息室内或车间内适当地点。

车间内应设盥洗室或盥洗设备。接触油污的车间应供给热水。盥洗水龙头的数量应根据设计人数按表 3-3 计算。

表 3-3 盥洗水龙头设计数量

车间卫生特征级别	每个水龙头的使用人数
1、2	20～30
3、4	31～40

盥洗设施宜分区集中设置。厂房内的盥洗室应做好地面排水，厂房外的盥洗设施还宜设置雨篷并应防冻。应根据职业接触特征，对易沾染病原体或易经皮肤吸收的剧毒或高毒物质的特殊工种和污染严重的工作场所设置洗消室、消毒室及专用洗衣房等。低温高湿的重负荷作业如冷库和地下作业等，应设工作服干燥室。

生活用室的配置应与产生有害物质或有特殊要求的车间隔开，应尽量布置在生产劳动者相对集中、自然采光和通风良好的地方。应根据生产特点和实际需要设置休息室或休息区。休息室内应设置清洁饮水设施。女工较多的企业，应在车间附近清洁安静处设置孕妇休息室或休息区。就餐场所的位置不宜距车间过远，但不能与存在职业性有害因素的工作场所相邻设置，并应根据就餐人数设置足够数量的洗手设施。就餐场所及所提供的食品应符合相关的卫生要求。厕所不宜距工作地点过远，并应有排臭、防蝇措施。车间内的厕所，一般应为水冲式，同时应设洗手池、洗污池；寒冷地区宜设在室内。除有特殊需要，厕所的蹲位数应按使用人数设计。劳动定员男职工人数＜100 人的工作场所，男厕所可按 25 人设一个蹲位；＞100 人的工作场所，男厕所每增 50 人增设一个蹲位；小便器的数量与蹲位的数量相同。劳动定员女职工人数＜100 人的工作场所，女厕所可按 15 人设 1～2 个蹲位；＞100 人的工作场所，女职工每增 30 人，增设一个蹲位。

人数最多班组女工＞100 人的工业企业，应设妇女卫生室。妇女卫生室由等候间和处理间组成。等候间应设洗手设备和洗涤池。处理间内应设温水箱和冲洗器，冲洗器的数量应根据设计人数确定。人数最多班组女工人数为 100～200 人时，应设 1 具冲洗器；＞200人时，每增加 200 人增设 1 个。人数最多班组女工人数为 40～100 人的工业企业，可设置简易的温水箱和冲洗器。

二、生产环境布局合理，生产布局符合国家相关标准要求

(一)总平面布置

工业企业厂区应按照《工业企业设计卫生标准》(GBZ 1—2010)的相关要求，工业企业厂区总平面布置应明确功能分区，可分为生产区、非生产区、辅助生产区。其工程用地应根据卫生要求，结合工业企业性质、规模、生产流程、交通运输、场地自然条件和技术经济条件等合理布局。

工业企业厂区总平面功能分区的原则应遵循：分期建设项目宜一次整体规划，使各单体建筑均在其功能区内有序合理，避免分期建设时破坏原功能分区；行政办公用房应设置在非生产区；生产车间及与生产有关的辅助用室应布置在生产区内；产生有害物质的建筑

(部位)与对环境质量有较高洁净要求的建筑(部位)应有适当的间距或分隔。生产区宜选在大气污染物扩散条件好的地段,布置在当地全年最小频率风向的上风侧;产生并散发化学和生物等有害物质的车间,宜位于相邻车间当地全年最小频率风向的上风侧;非生产区布置在当地全年最小频率风向的下风侧;辅助生产区布置在两者之间。

工业企业的总平面布置,在满足主体工程需要的前提下,宜将可能产生严重职业性有害因素的设施远离产生一般职业性有害因素的其他设施,应将车间按有无危害、危害的类型及其危害浓(强)度分开;在产生职业性有害因素的车间与其他车间和生活区之间宜设一定的卫生防护绿化带。存在或可能产生职业病危害的生产车间、设备应按照《工作场所职业病危害警示标识》(GBZ 158—2003)的要求设置职业病危害警示标识。可能发生急性职业病危害的有毒、有害的生产车间的布置应设置与相应事故防范和应急救援相配套的设施及设备,并留有应急通道。高温车间的纵轴宜与当地夏季主导风向相垂直。当受条件限制时,其夹角不得<45°。高温热源应尽可能地布置在车间外当地夏季主导风向的下风侧;不能布置在车间外的高温热源应布置在天窗下方或靠近车间下风侧的外墙侧窗附近。

(二)竖向布置

放散大量热量或有害气体的厂房宜采用单层建筑。当厂房是多层建筑物时,放散热和有害气体的生产过程宜布置在建筑物的高层。如必须布置在下层时,应采取有效措施防止污染上层工作环境。噪声与振动较大的生产设备宜安装在单层厂房内。当设计需要将这些生产设备安置在多层厂房内时,宜将其安装在底层,并采取有效的隔声和减振措施。含有挥发性气体、蒸气的各类管道不宜从仪表控制室和劳动者经常停留或通过的辅助用室的空中和地下通过;若需通过时,应严格密闭,并应具备抗压、耐腐蚀等性能,以防止有害气体或蒸气逸散至室内。

该条款考查平面布置布局功能分区明确且布局合理、有害与无害作业分开、工作场所与生活场所分开、竖向布置和生产布局合理四项指标。在资料审查过程,企业可提供厂区平面布置示意图、职业病危害控制效果评价或职业病危害现状评价报告中的相关文字结论复印件。

三、环境整洁,无卫生死角

企业应制定规范的环境卫生制度,单位公共区域(包括主次干道、卫生间等)的清扫与保洁,由专职环境卫生清扫保洁人员负责。各科室负责本办公室内的清扫与保洁,并实行“门前三包”的责任制管理。

办公室内办公用品、报纸等摆放整齐有序,不得存放与工作无关的物品,个人生活用品应放在固定的抽屉和柜内。室内卫生达到“六净一整齐”,墙壁净、门窗净、屋顶净、地面净、用具净、悬挂物净,花盆内整齐无杂物;电话机、电脑键盘、门把、开关整洁消毒,夏季使用空调前,对过滤网要进行清洗消毒;会议室和两人以上办公室禁止吸烟,会议室有禁烟标识和一次性水杯(使用公用茶具时有消毒设施)。

禁止在单位内部公共场地倾倒、堆放垃圾,禁止将卫生责任区内的垃圾扫入道路或公共场地，禁止随地吐痰和乱扔果皮、纸屑、烟头及各种废弃物。各科室使用后的报纸杂志及废旧纸张，统一交办公室保存及处理。

分布在单位公共区域内的垃圾箱、垃圾筐以及垃圾堆放容器由保洁人员负责清理，实施生活垃圾分类，有害垃圾存放应做到密闭化，有专人定时收集，做到日产日清，有完善的记录。各科室产生的垃圾、废弃物，应当按照规定的地点、方式倒入垃圾筐或垃圾堆放容器内。配置给各科室的垃圾筐、垃圾袋由各科室使用管理，勿随意变动地点或位置。

院内卫生及时清扫维护，院内无垃圾和废弃物；按社区规定开展除四害活动，四害密度达标；车篷、雨搭、夹道定期清洁，不存在卫生死角；墙面、门窗和百叶窗定期清洗并保持整洁；院内和大门口外三包地段符合卫生要求并通过各级创建活动检查和验收。

路面、绿地、院落等外部环境定期养护，保持植物生长良好、叶面洁净美观，无明显病虫害、死树、地皮空秃。环境整洁美观，无垃圾杂物堆放，及时清除渣土、枝叶等，严禁露天焚烧枯枝、落叶等。

该条款考查规范制度建立情况与完善的记录，环境整洁，垃圾分类规范、收集清运，无卫生死角四项指标。因此，企业除了需要对环境进行整改外，还需要从四个方面提供相关的证明材料才能确保得分，如垃圾清运制度和委托协议、定期清理记录等书面资料。

四、绿化覆盖率和绿地率满足国家绿化工作要求

绿地率与绿化覆盖率都是衡量居住区绿化状况的经济技术指标。企业应重视场内绿化工作，保证绿化覆盖率或绿地率达标（绿化覆盖率指绿化植物的垂直投影面积占企业总用地面积的比率；绿地率指企业范围内各类绿地的面积总和与企业用地面积的比率；绿地包括单位附属公园、游园、道路及建筑旁的绿地、苗圃和花圃等）。

非工业企业绿化覆盖率和绿地率应分别达40%及以上和35%及以上；工业企业绿化覆盖率和绿地率应分别达到35%及以上和30%及以上；产生有害气体及污染严重的工业企业应设有防护林带，绿化覆盖率和绿地率应分别达45%及以上和40%及以上；处于商业中心的企业绿化覆盖率和绿地率应分别达25%及以上和20%及以上。

在计算绿地率时，对绿地的要求非常严格。绿地率所指的“居住区用地范围内各类绿地”主要包括公共绿地、宅旁绿地等。其中，公共绿地又包括居住区公园、小游园、组团绿地及其他的一些块状、带状化公共绿地。即使是级别最低的零散的块状、带状公共绿地也要求宽度不小于8 m，面积不小于400 m^2，该用地范围内的绿化面积不少于总面积的70%（含水面），至少要有1/3的绿地面积要能常年受到直接日照，并要增设部分休闲娱乐设施。而宅旁绿地等庭院绿化的用地面积，在设计计算时也要求距建筑外墙1.5 m和道路边线1 m以内的用地，不得计入绿化用地。此外，还有几种情况也不能计入绿地率的绿化面积，如地下车库、化粪池。这些设施的地表覆土一般达不到3 m的深度，在上面种植大型乔木，成活率较低，所以计算绿地率时不能计入“居住区用地范围内各类绿化”中；而屋顶绿化等装饰性绿化地，按目前国家的技术规范，也算正式绿地。

相比而言，在计算绿化覆盖率时，对绿地的定义则十分宽松，树的影子、露天停车场甚

至中间可以种草的方砖都可算作绿地。简而言之，在计算绿化覆盖率时，只要是块草皮，就可以累加到绿地面积中。

绿化师的配置要求：每家单位至少配备一名具有绿化设施维护、宣传教育、病虫害防治等相关专业知识和技能的绿化师。绿化带除法定节假日调整外，每五天进行一次视察和维护，及时清理违规驾车或违规施工破坏草树的违法行为，定期对绿化带进行修剪整理，中心草坪人工除草整理；每周进行一次巡查，并于发现问题后立即报告核实并整改完毕。

绿化用品的配置：单位应配备割草器、喷洒设备、固定枯枝的钢丝绳和配件，对植物进行残枝修剪、管道及设备保养等相关工作的必备用品。单位对所属植物的管理、保养，应采取清理杂草、修剪修整草坪及绿化带内的花草树木等维护管理措施；对于公司外部的植物，负责人或工作人员应定期给予养护，保障其在门口形象丰满、色彩鲜艳。

单位门口的洒水、扫地和户外清洁设备使用过程中，应遵守操作规程，精细分区收集垃圾等废弃物，确保清洁与卫生。绿化设施应与公共设施合理整合，保障资源高效利用和投入收益。

该条款根据企业不同情况确定不同的得分标准。在现场评估过程中，需要企业提供相关书面材料，可从项目环境影响评价报告、初步设计报告中获得；也可通过总平面布置图标注的绿地面积实际计算得出相关数据。

五、废气、废水、固体废物排放和贮存、运输、处理符合国家、地方相关标准和要求

企业应按照《中华人民共和国环境保护法》《中华人民共和国大气污染防治法》《中华人民共和国水污染防治法》《固体废物处理处置工程技术导则》等相关法律法规的要求，对废气和废水各项环保指标（排污许可证上的排放指标）经过处理达到国家或地方排放标准和要求。

应对固体废物进行规范化处理，建立废气和废水排放、固体废物处理处置的管理制度，具有处置工业固体废物的相关记录和环境监测报告等材料。

该条款主要考核企业对环境保护工作的成效，企业需要提供涉及“三废”（废水、废气、废渣）处理处置的相关管理制度、环境监测报告、在线监测点实时监测数据，同时需要有工业固体废物处置记录。

六、有效落实病媒生物防治，鼠、蚊、蝇、蟑螂等病媒生物密度得到有效控制

落实《“健康中国 2030”规划纲要》中“深入开展爱国卫生运动，实施以环境治理为主的病媒生物综合预防控制策略”相关要求。

企业应当依照法律、法规要求，制订工作场所病媒生物的预防与定期检查制度，设置专职或兼职病媒控制人员，按照《病媒生物密度监测方法 蜚蠊》（GB/T 23795—2009）、《病媒生物密度监测方法 蝇类》（GB/T 23786—2009）、《病媒生物密度监测方法 蚊类》（GB/T 23797—2009）、《病媒生物密度监测方法 鼠类》（GB/T 23798—2009）的要求，认

真做好病媒防制工作。

企业应按照《病媒生物密度控制水平　鼠类》(GB/T 27770—2011)、《病媒生物密度控制水平　蚊虫》(GB/T 27771—2011)、《病媒生物密度控制水平　蝇类》(GB/T 27772—2011)、《病媒生物密度控制水平　蜚蠊》(GB/T 27773—2011)四个国家标准要求，将鼠、蚊、蝇、蟑螂等病媒生物的种群密度控制在国家标准要求范围之内。经专业机构考核，单位病媒生物密度控制水平至少达到C级。

鼠密度控制水平：防鼠设施C级标准：防鼠设施合格率大于或等于93%；外环境鼠密度控制水平C级标准：路径指数小于或等于5%。

蚊虫密度控制水平：小型积水蚊虫密度控制水平C级标准：路径指数小于或等于0.8；大型水体蚊虫密度控制水平C级标准：采样勺指数小于或等于5%，平均每阳性勺少于8只蚊虫幼虫和蛹；外环境蚊虫密度控制水平C级标准：停落指数小于或等于1.5。

蝇类控制水平：生产销售直接入口食品的场所不得有蝇。室内不得存在蝇类孳生地；室内成蝇密度控制水平C级标准：有蝇房间阳性率小于或等于9%，阳性间蝇密度小于或等于3只/间；室外蝇类孳生地密度控制水平C级标准：蝇类孳生地阳性率小于或等于5%；防蝇设施C级标准：防蝇设施合格率大于或等于90%。

蜚蠊密度控制水平：成若虫侵害率C级标准：蜚蠊成若虫侵害率小于或等于5%，平均每阳性间(处)成若虫数小蠊小于或等于10只，大蠊小于或等于5只；卵鞘查获率C级标准：蜚蠊卵鞘查获率小于或等于3%，平均每阳性间(处)卵鞘数小于或等于8只。

蟑迹查获率C级标准：蟑迹查获率小于或等于7%。

应根据病媒生物预防控制制度配备防病媒生物设施，做好定期检查和控制记录。保证工作场所、厕所及食堂等场所是否具备防蝇防鼠设施(例如灭蝇灯、粘鼠板等)，无鼠、蚊、蝇、蟑螂孳生地。

在现场评估过程中，企业普遍对专业机构的病媒生物密度考核记录不清楚。首先，需要具有该业务范围的机构出具专业报告，报告内容至少包括蚊密度监测、蝇密度监测、蟑螂密度监测、鼠密度监测相关数据，并出具“病媒生物密度控制水平”的相关结论。

七、全面开展控烟工作，打造无烟环境

落实《健康中国行动(2019—2030年)》中“鼓励企业、单位出台室内全面无烟规定，为员工营造无烟工作环境，为员工戒烟提供必要的支持”相关要求。

室内公共场所应全面禁止吸烟，在单位走廊、会议室、办公室等明显位置设置禁烟提示牌，在会议室、接待室等公共区域不放置烟灰缸等烟具，倡导干部职工不吸烟、不敬烟，提高干部职工的控烟禁烟意识，为干部职工创造健康良好的工作环境。

结合实际工作情况，建立单位控烟管理制度，单位内杜绝烟草广告和促销，强化劝导和教育，对控烟表现好的干部职工给予表扬，违反相关规定的干部职工进行批评教育。

通过无烟机关创建工作扎实开展，广大干部职工普遍认识到吸烟有害健康，控烟的意识愈发增强，单位内烟民也越来越少，单位室内公共场所无吸烟现象，办公环境得到改观。

该条款涉及访谈对象确认、禁烟标识设置相关内容。在现场评估过程中,禁烟标识设置经常存在不规范、地点不全情况,内容经常忽略举报投诉电话、处罚金额的相关内容,会议室未设置相关标识牌。

八、加强水质卫生管理,保障生活饮用水安全

企业应制定生活饮用水、直饮水及饮水机设备检测与设施清洗维护制度。

企业通过饮用水输配水管网,使用集中式供水单位提供的饮用水,应定期检查、清洗企业内二次供水设施和输配水管网,保证企业供应的生活饮用水符合《二次供水设施卫生规范》(GB 17051—1997)的要求。

设施的卫生要求:设施周围应保持环境整洁,应有很好的排水条件,供水设施应运转正常。设施与饮水接触表面必须保证外观良好,光滑平整,不对饮水水质造成影响。通过设施所供给居民的饮水感官性状不应对人产生不良影响,不应含有危害人体健康的有毒有害物质,不引起肠道传染病发生或流行。

设施设计的卫生要求:饮用水箱或蓄水池应专用,不得渗漏;设置在建筑物内的水箱其顶部与屋顶的距离应大于 80 cm,水箱应有相应的透气管和罩,入孔位置和大小要满足水箱内部清洗消毒工作的需要;入孔或水箱入口应有盖(或门),并高出水箱面 5 cm 以上,且有上锁装置;水箱内外应设有爬梯。水箱必须安装在有排水条件的底盘上,泄水管应设在水箱的底部,溢水管与泄水管均不得与下水管道直接连通,水箱的材质和内壁涂料应无毒无害,不影响水的感观性状。水箱的容积设计不得超过用户 48 小时的用水量。

设施不得与市政供水管道直接连通,在特殊情况下需要连通时必须设置不承压水箱。设施管道不得与非饮用水管道连接,如必须连接时,应采取防污染的措施。设施管道不得与大便口(槽)、小便斗直接连接,须用冲洗水箱或用空气隔断冲洗阀。设施须有安装消毒器的位置,有条件的单位设施应设有消毒器。设计中使用的过滤、软化、净化、消毒设备、防腐涂料,必须有省级以上(含省级)卫生部门颁发的"产品卫生安全性评价报告"。蓄水池周围 10 m 以内不得有渗水坑和堆放的垃圾等污染源。水箱周围 2 m 内不应有污水管线及污染物。

设施日常使用的卫生要求:设施的管理部门负责设施的日常运转、保养、清洗、消毒。管理单位对设施的卫生管理必须制定设施的卫生制度并予以实施,管理人员每年进行一次健康检查和卫生知识培训,合格上岗。管理单位每年应对设施进行一次全面清洗、消毒,并对水质进行检验,及时发现和消除污染隐患,保证居民饮水的卫生安全。发生供水事故时,设施和管理单位必须立即采取应急措施,保证居民日常生活用水,同时报告当地卫生部门并协助卫生部门进行调查处理。

企业通过自建供水设施供水,应取得相关卫生许可,供应的生活饮用水水质应符合《生活饮用水卫生标准》(GB 5749—2006)的要求。

生活饮用水水质应符合下列基本要求,保证用户饮用安全。生活饮用水中不得含有病原微生物。生活饮用水中化学物质不得危害人体健康。生活饮用水中放射性物质不得

危害人体健康。生活饮用水的感官性状应良好。生活饮用水应经消毒处理。

企业通过装置直饮水设备供水，相关设备应具有卫生许可批件，供应的直饮水应符合《饮用净水水质标准》(CJ 94—2005)的要求。

感官性状：色≤5度；浑浊度(度)≤1 NTU；无嗅和味；无肉眼可见物。

一般化学指标：pH值为6.0～8.5；硬度(以碳酸钙计)≤300 mg/L；铁≤0.2 mg/L；锰≤0.05 mg/L；铜≤1.0 mg/L；锌≤1.0 mg/L；铝≤0.2 mg/L；挥发性酚类≤0.002 mg/L；阴离子合成洗涤剂≤0.20 mg/L；硫酸盐≤100 mg/L；氯化物≤250 mg/L；溶解性总固体≤500 mg/L；高锰酸钾消耗量(CODMn以氧计)≤2 mg/L；总有机碳(TOC)≤4 mg/L。

毒理学指标：氟化物≤1.0 mg/L；氰化物≤0.05 mg/L；硝酸盐(以氮计)≤10 mg/L；砷(As)≤0.01 mg/L；硒(Se)≤0.01 mg/L；汞(Hg)≤0.001 mg/L；镉(Cd)≤0.01 mg/L；铬(六价)≤0.05 mg/L；铅(Pb)≤0.01 mg/L；银≤0.05 mg/L；氯仿≤30 μg/L；四氯化碳≤2 μg/L；滴滴滴(DDT)≤0.5 μg/L；六六六≤2.5 μg/L；苯并(a)芘≤0.01 μg/L。

细菌学指标：细菌总数≤50 cfu/mL；总大肠菌群≤0 cfu/100 mL；粪大肠菌群≤0 cfu/100 mL；游离余氯(管网末梢水，如用其他消毒法则可不列)≥0.05 mg/L。

放射性指标：总α放射性≤0.1 Bq/L；总β放射性≤1.0 Bq/L。

企业通过装置饮水机设备供水，相关设备应具有卫生许可批件，供应的饮用水应符合《食品安全国家标准包装饮用水》(GB 19298—2014)的要求。

以来自公共供水系统的水为生产用源水，其水质应符合GB 5749—2022的规定；以来自非公共供水系统的地表水或地下水为生产用源水，其水质应符合GB 5749—2022对生活饮用水水源的卫生要求。源水经处理后，食品加工用水水质应符合GB 5749—2022的规定。水源卫生防护：在易污染的范围内应采取防护措施，以避免对水源的化学、微生物和物理品质造成任何污染或外部影响。

该条款涉及饮用水设备检测与设施清洗维护制度、检测、管网和设备检查清洗、水质合格的相关内容。在现场评估过程中，首先要了解企业饮用水的来源方式，据此来确定现场评估内容和资料查看。如企业采用装置饮用水设备供水，就需要查看设备的卫生许可批件，水质应符合GB 19298—2014的要求。

九、企业内设食堂、就餐场所应符合相关规定要求

企业设置食堂的，应遵守《中华人民共和国食品安全法》《山东省餐饮服务许可管理办法》《餐饮服务食品安全监督管理办法》《餐饮服务许可审查规范》《餐饮服务食品安全操作规范》等要求，办理“餐饮服务许可证”，食品卫生量化分级管理等级B级以上，从业人员应具有“从业人员健康证”和“食品安全知识培训合格证”。

(一)企业内设置食堂应满足条件

(1)具有与制作供应的食品品种、数量相适应的食品原料处理和食品加工、贮存等场所，保持该场所环境整洁，并与有毒、有害场所以及其他污染源保持规定的距离。

(2)具有与制作供应的食品品种、数量相适应的经营设备或者设施，有相应的消毒、更

衣、洗手、采光、照明、通风、冷冻冷藏、防尘、防蝇、防鼠、防虫、洗涤以及处理废水、存放垃圾和废弃物的设备或者设施。

(3)具有合理的布局和加工流程,防止待加工食品与直接入口食品、原料与成品交叉污染,避免食品接触有毒物、不洁物。

(4)具有经食品安全培训、符合相关条件的食品安全管理人员。

(二)企业内设置食堂应建立的食品安全规章制度

(1)专职食品安全管理人员岗位职责规定。

(2)食品、食品添加剂、食品相关产品的采购、索证索票、进货查验和台账记录制度。

(3)设施设备(如卫生间、空调及通风设施、制冰机等)定期清洁、消毒和维修保养制度。

(4)人员培训与健康管理制度。

(5)餐厨垃圾和废弃食用油脂处置制度。

(6)关键环节操作规程,包括采购、贮存、烹调温度控制、专间操作、包装、留样、运输、清洗消毒等。

(7)食品添加剂使用管理制度。

(8)场所环境卫生管理制度。

(9)有害生物防治制度。

(10)食品安全突发事件应急处置方案。

对于不具备食堂设置条件的企业,应按照《中华人民共和国食品安全法》和集体用餐配送等相关规定做好工作。应选择有集体用餐配送资质的食品生产经营单位配送餐,配送方式和送到时间应符合食品安全规定要求。集体用餐配送单位向集体用餐单位分送膳食时应当采用封闭式专用车辆。车辆运输前应当进行清洗、消毒,在运输装卸过程中应当注意操作卫生,防止污染膳食。运送膳食的专用车辆及其车内容器应当根据膳食的要求,设定并保持相应的温度。冷藏方式加工的膳食从烧熟至食用的时间不得超过 24 小时;加热保温方式加工的膳食从烧熟至食用的时间不得超过 3 小时。企业应保留供应商"餐饮服务许可证"以及获准"集体用餐配送许可"等相关证明文件。

(三)就餐场所

企业就餐场所的位置不宜距车间过远,但不能与存在职业性有害因素的工作场所相邻设置,并应根据就餐人数设置足够数量的洗手设施。

在现场评估过程中,首先要确定用人单位员工就餐场所和就餐方式。由于不同企业食堂选址不同,有个别企业存在洗手设施太远、数量明显不足的情况。

十、厕所设置布局合理、管理规范、干净整洁

工业企业应按照《工业企业设计卫生标准》,按照辅助用室基本卫生要求对厕所进行设置。男职工<100 人的工作场所,可按 25 人设置一个蹲位;男职工>100 人的工作场所,每增 50 人增设一个蹲位,小便器的数量与蹲位的数量相同。女职工<100 人的工作场

所，可按 15 人设置 1～2 个蹲位；女职工＞100 人的工作场所，每增 30 人，增设一个蹲位。

非工业企业公共厕所等环卫设施应符合《环境卫生设施设置标准》(CJJ 27—2012)、《城市公共厕所卫生标准》(GB/T 17217—1998)等要求，数量充足，布局合理，管理规范。

厕所的设计应该符合国家建筑规范的规定，包括建筑面积、高度、采光、照明、通风等方面要求，并应该满足相应的建筑安全、环保、防火等方面的标准。厕所必须有足够的空间，不得拥挤，同时应设置洗手池、脚踏水龙头、储物柜等配套设施，以便员工的使用。在公共区域还应设置卫生间清洁工具和备用卫生纸等。卫生间必须具备良好的卫生条件，包括地面、墙壁、天花板、卫生间和洗手池的清洁、通风、维护等。如有条件，应配备自动冲洗器、手动冲洗器、风干机、消毒液等设备，增强卫生管理。

厕所必须设置相应的安全标识，如“禁止吸烟”“小心地滑”等。同时还应采用安全防护设施如排气扇、电器漏电保护、紧急灯光等。厕所的设计应该考虑员工工作的需要，洁净、舒适的环境才能够提高员工的工作效率。

厕所的软装设计应该简洁而不失现代感，颜色不能太艳丽。在选材上，应该选用易清洁、不易滋生细菌的材料。厕所所配备的洗手池，应该摆放在卫生间门口或卫生间内侧，便于员工使用。洗手池的设置应考虑到水电设施布置方式，方便维修，同时需要有排水设备。根据《工业企业建筑设计规范》，车间厕所的宽度应不小于 2.5 m，长度不小于 3.0 m，高度不小于 2.5 m。卫生间应根据不同使用人数设置不同面积。

厕所设置与工作地点不应过远，周边无食品处理区并与水源保持规定距离；厕所应采用水冲式，内环境整洁、易清洗，地面、墙壁、便槽等采用不透水材料，不易积垢；厕所排污管道应与企业生产加工经营场所的排水管道分设，有排臭措施；厕所内应设有洗手池和照明设施；厕所内应设置防蝇措施，保持清洁卫生并经常进行卫生消毒。

该条款主要考核企业厕所的整体卫生状况，企业需要提供全厂范围内厕所设置的位置、数量一览表，并提供现场照片。

第二节　工作场所环境

一、工作作业环境、设备设施符合工效学要求和健康需求

工效学也称“人因工程学”或“人机工程学”，是指综合运用生理学、心理学、卫生学、人体测量研究生产系统中人、机器和环境之间的相互作用的科学。其通过对作业中人体机能、能量消耗、疲劳程度、环境与效率的关系等研究，科学地进行作业环境、设施与工具的设计，确定合理的操作方法，从而提高工作效率。

(一)姿势

人在劳动时需要保持一定的姿势(posture)。劳动中最常见的姿势是站姿和坐姿两种，其他还有跪姿、卧姿等。

站立状态下人体运动比较灵活，便于用力，适合从事体力劳动，特别是较重的体力劳

动或活动范围较大的工作。采取坐姿时身体比较稳定，宜于从事精细工作。坐姿时下肢不需要支撑身体，处于比较放松的状态，可以用足或膝进行某些操作，如机动车驾驶。随着科学技术的发展和生产方式的变化，坐姿工作的人员越来越多。无论是站姿还是坐姿，都存在一些不利于健康的因素：如站姿状态时下肢负重大，血液回流差；坐姿状态下腹肌松弛，脊柱"S"形生理弯曲的下部由前凸变为后凸，使身体相应部位受力发生改变，长时间工作可以引起损伤。

为了方便操作和减少姿势负荷及外加负荷的影响，在采用工作姿势时需注意：

(1)尽可能使操作者的身体保持自然的状态。

(2)避免头部、躯干、四肢长时间处于倾斜状态或强迫体位。

(3)使操作者不必改变姿势即可清楚地观察到需要观察的区域。

(4)操作者的手和前臂避免长时间位于高出肘部的地方。

(5)如果操作者的手和脚需要长时间处于正常高度以上时，应提供合适的支撑物。

长时间保持任何一种姿势，都会使某些特定肌肉处于持续静态收缩状态，容易引起疲劳。在可能的情况下，应该让操作者在劳动过程中适当变换姿势。

(二)合理用力

为了完成生产或其他工作任务，劳动者在劳动过程中常常需要克服外界的重力、阻力等。此外，从事任何工作都需要保持一定的姿势或体位，工作人员还要克服人体各部位所产生的重力。根据生物力学基本原理，合理运用体力，可以减少能量消耗，减轻疲劳程度，降低慢性肌肉骨骼损伤的发病率，提高工作效率。

在生产劳动中尽可能使物体的重心靠近人体，可以使力矩变小，减轻劳动负荷，减少用力。采取站姿或坐姿工作时，既要注意避免人体整体重心的偏移，又要使人体各部分的重心尽可能靠近脊柱及其延长线，以便减少姿势负荷。生产劳动中用力要对称，这样可以保持身体的平衡与稳定，减少肌肉静态收缩，减轻姿势负荷，降低能量消耗。

(三)人体测量及应用

人体测量学(anthropometry)是用测量和观察的方法来描述人类的体质特征状况的学科。通过对人体的整体测量和局部测量，探讨人体的类型、特征、变异和发展规律。人体测量获得的各种人体尺寸信息可用于研究设计和调整工具，从而最大限度地保护工人身体健康，提高生产效率，发挥机器的性能。

人体测量的内容即人体的各种参数，主要包括人体静态尺寸、动态尺寸、力量、比例、角度、重心、功能范围以及描述人体三维形态的特征点坐标数据等。在多种人体参数中，人体尺寸是人机系统设计的基本资料。

(四)机器和工作环境

生产劳动过程中，人和机器(包括设备和工具)组成一个统一的整体，共同完成生产任务，称作人机系统。人和机器的合理分工应该是：笨重、快速、单调、重复、操作复杂、精密以及危险的工作适合于机器承担，指令、监控、维修、设计、故障处理以及创造性的工作和应付突发事件等应由人完成。显示器设计、选用要符合生产需要和人生理、心理特点，还需具有可见度和明显度高、阐明能力强等特点。

生产劳动过程中经常使用各种工具，如钳子、锤子、刀、钻等，合理使用工具能提高劳动效率。工具的设计和选择需考虑外形、尺寸、重量等符合人体尺寸和人的解剖及生理特点。

作业环境保持一定的温度范围，劳动者不但感到舒适，还能提高工作效率。工作场所噪声会使得人的注意力不集中，影响学习和工作，甚至还可以掩盖作业场所（如矿井）的危险信号或机器发出的警报。另外，生产环境中，合适的照度条件有利于保证获得信息的准确性和提高获取速度，根据作业特点采用适宜的或合理的照明条件，例如一般作业照度可以低一点，而精细作业则可高一点，重要工作的照度则有特殊要求。

适当的颜色可以帮助作业人员提高人对信号或标识的辨别速度，进行正确的观察和识别，减少操作错误，例如橙色具有高的注目性特征，常作为标志性用色。在机器设计和作业环境的颜色处理时要充分利用颜色的这些特点，可以创造良好的工作环境，使人感到心情愉快，既有利于作业人员的身心健康，也可以提高生产效率。

二、工作场所采光、照明、通风、保温、隔热、隔声、污染物控制等方面符合国家、地方相关标准和要求

工作场所分为办公区域和生产区域。

办公场所的采光、照明、通风、保温、隔热、隔声、污染物控制等方面的技术指标符合《办公建筑设计规范》(JGJ/T 67—2019)要求。

工作场所采光符合《建筑采光设计标准》(GB 50033—2013)，工作场所照明符合《建筑照明设计标准》(GB 50034—2004)要求。工作场所采暖、通风、噪声和高温控制措施等符合《工业企业设计卫生标准》(GBZ 1—2010)要求。工作场所尘、毒等污染物控制符合《工作场所有害因素职业接触限值》(GBZ 2.1—2019)要求。

该条款主要考核工作场所采光、照明、通风、采暖、防高温、防噪声、尘毒污染物控制七个技术指标的符合情况。在现场评估过程中，除了现场查看外，更多的需要企业提供相关检测报告。委托具有计量合格认证的技术服务机构提供办公场所检测报告，至少包括采光、照明、新风量、温度、噪声等检测项目；提供的工作场所职业病危害定期检测报告，至少包括采光、照明、新风量、温度、噪声、尘毒等检测项目。

三、落实建设项目职业病防护设施“三同时”制度，做好职业病危害预评价、职业病防护设施设计、职业病危害控制效果评价及竣工验收

职业病防护设施“三同时”是指新建、改建、扩建和技术改造、技术引进建设项目（统称建设项目）可能产生职业病危害的，其职业病防护设施必须与主体工程同时设计、同时施工、同时投入生产和使用。建设项目职业病防护设施“三同时”的贯彻，是落实“预防为主、防治结合”职业病防治方针的具体体现，是国家实施职业病防治前期预防的基本途径。推动职业病防护设施“三同时”工作，有利于预防、控制和消除建设项目可能产生的职业病危

害，对于保护劳动者健康及其相关权益，促进经济健康发展具有极其重要的意义。

（一）相关要求

《中华人民共和国职业病防治法》对职业病防护设施“三同时”做出了下列规定：

（1）新建、改建、扩建和技术改造、技术引进建设项目可能产生职业病危害的，建设单位在可行性论证阶段应当进行职业病危害预评价。职业病危害预评价报告应当对建设项目可能产生的职业病危害因素及其对工作场所和劳动者健康的影响做出评价，确定危害类别和职业病防护措施。建设项目职业病危害分类管理办法由国务院卫生行政部门制定。

（2）建设项目的职业病防护设施所需费用应当纳入建设项目工程预算，并与主体工程同时设计，同时施工，同时投入生产和使用。建设项目的职业病防护设施设计应当符合国家职业卫生标准和卫生要求。

（3）建设项目在竣工验收前，建设单位应当进行职业病危害控制效果评价。建设项目的职业病防护设施应当由建设单位负责依法组织验收，验收合格后，方可投入生产和使用。卫生行政部门应当加强对建设单位组织的验收活动和验收结果的监督核查。

《建设项目职业病防护设施“三同时”监督管理办法》（国家安监总局令〔2017〕第90号）依据《中华人民共和国职业病防治法》相关规定，给出了更为详细的规定，明确了建设项目职业病危害预评价、职业病防护设施设计、职业病危害控制效果评价及评审、验收、备案和监督管理等要求。2021年3月，国家卫生健康委组织修订印发了《建设项目职业病危害风险分类管理目录（2021年版）》（国卫办职健发〔2021〕5号），将建设项目分为一般和严重两个类别。

（二）主要工作内容

建设项目的职业病防护设施必须与主体工程同时设计、同时施工、同时投入生产和使用，在项目建设的不同阶段，需要开展不同的工作：

（1）可行性论证阶段，进行职业病危害预评价。依据国家有关职业病防治的法律法规、标准和建设项目的可行性研究报告等，对建设项目建成后可能产生的职业病危害因素种类、危害程度及其对劳动者健康影响、防护措施等进行分析，预测建设项目建成后在职业病防治方面的可行性，并为建设项目的职业病危害分类管理和职业病防护设施的初步设计提供科学依据。

（2）设计阶段，进行职业病危害防护设施设计。针对建设项目存在的职业病危害因素的种类和危害程度，提出职业病防护设施的设计方案与具体技术参数，并对其防控效果进行预测分析，为建设单位落实职业病防护措施提供依据。

（3）施工阶段，按照职业病危害防护设施设计和有关施工技术标准、规范进行施工，保证存在职业病危害的建设项目的职业病防护设施与主体工程同时施工，同时投入使用。

（4）试运行与竣工验收阶段，进行职业病危害控制效果评价。对建设项目试运行过程中产生的职业病危害因素接触水平进行检测，职业病防护设施及应急救援设施效果进行评价，明确建设项目的职业病危害程度和职业病防护设施的效果等，并为政府监管部门对建设项目职业病防护设施竣工验收和建设单位职业病防治的日常管理提供科学依据。

(三)工作程序

按照《建设项目职业病防护设施“三同时”监督管理办法》的要求,建设单位组织建设项目职业病危害预评价、职业病防护设施设计、职业病危害控制效果评价的评审和职业病防护设施验收等工作时,应遵循以下工作程序。

1.准备阶段

在有关评价、设计已完成或职业病防护设施验收条件成熟的情况下,建设单位应当组织制定相关评审(验收)工作方案,明确主持评审(验收)相关负责人以及任务分工。建设单位主要负责人应当主持评审(验收)工作,如因特殊情况无法参加的,由其书面授权指定有关负责人主持评审(验收)工作。建设单位应提前邀请参与评审(验收)的人员,并根据不同阶段要求通知有关评价、设计、施工和监理单位参会。建设单位应当在职业病防护设施验收前20日将验收方案向管辖该建设项目的卫生行政部门进行书面报告。

建设单位邀请参与评审(验收)的职业卫生专业技术人员主要指以下三类人员:

(1)各级职业卫生专家库专家。

(2)熟悉职业卫生法律、法规、技术标准和相关工艺、防护设施,从事职业卫生管理、有关工程、技术工作且具有中级及中级以上专业技术职称的人员。

(3)具有职业病危害检测与评价、职业健康监护等相关专业经验的注册安全工程师。属于职业病危害严重的建设项目,其建设单位主要负责人或其指定的负责人应当组织外单位(即不属于本建设单位)的职业卫生专业技术人员参加评审(验收)工作。建设单位应当由三名以上(总人数为单数)职业卫生专业技术人员组成评审(验收)组。

按拟订时间、地点召开评审(验收)会议。参会人员在签到表上签字。建设单位负责人致辞,介绍参加会议人员和评审(验收)工作的议程。

主持人宣布评审(验收)组成员,并推选出评审(验收)组组长。

2.评审(验收)阶段

评审(验收)的技术工作交由评审(验收)组组长主持,评审(验收)实行组长负责制。

建设、评价和设计等单位介绍有关情况:

(1)建设单位负责人介绍建设项目概况;防护设施验收时,建设单位负责人应当介绍职业病防护设施建设及试运行、落实各项职业病危害防治管理措施等情况。

(2)报告编制单位或设计单位有关人员汇报本建设项目评价报告的编制情况或职业病防护设施设计情况和主要内容。

(3)评审(验收)组成员应当根据《建设项目职业病防护设施“三同时”监督管理办法》及相关标准要求对评价报告或设计进行逐项评审;验收时,组织评审(验收)组成员查看现场、审阅防护设施验收资料,并逐项核查。

(4)评审(验收)组成员根据《建设项目职业病防护设施“三同时”监督管理办法》及相关标准要求,查阅相关资料或者现场查看等情况进行质询,有关单位人员针对质询内容进行说明。

(5)评审(验收)组进行充分讨论,组长综合统筹各成员的个人意见和结论最终形成评审组评审(验收)意见。

3.总结阶段

再次召集全体会议,由评审(验收)组组长宣布评审(验收)意见和结论。

建设项目相关各方对评审(验收)意见和结论进行确认。

建设单位负责人对下一步整改工作进行部署。依照评审意见和验收意见,建设单位组织开展建设项目评价报告、设计的修改完善以及职业病防护设施整改,并请评审(验收)组成员进行复核和签字确认。建设单位应当将职业病危害评价、设计和职业病防护设施验收工作过程形成书面报告备查,其中职业病危害严重的建设项目应当在验收完成之日起 20 日内向管辖该建设项目的卫生行政部门提交书面报告。

4.信息公示

除国家保密的建设项目外,产生职业病危害的建设单位应当通过公告栏、网站等方式及时公布建设项目职业病危害预评价、职业病防护设施设计、职业病危害控制效果评价的承担单位、评价结论、评审时间和评审意见,以及职业病防护设施验收时间、验收方案和验收意见等信息。

该条款审查预评价、职业病防护设施设计专篇、控制效果评价报告、防护设施竣工验收报告和组织实施记录,组织实施记录包含工作过程报告、验收方案、专家评审意见和报告修改说明等。

(杨绪廷,张帅,张海东)

第四章　职业健康管理与服务

健康是促进人的全面发展、生活幸福的基石，是社会经济发展的基础条件，也是民族昌盛、国家富强的重要标志。健康中国战略的实施是以“大卫生、大健康”为改革理念，从最初以治病为中心，转变到以人民健康为中心，推动实施健康中国战略。随着《“健康中国2030”规划纲要》的推进，全民健康已经成为了目前发展的大势所趋。健康中国已经从2016年全国卫生与健康大会上的“优先发展战略地位”上升到党中央和各级政府为人民提供全方位全周期健康服务的理念。而职业人群是人类社会最富有生命力、创造力和生产力的宝贵资源，也是促进国民经济发展和人类社会进步的重要生力军。职业人群的健康直接影响到国民经济的发展和进步，影响到社会的和谐稳定。随着健康中国战略的展开，职业健康将由传统的以职业病防治为中心，转向以职业人群全人群、全周期的全面职业健康管理为中心。职业健康管理与服务是以健康管理为方法、健康服务为手段，保障了广大职业人群的大健康，顺应了新时代健康中国战略的需要。

本章内容对应《山东省健康企业建设评分表》中的一级指标“健康管理与服务”，包括一般健康管理与服务、心理健康管理与服务、职业健康管理与服务三项二级指标。

第一节　一般健康管理与服务

一、根据用人单位的职工人数和职业安全健康风险程度，依据有关标准设置医务室、紧急救援站、有毒气体防护站等；医务室配备医生、护士等健康管理人员

《健康中国行动（2019—2030年）》中明确要求，根据用人单位的职工人数和职业健康风险程度，依据有关标准设置医务室、紧急救援站、有毒气体防护站，配备急救箱等装备。

（一）医务室

医务室需按照《医疗机构管理条例实施细则》，获得“医疗机构执业许可证”，按时校验。卫生技术人员需具有相关资格证书/执业证书。

企业根据建立医务室流程，填写《医疗机构申请执业登记注册书》，并向所在地登记机关提交以下材料：

(1)《设置医疗机构批准书》或者《设置医疗机构备案回执》。

(2)医疗机构用房产权证明或者使用证明。

(3)医疗机构建筑设计平面图。

(4)验资证明、资产评估报告。

(5)医疗机构规章制度。

(6)医疗机构法定代表人或者主要负责人以及各科室负责人名录和有关资格证书、执业证书复印件。

(7)省、自治区、直辖市卫生行政部门规定提交的其他材料。

企业医务室通常最基本的硬件要求是一个医务用房,配置各种简易的医疗器械、药品、急救设备等,如救护车、急救呼吸机、自动体外除颤器(AED)、血压计、体温计、体重秤等。全科医生、护士至少各一名。医务室可以由企业自己独立建设,也可以通过购买服务形式,由外包式健康管理服务公司合作建设,派驻全科医生、心理医生、护士等卫生技术人员到企业,指导或协助企业进行医务室建设。医务室可以与心理健康辅导室合并设立。

医务室工作人员需积极参与健康企业建设,充分发挥医务人员的专业特长,做好员工健康促进和健康管理工作。企业医务室通常有日常看诊服务、急救服务、中医理疗服务、健康宣传及主题讲座服务、员工健康管理服务、就医保障服务六项功能。按照健康企业建设评估表的要求,医务室人员需要参与的项目如表 4-1 所示。

表 4-1　医务室人员需要参与的项目一览表

条款号	参与内容
第 17 条	全面开展控烟工作,打造无烟环境
第 25 条	为员工提供免费测量血压、体重、腰围等健康指标的专业服务
第 26 条	制订员工年度健康检查计划,建立员工健康档案
第 27 条	开展员工健康评估并实施分类健康管理和指导
第 28 条	制订传染病、食源性疾病等防控应急预案;防止疾病传播流行
第 30 条	开展婚前、孕前和孕期保健
第 35 条	女职工较多的企业按规定建立女职工卫生室、孕妇休息室、哺乳室、母婴室等辅助设施
第 51 条	建立职业健康监护档案并妥善保管
第 52 条	定期评估职业健康监护资料
第 58 条	广泛开展多种形式的健康知识普及,倡导健康生活方式和健康工作方式
第 59 条	定期组织开展传染病、慢性病和职业病防治及心理健康等内容的健康教育活动,提高员工健康素养
第 62 条	传播健康先进理念和文化

(二)紧急救援站、有毒气体防护站

用人单位应为职业安全健康风险程度较高的工作地点配备用于急救或损伤紧急处置的用品,通常集中放置于急救箱。不同类型的用人单位因其可能发生的急性损伤类型不同,急救箱放置的药品等可能会有所差异。对于急救箱的配备,《工作企业设计卫生标准》(GBZ 1—2010)规定如下:

(1)急救箱应当设置在便于劳动者取用的地点。

(2)急救箱应有清晰的标识,由专人负责定期检查和更新。

(3)急救箱内容可根据本单位规模、职业病危害性质、职业病危害因素接触人数等实际需要配备。

对于生产或使用剧毒或高毒物质的高风险工业企业应设置紧急救援站或有毒气体防护站。化工企业、石油天然气企业,应设置气体防护站(气防站)。紧急救援站可设在厂区内的医务所或卫生所内,设在厂区外的应考虑应急救援机构(站)与工业企业的距离及最佳响应时间,做到及时救治。有毒气防站的配置要求如表 4-2 所示。

表 4-2　有毒气防站配置要求一览表

序号	类别	数量
一	防护设备	
1	移动供气装置	2 台
2	移动式空气填充泵组	2 台
3	大功率固定式填充泵组	1 台
4	移动式充气防爆桶	4 个
5	固定式充气防爆柜	1 个
6	备用气瓶	1 套
二	急救设备	
1	医用氧气钢瓶和 2～4 接口的供氧管路	1 套(辆)气防车
2	便携式心肺复苏机	2 台
3	综合急救箱	2 台
4	担架和被褥	2 套
5	躯干和肢体的真空气囊	2 套
6	急救药品	2 副
三	检测设备	
1	便携式氧浓度检测仪	2 台
2	便携式有毒、有害气体浓度检测仪	2 台
3	便携式可燃性气体检测仪	2 台

续表

序号	类别	数量
4	便携式有毒气体定性检测管或检测卡	2台
四	个人防护设备	
1	气密防护服	4套
2	气密隔热服	2套
3	避火服	2套
4	他救型空气呼吸器	4套
5	防静电安全鞋	1套/人
6	防护头盔	1个/人
7	速降自锁装置	1个/人
五	通信设备	
1	事故报警实时录音录时电话	1套
2	生产调度电话	1台
3	无线防爆对讲机	3部
4	加持型无线防爆音频传输设备	2套
5	计算机及其外设与相应的网络系统	1套
六	其他辅助设备	
1	心肺复苏术(CPR)模拟人	1个
2	便携式风向测速仪	2台
3	呼吸空气质量检测仪	1套
4	器材维护专用工具	2套

二、为员工提供免费测量血压、体重、腰围等健康指标的场所和设施

健康支持性环境建设是引导员工改变不良生活方式，预防慢性病、促进人群健康发展的重要措施。推动健康支持性环境建设工作，对促进员工养成健康文明的生活习惯，践行健康生活方式起到重要的推动作用，同时也为用人单位落实大卫生、大健康理念和预防为主方针提供了有力抓手。

《“健康中国2030”规划纲要》明确提出到2030年基本实现高血压、糖尿病患者管理干预全覆盖，超重、肥胖人口增长速度明显放缓，实现全人群、全生命周期的慢性病健康管理。

为员工提供免费测量血压、体重、腰围等健康指标的场所和设施。企业可在医务室、健身房、食堂等场所设置血压仪、身高体重仪、腰围尺等设施，供员工免费测量。注意上述

设备应有清晰简明的使用说明或安排培训介绍并指导员工正确使用。免费测量点应张贴相关知识科普海报或免费提供相关科普材料，主要内容为高血压、糖尿病、肥胖、营养不良等健康问题的健康管理。

健康支持性环境是指为促进公众提高健康知识水平，掌握健康生活技巧，践行健康行为的各类环境，其中健康加油站或健康小屋是健康企业建设中一项重要内容。

健康加油站或健康小屋主要的功能内容：为员工提供自助健康检测服务，传播健康知识，传授健康技能，促进慢性病的早期发现，引导员工养成自我管理的健康意识。健康加油站或健康小屋的基本要求如下：

（一）基本内容

（1）位置便利安全，标识醒目，有相对独立的空间。

（2）设备功能简便，符合国家相关标准，适合自我检测。

（3）有人负责指导使用各种测量设备，设备有专（兼）职人员管理和维护，确保设备正常使用。

（二）环境建设

（1）突出自助检测原则，配备身高、体重、腰围、血压、体重指数（BMI）等测量工具和设备。登记各测量设备的管理及维护记录。

（2）各种测量设备配有使用说明图解、注意事项，及检测结果的正常值参考范围，配有基础的健康指导或建议。

（3）设有宣传图画和展板，可供职工自行取用的健康宣传资料。

（4）摆放限盐勺、限油壶、腰围尺、膳食宝塔模型等健康支持工具作为展示。

（5）各类设施应具备信息化互联互通基础。

（三）活动开展

（1）与各类健康自助检测点紧密结合，对职工自测结果予以正确的解释和个性化指导，定期核查使用记录。

（2）定期更换宣传材料，每年不少于四次。

（3）利用健康加油站或健康小屋实现员工个体的血压、体重等生理指标的连续监测。

（四）开展内容

（1）配备体脂、骨密度、心血管功能、肺功能、中医体质辨识等检测设备。

（2）配备运动能力测试等相关设备。

（3）各检测设备内部信息互通，可存储和简易分析检测数据，并提供健康咨询及个性化健康指导。

（4）将健康加油站或健康小屋的自测结果纳入个人健康档案，实现与外部信息的互联互通。

三、制订员工年度健康检查计划，建立员工健康档案

《“健康中国2030”规划纲要》要求把健康摆在优先发展的战略地位，实现健康与经济

社会良性协调发展。推行健康生活方式，减少疾病发生，强化早诊断、早治疗、早康复，实现全民健康，鼓励发展健康检查、咨询等健康服务，促进个性化健康管理服务发展。

用人单位年度健康检查计划是为了保障本单位员工的身体健康和全面发展而制订的，旨在通过定期体检及时发现和解决员工身体、心理、营养等方面存在的问题，促进员工身心健康发展。健康检查重点不是治疗疾病，而是对健康检查对象进行全面监测、分析、评估、预测、预防疾病，维护健康，提高用人单位生产力和凝聚力。用人单位必须对所有员工进行教育、宣传，让员工了解健康的重要性，让员工自觉地参与到健康检查计划中去。对企业的全体员工进行定期体检，及时掌握员工的身体状态，以便及时解决问题；并通过各种调查了解员工的生活工作方式，建立起员工的健康档案。

企业根据自身条件制订员工健康检查计划，计划至少包括检查时间、地点、检查人员及检查项目等，至少每两年提供一次覆盖全员的健康检查。对于存在职业病危害的企业，用人单位应对从事接触职业病危害作业的劳动者组织进行职业健康检查，员工健康检查计划也应将职业健康检查包括在内。

用人单位每年有计划地开展员工健康检查，主要内容应包括：

（一）健康检查项目的确定

（1）一般检查：个人基本资料，内科、眼底、五官科、口腔科等临床症状的检查与分析，生命体征的检查与分析。

（2）血常规：全血细胞计数＋三分类诊断各种贫血、造血系统疾病、白血病等血液系统疾病。

（3）尿检：尿蛋白、尿糖、潜血等诊断有无尿路感染、结石等。

（4）乙肝五项：表面抗原、表面抗体、e 抗原、e 抗体、核心抗体，可判断是否感染乙肝病毒、乙肝预后恢复情况、是否应注射乙肝疫苗。

（5）针对急慢性肝炎的各项肝功能指标的检查。

（6）血糖：测定血葡萄糖检查胰岛功能，诊断有无糖尿病。

（7）肾功能：检测尿酸、肌酐、尿素氮，诊断有无急慢性肾炎、肾功能不全、痛风。

（8）血脂四项：检测总胆固醇、甘油三酯等，诊断有无动脉粥样硬化、各种高脂血症等。

（9）B 超：肝、胆、脾、双肾的 B 超可检查肝胆器官有无结石、肿块等异常。

（10）心电图：心电图可检查心脏各类参数情况。

（11）骨密度检测：可了解骨质密度。

（12）胸部透视：可检查有无胸部异常。

（13）乳透（女性）：红外线乳腺检查可诊断有无乳腺疾病。

（14）妇检（女性）：白带常规、防癌普查可诊断有无妇科常见疾病。

（15）前列腺检查（男性）：肛诊指检可判断前列腺情况。

（二）年度健康检查实施步骤

（1）联系专业医院，预算健康检查经费，确定健康检查项目及时间。

（2）确定需要健康检查的员工范围，通知员工健康检查的时间、地点和其他注意事项，让员工了解健康检查的必要性和重要性。

(3)组织员工开展现场健康检查,制订合理流程,引导员工有序检查;同时做好检查过程中因员工身体不适出现的突发意外事件应急预案。

(4)收集健康检查结果,并反馈给员工个人,针对个体化健康问题制订下一步检查方案;保护员工隐私权,确保个人信息保密不外泄。

(5)将本年度员工健康检查结果记录到员工健康档案中;持续跟踪员工健康状况。

(三)员工健康档案

企业为持续掌握员工的健康状况,监测员工身体健康变化情况需连续开展员工的健康检查工作,并建立员工健康检查档案。健康检查档案包括集体健康档案和员工健康档案。集体健康档案应包括员工健康检查制度文件、进行员工健康检查的医疗卫生机构资质证书、每年员工健康检查计划表、实施情况表、检查结果汇总表、健康检查档案的发放或借阅复印记录等。员工健康档案主要包括个人基本信息和主要卫生服务记录两大部分,应做到一人一册,为分级健康管理提供依据。

健康档案是记录个人健康状况、疾病史以及医疗服务的重要文档。在健康档案中,一般包括以下内容:

(1)个人基本信息:包括姓名、性别、身份证号、联系方式、文化程度、职业、婚姻状况、医疗保险类别与血型等基础信息;药物过敏史、职业病危害因素等暴露史;农村地区还要询问一些厕所、饮用水等家庭生活环境情况等。

(2)健康状况:包括有无不适症状;吸烟、饮酒、饮食习惯、体育锻炼等生活方式;以前主要疾病的患病和治疗情况;住院、手术、输血等情况;预防接种情况;最近一年的主要用药情况等。

(3)体检内容:包括体温、脉搏、血压、身高、体重等检查;视力、听力、运动功能等检查;皮肤、心脏、肺、腹部等一般体格检查。

四、开展员工健康评估并实施分类健康管理和指导

《"健康中国 2030"规划纲要》要求到 2030 年,在我国实现全人群、全生命周期的慢性病健康管理。

(一)健康评估

健康评估是指通过系统的收集和分析员工健康资料(个人一般情况、健康状况和家族史、生活方式、体格检查与检验等),以明确其健康状况、所存在的健康问题及其可能的原因,确定其健康需求,从而对员工的疾病危险情况、疾病史、症状体征等进行综合性评价(个人健康体检报告、个人健康评估报告、慢性病患病危险性评估)。通过健康评估后依据不同个体综合健康评估结果采取有针对性的分类健康管理和指导(个人健康管理计划及目标、健康干预措施与建议、制订随访跟踪计划并实施),以到达维护健康、预防疾病、延缓疾病的发生以及健康促进的目的。

用人单位对员工进行健康评估的内容和方式一般包括以下内容:

(1)健康史评估:最常用的方法是交谈,主要内容包括一般资料、主诉、现病史和人体功能性健康形态等。

(2)心理评估:常用的方法有交谈法、观察法、调查法及心理测量法等;主要内容包括自我概念的评估、情绪与情感的评估。

(3)社会评估:常用的方法有交谈法、观察法、调查法、量表评定法,以及寻访、实地观察和抽样调查等;主要内容有角色评估、人际关系评估、家庭评估及社会支持评估等。

(4)身体状况评估:基本方法有视诊、触诊、叩诊、听诊及嗅诊;主要内容包括一般状态评估、皮肤黏膜及浅表淋巴结评估、头面部及颈部评估、胸部评估、腹部评估、脊柱和四肢评估、神经反射评估等。

(5)辅助检查评估:主要包括血液、尿液、粪便、肾脏功能、肝脏功能等常规实验室检查,心电图检查,X 射线、CT 和 B 超等影像学检查。

(6)健康资料的综合分析:对收集的健康资料,进行认真的分析和评价,以保证资料的全面、真实、准确,并通过进一步分析、推理、判断,最终得出符合逻辑的结论。

以上员工健康评估的内容较为专业,用人单位可委托医疗卫生专业机构对员工健康状况进行综合性评估。

(二)健康管理和指导

健康管理是以预防和控制疾病的发生与发展,降低医疗费用,提高生命质量为目的,针对个体及群体进行健康教育,提高自我管理意识和水平,并对其生活方式相关的健康危险因素,通过健康信息采集、健康检测、健康评估、个性化健康管理方案、健康干预等手段持续加以改善的过程和方法。

用人单位应根据专业机构出具的个体化健康评估或健康检查结论,采取个体化健康促进措施,通过建议入院治疗、生活干预(戒烟限酒)、康复支持(资金支持、时间支持)等措施实施员工分类健康管理和指导。

经员工健康评估,用人单位应对存在高血压、糖尿病、冠心病等慢性病的员工开展以健康饮食习惯建立、戒烟限酒、减盐减油减糖、健康运动促进等为主的健康教育与干预措施;对于因职业性原因导致的职业紧张等心理问题,应通过调整工作量、完善作业管理、提高职业保障、丰富工作间隙业余活动及优化轮班制度等多种措施综合予以解决;对于存在职业禁忌证或可疑职业病或职业病的员工应按照《中华人民共和国职业病防治法》《职业健康监护技术规范》(GBZ 188—2014)的要求进行妥善安置。

健康管理从发现健康问题(监测),到认识健康问题(评估),到解决健康问题(干预),再监测、评价、干预……如此循环往复,形成健康管理循环流程的不断运行。

五、制订传染病、食源性疾病等防控应急预案,防止疾病传播流行

(一)传染病应急预案

《"健康中国 2030"规划纲要》第三篇第七章第一节中明确指出应"加强重大传染病防控",完善传染病监测预警机制。预警机制的基础就是制订应急预案,有突发事件时根据

应急预案进行防控。

在全球化的今天，人口流动日益频繁，传染病的传播范围越来越广，传播渠道越来越多，对人们生命和健康威胁是长期而严峻的。工厂企业从业人员众多，劳动者在生产活动中需要彼此交流配合，易造成传染病的快速传播，影响正常的生产经营活动，造成不良的社会影响。为避免用人单位内部传染病的发生和蔓延，影响劳动者的身体健康，用人单位应制订切实有效的传染病应急预案，阻止传染病的流行。用人单位制订的传染病防控应急预案应包括以下内容：

1.总则

(1)编制目的：高效有序地做好本企业传染病疫情突发事件的应急处置和救援工作，避免或最大限度地减轻灾害造成的损失，保障员工生命和企业财产安全，维护社会稳定。

(2)编制依据：《中华人民共和国传染病防治法》《中华人民共和国突发事件应对法》《突发公共卫生事件应急条例》《生产经营单位安全生产事故应急预案编制导则》，其他依据。

(3)适用范围：适用于×××公司传染病突发事件的现场应急处置和应急救援工作。

2.应急处置基本原则

本预案遵循“预防为主，防治结合”“以人为本，善待生命”的原则，以突发事件的预测、预防为重点，以对危急事件过程处理的快捷准确为目标，统一指挥、分级负责；一旦发生传染病疫情事件，能以最快的速度、最大的效能，有序地实施救援，最大限度减少人员伤亡和财产损失，把突发事件造成的损失和影响降低到最低程度。

3.事件类型和危害程度分析

(1)风险的来源、特性：传染病分为甲类、乙类和丙类。

(2)事件类型、影响范围及后果：突发的传染病疫情，可能或严重影响公众健康或社会秩序、经济发展等，严重时会造成社会动荡，需要紧急采取措施。

4.事件分级

(1)重大疫情：发生肺鼠疫病例、霍乱大规模暴发，乙类或丙类传染病流行，以及鼠疫、霍乱、炭疽、天花、肉毒杆菌毒素等生物因子污染事件。

(2)较大疫情：发生腺鼠疫病例；发生霍乱小规模暴发疫情(5 例及以上)；发生新出现的传染病有集中发病趋势的疫情(3 例及以上)；发生乙类传染病较大规模暴发疫情，即在局部范围内，在疾病的最长潜伏期内发生出血热 5 例、伤寒或副伤寒 10 例、急性病毒性肝炎 20 例、痢疾 30 例、其他乙类传染病 30 例及以上；发生丙类传染病局部流行倾向。

(3)一般事件：发生霍乱散发病例、带菌者；发生新出现的传染病确诊患者；发生乙类、丙类传染病小规模暴发疫情，即在局部范围内，在该疾病的最长潜伏期内发生急性病毒性肝炎、伤寒、副伤寒 5 例及以上，痢疾或其他乙类、丙类传染病 10 例及以上。

5.应急指挥机构及职责

(1)应急指挥机构：应急救援领导小组包括组长(主要负责人)、副组长(分管安全副职领导)、成员(行政管理部门、工会、安全管理部门、财务管理部门、物资管理部门、医疗机构等部门的行政正职)。

(2)应急救援管理办公室:应急救援管理办公室设在医疗机构,负责本预案的执行与日常管理工作。

(3)应急救援领导小组职责:提出修订应急预案,负责每年组织传染病疫情事件应急预案演练,监督检查各部门应急演练。对启动应急救援预案后发生的事件进行决策,调动各应急救援力量和物资,及时掌握突发事件的发展态势,全面指挥应急救援工作。

(4)日常管理办公室职责

①当传染病疫情流行或可能流行启动应急预案时,根据应急救援领导小组的指示,安排人员协调与当地政府、卫生行政主管部门、疾病预防控制中心的工作,将当地政府的指(命)令、卫生主管部门和疾控中心的各项预防控制措施和要求,迅速向应急救援领导小组汇报。

②安排人员对全体人员进行非典型肺炎、禽流感等传染病的预防、诊断、隔离、治疗以及个人防护等专业的培训,做到对疫情的早发现、早报告、早隔离、早治疗。

③发现疑似病例及确诊病例时,及时联系医务工作人员到达现场,在上级防疫部门专家的指导下对患者或者疑似患者进行抢救、隔离治疗和转运,2 小时内向卫生行政部门报告。

④制作表格分发到各部门,对各部门人员的体温进行监测,发现疑似病例及时采取措施。

⑤配合上级防疫部门调查、登记患者或者疑似患者的密切接触史;对密切接触者按照有关规定进行流行病学调查,并根据情况采取集中隔离或者分散隔离的方法进行医学观察。

⑥对来自疫区的人员(本企业出差、学习的工作人员及其家属子女)中有可能接触传染病源的人员进行监测,必要时对接触患者或可疑患者进行隔离和医学观察,每天进行 1～2 次常规检查,直到有效隔离期满后解除隔离,并对其他有可能造成重大传染性疾病传播的途径、经过路线、接触人员的范围向应急救援领导小组汇报。

⑦安排人员选择消杀效果好的药品,对发生确诊或可疑患者的疫区、空间、交通工具、患者接触过的物品、呕吐物、排泄物,进行有效消毒;对不宜使用化学消杀药品消毒的物品,采取其他有效的消杀方法;对价值不大的污染物,采用在指定地点彻底焚烧,深度掩埋(大于 2 m),防止二次传播。

⑧安排人员准备一定数量防护眼镜、隔离衣、防毒面具、防护手套、口罩等。

(5)物资管理部门职责:保障疫情发生时全厂正常生产的必要物资供应。平时应储备一定数量物资,以备急需。

(6)消防保卫部门职责:做好厂区、生活区各出入口及隔离观察区的警戒工作。应急救援预案启动后,对非本厂人员经体检后,应急救援指挥部领导同意或领导授权的人同意后,方可允许进入厂区或生活区。

在隔离区处设置明显警戒标识。

(7)财务管理部门职责:及时落实资金,满足日常预防和疫情发生时的需要。

(8)其他部门职责

①要尽快保障现场通风设施的良好运行，对发现有疫情的车间、部门，必须由专人负责配合医院对接触人群进行详细的调查，并按规定及时汇总到医院办公室，同时配合医院对防疫区域进行彻底的消毒；对怀疑或确诊患者进行及时隔离。

②发生疫情时，应在各运行值班室设置隔离带，检修人员及非生产人员一律不得进入。办理工作票和其他事宜的人员应在隔离带外办理。

③对本单位人员的体温进行检查，发现异常立即通知医疗机构。

④各单位要尽量减少各种会议、集会活动、出差，特别是到已知疫区的公务活动要坚决取消或推迟。取消一切娱乐性活动，包括各种形式的棋牌室、老年活动中心的活动，尽量避免人群拥挤、空气不畅。

6.预防与预警

(1)风险监测

①风险监测的责任部门：传染病疫情事件由行政管理部门安排医疗机构或专人负责与当地政府、卫生行政主管部门、疾病预防控制中心联系，及时获取疫情信息。

②风险监测的方法和信息收集渠道：医疗机构负责搜集、整理、及时监控疫情发展情况，收集汇总各部门人员身体异常情况日报表，对所有可能存在疫情的区域给予指导或彻底消毒，并对易感染人群，特别是发热患者给予及时监控及甄别。

③风险监测所获得信息的报告程序：当发现传染病疫情突发事件时，发现人或患者所在部门应立即将发生的情况(包括时间、地点、症状、人员数量等)报告应急救援日常管理办公室。应急救援日常管理办公室负责按照规定要求上报上级各相关单位。

(2)预警发布与预警行动

预警分级：按照其性质、严重程度、可控性和影响范围等因素，一般分为三级预警：Ⅰ级(重大疫情)、Ⅱ级(较大疫情)、Ⅲ级(一般事件)。其具体情况如下：

Ⅰ级：发生或可能发生肺鼠疫病例、霍乱大规模暴发、乙类或丙类传染病流行以及鼠疫、霍乱、炭疽、天花、肉毒杆菌毒素等生物因子污染事件。

Ⅱ级：发生或可能发生腺鼠疫病例；发生霍乱小规模暴发疫情(5 例及以上)；发生新出现的传染病有集中发病趋势的疫情(3 例及以上)；发生乙类传染病较大规模暴发疫情，即在局部范围内，在疾病的最长潜伏期内发生出血热 5 例、伤寒或副伤寒 10 例、急性病毒性肝炎 20 例、痢疾 30 例、其他乙类传染病 30 例及以上；发生丙类传染病局部流行倾向。

Ⅲ级：发生或可能发生霍乱散发病例、带菌者；发生新出现的传染病确诊患者；发生乙类、丙类传染病小规模暴发疫情，即在局部范围内，在该疾病的最长潜伏期内发生急性病毒性肝炎、伤寒、副伤寒 5 例及以上、痢疾或其他乙类、丙类传染病 10 例及以上。

(3)预警发布程序：发现传染病疑似病例后，疑似病例所在部门应立即向应急救援日常管理机构人员汇报，各部门每天定时向应急救援日常管理机构人员汇报本单位疫情情况(是否有发热患者或疫情接触情况)，如出现疑似患者由医院进行甄别和处置。应急救援日常管理机构根据疑似病例、是否有发热患者或疫情接触情况综合分析判断，向应急指挥部汇报，发布预警通报，通知各部门做好应急准备。

(4)预警发布后的应对程序和措施：发生传染病或疑似病例后，医疗机构应成立专门的发热门诊，实施24小时值班制度；对疑似患者及时进行甄别，并予以有效隔离，同时向上级疾病控制部门进行报告；根据当地政府有关规定，统一专人专车转运至定点治疗医院进行进一步确诊、医学观察及治疗处理。

医疗机构及时将疑似患者医学观察及治疗处理情况向应急救援领导小组报告。

(5)预警结束：疑似患者经医学观察排除传染病例，或疑似患者经治疗处理后确认康复，厂区经过一段时间后无新的病例出现。应急指挥部日常管理办公室根据情况，综合分析判断后发布预警结束通报。

7.信息报告

设置24小时应急值班电话，当发现传染病突发事件时，发现人或患者所在部门应立即将发生的情况(包括时间、地点、症状、人员数量等)报告应急救援日常管理办公室。

医疗机构发现传染病突发事件时，应立即向应急救援领导小组领导报告。

突发事件发生后，企业应急救援领导小组要立即用电话、传真或电子邮件逐级上报集团公司，报告时间最迟不得超过1小时，同时按规定通报所在地区卫生部门和相关政府部门。

8.应急响应

(1)响应分级

Ⅲ级响应(一般事件)：当发现一般事件传染病突发事件时，发现人或患者所在部门应立即将发生的情况(包括时间、地点、症状、人员数量等)，通知应急救援日常管理机构人员或医疗机构。医疗机构院长作为此级响应责任人向应急指挥部报告，并联动医疗机构、公司工会、车辆管理中心、居委会、宣传部门。

Ⅰ级响应(特大疫情)、Ⅱ级响应(重大疫情)：医疗机构发现重大疫情或特大疫情传染病突发事件时，应立即向公司或应急救援领导小组领导报告，救援领导小组组长立即下命令启动应急预案，应急救援日常管理机构人员应分别通知应急指挥部人员及应急救援机构的各部门人员，参加应急处理。

(2)响应程序

①一般事件：当发现传染病疫情突发事件时，发现人或患者所在部门应立即将发生的情况(包括时间、地点、症状、人员数量等)，通知应急救援指挥部日常管理办公室。医疗机构应成立专门的发热门诊，实施24小时值班制度；对疑似患者及时进行甄别，并予以有效隔离，同时向上级疾病控制部门进行报告；根据当地政府有关规定，统一专人专车转运至定点治疗医院进行进一步确诊、医学观察及治疗处理。应急救援指挥部日常管理办公室主任作为此级响应启动责任人。

②重大疫情和特大疫情：医疗机构、生活服务公司发现传染病疫情突发事件时，应立即向公司或应急救援领导小组领导报告，救援领导小组组长立即下命令启动应急预案，应急救援日常管理机构人员应分别通知应急指挥部人员及应急救援机构的各部门人员，参

加应急处理。救援领导小组组长作为此级响应启动责任人。

应急救援指挥部日常管理办公室负责按照应急指挥部的要求及时、准确向上级单位、当地卫生行政部门、电力监管等机构报告疫情情况。

(3)应急处置:应急救援指挥部接到有关部门或人员关于传染病发生的报告后,按照预案的程序启动应急响应;各级健康人员要在不被传染的情况下坚守本职岗位,使生产、生活正常进行;应急救援日常管理办公室应分别通知应急指挥部人员及应急救援机构的各部门人员,参加应急处理。宣传部门配合居委会及时做好宣传工作,稳定职工和患者情绪;消防保卫部门布置安排好人力,做好安全保卫工作。公司工会及二级单位工会应抽调人力做好患者亲友的接待、安抚工作;各部门接到应急反应的通知后,应按各自的职责对突发事件进行处理。

当传染病疫情暴发,虽采取措施但不能有效控制时,为保证生产有序进行,应安排部分健康的运行、检修和管理岗位人员集中居住,统一食宿,减少外界接触,以保障上述人员不被感染。应急救援人员应协助社会医疗救助力量完成患者的转运和治疗。

(4)应急结束:在本单位所辖区域,应隔离时间段内,已隔离患者均得到有效治疗,且未发生新增疑似病例及确诊病例时,由应急救援日常管理机构负责人报告应急救援指挥部。应急救援指挥部根据上级统一部署由组长宣布“传染病疫情事件专项应急预案”结束。

9.后期处置

传染病播散流行结束后,按照把事故损失和影响降低到最低程度的原则,及时做好生产、生活恢复工作;财务管理部门负责牵头核算救灾发生的费用及后期保险和理赔等工作;传染病疫情事件调查组必须实事求是,尊重科学,按照“四不放过”原则,及时、准确查明传染病疫情的原因,深刻吸取事故教训,制定防范措施,落实责任制,防止类似事件发生。

应急指挥部日常管理办公室负责收集、整理应急救援工作记录、方案、文件等资料,组织各部门对应急救援过程和应急救援保障等工作进行总结和评估,提出改进意见和建议,并将总结评估报告上报上级主管部门。

10.应急保障

(1)应急队伍:按照公司《安全生产危急事件管理实施细则》及各部门工作职责,各部门成立相应的应急队伍,并进行专门的技能培训和演练,做好日常应急准备检查工作,确保危急事件发生后,按照突发事件具体情况和应急指挥部的指示及时到位,具体实施应急处理工作。

(2)应急物资与装备:医疗机构必须储备足够量的治疗传染病的药品和防护器械,如眼镜、隔离衣、防毒面具、防护手套、口罩等。

(3)通信与信息:与传染病疫情应急救援有关的上级单位、当地卫生行政部门、行业监管等机构保持通畅联系。

(4)经费:应急指挥部领导小组组长负责保障本预案所需应急专项经费;财务管理部

门负责此经费的统一管理，保障专款专用，在应急状态下确保及时到位。

(5)其他

①各部门接到应急通知后，应立即奔赴事故现场，根据各自的职责对危急事件进行处理。

②各部门按照表格规定内容对所属人员的体温等进行监测，及时发现疑似病例，及时上报。

③设置安排观察区域，对隔离人员进行观察。安排好被隔离人员的生活必需品的配给，使其能安心配合隔离。做好公司各出入口和隔离观察区的警戒工作。

④隔离区处设置明显警戒标识。禁止非本单位人员乘坐本单位车辆，随时对公司车辆进行消毒。根据需要派出专用车辆参加救援工作。对传染病的疫情来源、可能的传播途径和范围进行深入详细的调查，对生活区的居民进行监督检查。

11.培训和演练

传染病应急日常管理办公室每两年必须组织生活服务公司、招待所、幼儿园、宣传部门、医疗机构等单位人员进行一次传染病疫情专项应急预案的演练，对所有参加人员进行应急预案知识培训，使各级人员能熟练掌握预案内容。每次演练要组织有关人员进行评估并认真总结，不断完善、强化和提高各项应急处置的实战能力。

要积极利用电视、广播、网络、报刊等新闻媒体，广泛宣传传染病的预防等常识，提高员工守法意识和自我防护能力。

(二)食源性疾病应急预案

依据《中华人民共和国突发事件应对法》《中华人民共和国食品安全法》《中华人民共和国农产品质量安全法》《中华人民共和国食品安全法实施条例》《突发公共卫生事件应急条例》等法律法规和规章文件制订食源性疾病应急预案。

食源性疾病与传染病的发生与传播既有其相似性又有其特殊性，因此食源性疾病应急预案的制订可参照传染病应急预案组织管理、应急指挥机构、预警发布与预警行动、信息发布、物资保障、培训和演练执行。用人单位在食源性疾病防控应急预案制订中还应做到：

(1)特别关注食品污染、饮用水污染等食源性疾病源头的发现，做到早发现、早报告、早处理，从源头上遏制食源性疾病的继续发生，降低用人单位食源性疾病的发病率；严禁单位外人员或不明身份人员进入食堂，食堂后厨严格实行全封闭管理，非本食堂工作人员严禁进入后厨。

(2)组织做好院前紧急救护，协助疾控机构开展流行病学调查、采样、密切接触者筛查等工作；做好员工的健康监测，做好每天晨(午)检和因病缺勤跟踪制度登记，对缺勤者要注意登记并及时追踪，查明缺勤原因；配合卫健部门做好集中医学观察人员的健康监测工作。

(3)加强消毒处理，在疾控机构指导下，做好病例所在餐厅、宿舍(公寓)等疫点及工位、厕所等公共地点的清洁、随时消毒和终末消毒工作；各车间(工段)、食堂、宿舍入口配备含酒精成分的手消毒液，卫生间配备洗手液。

(4)强化健康宣教工作,大力宣传手的清洁卫生及饮食卫生知识,养成良好的生活习惯;关注劳动者的心理健康,做好有关人员心理疏导工作。

六、完善员工健身场地及设施,组织开展适合不同工作场所或工作方式特点的群体性健身活动

《基本医疗卫生与健康促进法》第七十九条规定:用人单位应当为职工创造有益于健康的环境和条件,严格执行劳动安全卫生等相关规定,积极组织职工开展健身活动,保护职工健康。国家鼓励用人单位开展职工健康指导工作。

《"健康中国 2030"规划纲要》第六章"提高全民身体素质"中明确要求:加强科学指导,促进妇女、老年人和职业群体积极参与全民健身。实行工间健身制度,鼓励和支持新建工作场所建设适当的健身活动场地。《健康中国行动(2019—2030 年)》鼓励用人单位为单位职工提供健身场地及设施。

用人单位结合自身企业布局特征和功能分区,在适宜地点设置满足员工运动健身需求的场地及设施。其具体要求如下:

(一)基本要求

(1)在醒目位置设置禁烟标识,倡导健身场地内禁止吸烟。

(2)位置便利,环境优美,符合国家相关标准要求。有条件的可设置健康步道,配有休息椅凳等设施。

(3)定期对各项设施和锻炼器材等进行管理和维护,确保各项设施正常使用。

(4)有专人负责健康宣传材料的更新和维护。

(5)配合卫生、体育相关部门开展健康生活方式宣传活动。

(二)环境建设

(1)功能分区合理,场地设施可满足不同人群运动健身需求。

(2)标注健身场地的总体概况,平面分布图和功能分区等内容,突出场地相关信息。

(3)设置固定的健康知识宣传栏、宣传墙、LED 大屏幕或宣传长廊等,内容以减盐减油减糖、健康口腔、健康体重、健康骨骼等健康生活方式为主。

(4)有集体锻炼场地,配有不少于五种锻炼器材,如单(双)杠、扭腰训练器、臂力训练器、漫步机、健骑机、坐蹬器等。

(5)各类健身设施配有简单的使用说明和注意事项,指导员工正确使用。

(6)在可能发生危险的地方设置提示牌,如"小心路滑""小心碰伤"等提示。

(三)活动开展

(1)健康宣传内容每季度至少更新一次。

(2)组织开展适宜的比赛活动,每年至少一次。

(3)组织开展群众性健身活动等多种健康教育和健康促进活动。

(四)扩展内容

(1)有视频或广播设备,滚动播放健康公益音视频;可在企业内部成立健身社团,自主

开展形式多样的健身比赛活动，如减重比赛、健走比赛和健骨操比赛等。

(2)场地设施可实现一定程度的智能化管理和服务，能够对人流量、使用频率、设施维护等信息进行实时管理。

七、开展婚前、孕前和孕期保健

《基本医疗卫生与健康促进法》第二十四条规定：国家采取措施，为公民提供婚前保健、孕产期保健等服务，促进生殖健康，预防出生缺陷。

用人单位应积极协助本单位女职工开展婚前、孕前和孕期的健康保健，多种途径宣传女职工健康保健知识，提高女职工健康保健素养水平，推进适宜不同年龄阶段女职工健康保健活动，保障女职工身心健康；重视女职工的“五期”保护；能够严格遵守《劳动法》和《女职工劳动保护规定》，充分考虑到女职工有“月经、怀孕、生育、哺乳、更年期”等的特殊生理特点，在女职工的五个特殊生理时期，给予适当的照顾，特别是对怀孕七个月以上的职工，一般不安排夜间工作和加班；对怀孕期的费用一般全部报销，女职工生育后能按法律规定享有产假休息期。女职工健康保健主要包括婚前保健、孕前保健和孕期保健，具体保健内容如下：

(一)婚前保健

婚前保健服务是对准备结婚的男女双方，在结婚登记前所进行的婚前医学检查、婚前卫生指导和婚前卫生咨询服务。进行必要的婚育知识的宣传，可为夫妻生活和谐、幸福和孕育健康下一代打下良好基础。婚前医学检查是对准备结婚的男女双方可能患影响结婚和生育的疾病进行的医学检查，主要检查的疾病有严重遗传性疾病、指定传染病(如艾滋病、淋病、梅毒以及医学上认为影响结婚和生育的其他传染病)、有关精神病、其他与婚育有关的疾病(如重要脏器疾病和生殖系统疾病)等。

(二)孕前保健

孕前保健是为了选择最佳的受孕时机，应注意的问题有：

(1)选择适当的生育年龄，有利于生育健康。女性＜18 岁或＞35 岁是妊娠的危险因素，易造成难产及产科其他并发症。35 岁以上产妇发生胎儿染色体异常(如 21-三体综合征)率增高。研究资料表明，25～29 岁孕产妇死亡率和新生儿死亡率最低，20～24 岁和 30～34 岁次之。

(2)妊娠前有健康的生理社会环境。如备孕女性受过较大精神打击，工作学习过于紧张，生活条件困难，家庭不和等，均不适宜妊娠。

(3)积极治疗疾病。若备孕女性患有对妊娠有影响的疾病，如病毒性肝炎、肺结核、糖尿病、甲状腺功能亢进症、心脏病、高血压病等，应积极治疗，适宜妊娠时再受孕。

(4)戒烟酒。若备孕女性有吸烟等不良嗜好，孕前应戒除，不酗酒。

(5)选择适当避孕方法。口服避孕药时间较长者，应停药改用工具避孕 6 个月以后再受孕。

(6)避免接触毒物和放射线。备孕女性必要时应调换工作，以免影响胚胎和胎儿发育，甚或致畸。

(7)重视前次孕产史。前次有不良孕产史者，此次应向医生咨询，做好孕前准备，以减少高危妊娠和高危胎儿的发生。

(三)早孕期保健

早孕期是胚胎、胎儿分化发育阶段，各种生物、物理、化学等因素的干预，容易导致胎儿致畸或发生流产，应注意防病、防畸。早孕期保健的主要内容有：

(1)确诊早孕。

(2)确定基础血压、基础体重。

(3)进行高危妊娠的初筛。

(4)询问家庭成员有无遗传病史。

(5)保持室内空气清新，避免接触空气污浊的环境，避免病毒感染，戒烟酒。

(6)患病用药要遵医嘱，以防药物致畸。

(7)了解有无接触过有害的化学制剂和长期放射线接触史。

(8)早孕期避免精神刺激，保持心情舒畅，注意营养，饮食应能提供足够热量、蛋白质，多吃蔬菜水果。

(9)生活起居要有规律，避免过劳，保证睡眠时间，每日有适当活动。

(四)孕中期保健

孕中期是胎儿生长发育较快的阶段。孕中期保健应注意加强营养，适当补充铁剂、钙剂，监测胎儿生长发育的各项指标(如宫高、腹围、体重、胎儿双顶径等)。预防妊娠并发症如妊高征等，并预防和治疗生殖道感染，做好高危妊娠的各项筛查工作。

(五)孕晚期保健

孕晚期胎儿生长发育最快，胎儿体重明显增加。此时营养补充和胎儿生长发育监测极为重要。补充营养时应注意热量、蛋白质、维生素、微量元素、矿物质等各方面既要增加又要平衡。孕晚期还应特别重视监测胎盘功能，及早发现且及时纠正胎儿宫内缺氧；做好分娩前的心理准备，做好乳房准备以利于产后哺乳。

为维护女职工的合法权益，减少和解决女职工在劳动和工作中因生理特点造成的特殊困难，保护女职工健康，国务院2012年发布了《女职工劳动保护特别规定》。《女职工劳动保护特别规定》规定了女职工禁忌从事的劳动范围和在经期、孕期、哺乳期等禁忌从事的劳动范围，具体包括：

1.女职工禁忌从事的劳动范围

(1)矿山井下作业。

(2)体力劳动强度分级标准中规定的第四级体力劳动强度的作业。

(3)每小时负重6次以上、每次负重超过20 kg的作业，或者间断负重、每次负重超过25 kg的作业。

2.女职工在经期禁忌从事的劳动范围

(1)冷水作业分级标准中规定的第二级、第三级、第四级冷水作业。

(2)低温作业分级标准中规定的第二级、第三级、第四级低温作业。

(3)体力劳动强度分级标准中规定的第三级、第四级体力劳动强度的作业。

(4)高处作业分级标准中规定的第三级、第四级高处作业。

3.女职工在孕期禁忌从事的劳动范围

(1)工作场所空气中铅及其化合物、汞及其化合物、苯、镉、铍、砷、氰化物、氮氧化物、一氧化碳、二硫化碳、氯、己内酰胺、氯丁二烯、氯乙烯、环氧乙烷、苯胺、甲醛等有毒物质浓度超过国家职业卫生标准的作业。

(2)从事抗癌药物、己烯雌酚生产,接触麻醉剂气体等作业。

(3)非密封源放射性物质的操作,核事故与放射事故的应急处置。

(4)高处作业分级标准中规定的高处作业。

(5)冷水作业分级标准中规定的冷水作业。

(6)低温作业分级标准中规定的低温作业。

(7)高温作业分级标准中规定的第三级、第四级的作业。

(8)噪声作业分级标准中规定的第三级、第四级的作业。

(9)体力劳动强度分级标准中规定的第三级、第四级体力劳动强度的作业。

(10)在密闭空间、高压室作业或者潜水作业,伴有强烈振动的作业,或者需要频繁弯腰、攀高、下蹲的作业。

(11)在 35 ℃以上的高温天气期间从事室外露天作业和温度在 33 ℃以上的工作场所作业。

4.女职工在哺乳期禁忌从事的劳动范围

(1)孕期禁忌从事的劳动范围的第一项、第三项、第九项。

(2)工作场所空气中锰、氟、溴、甲醇、有机磷化合物、有机氯化合物等有毒物浓度超过国家职业卫生标准的作业。

八、开展女职工健康检查,检查项目覆盖妇科和乳腺检查

《健康中国行动(2019—2030 年)》中明确规定对女职工定期进行妇科疾病及乳腺疾病的查治。健康企业建设标准要求将常规妇科检查(含 TCT+HPV 检查)和乳腺检查项目均纳入女职工健康检查项目。

关爱女性,关注女性健康,提高女性工作生活质量已成为当今社会普遍关注的话题。当前,全国各大城市乃至广大农村已经把女性健康检查工作作为服务女性、维护女性权益和促进社会和谐发展的重要措施。

(一)乳腺检查

乳房检查是检查乳房是否发生异变的常规检查。最佳检查时间一般是月经结束后的第 7~10 天,因为此时雌激素对乳腺的影响最小,乳腺处于相对静止状态,乳腺的病变或异常容易被发现。而绝经后的女性则可随意选择检查乳房的时间。

乳腺检查方法包括体检或影像学检查。影像学检查通常包括乳腺超声、红外线、X 射

线、CT、磁共振等。

(二)TCT检查

TCT检查是液基薄层细胞检测的简称，采用液基薄层细胞检测系统检测宫颈细胞并进行细胞学分类诊断。它是一种宫颈癌细胞学检查技术，与传统的宫颈刮片巴氏涂片检查相比明显提高了标本的满意度及宫颈异常细胞检出率；同时，还能发现部分癌前病变，微生物感染如真菌、滴虫、病毒、衣原体等。

对于做TCT检查的女性，要提醒以下注意事项：

(1)在做TCT检查前24小时避免性生活。

(2)在做TCT检查前24～48小时内不要冲洗阴道或使用阴道栓剂，也不要做阴道内诊。

(3)如有炎症先治疗，然后再做TCT检查，以免影响诊断结果。

(4)TCT检查最好安排在非月经期进行。

(三)HPV检查

HPV是人乳头瘤病毒的英文缩写，是一种小的DNA病毒，其有多种型别，能引起人类皮肤和黏膜的多种良性乳头状瘤或疣，某些型别的HPV感染还具有潜在的致癌性。HPV检查则主要检测人是否携带有HPV病毒，可通过染色镜检法、HPV的DNA检测法或血清学试验来检查是否感染了HPV。妇女生殖道HPV感染是一种常见的性传播疾病。性活跃妇女可能有50%感染过至少一种型别的HPV。

HPV检查前三天内不要做阴道冲洗或使用阴道内药物，24小时内不要有性生活，避开月经期。

第二节　心理健康管理与服务

《健康中国行动(2019—2030年)》指出：心理健康是人在成长和发展过程中，认知合理、情绪稳定、行为适当、人际和谐、适应变化的一种完好状态，是健康的重要组成部分。

随着经济全球化及我国产业结构调整的逐步深入，社会心理因素成为除传统理化、生物因素外，又一个重要的职业病危害因素。员工心理问题会给企业造成很多负面影响，如员工缺勤率、离职率、事故率增加，人际冲突增加，工作积极性和创造力下降，工作效率和业绩下降，客户服务质量降低，人力资源管理成本上升；企业管理层若出现心理健康问题很可能导致决策失误的严重后果；特殊行业企业员工的心理健康问题，甚至还可能给企业、社会和家庭造成灾难性后果。

为员工和管理者提供优质的心理健康服务，可以有效改善员工心理健康状况，促进企业、家庭和社会和谐、稳定及发展，提升员工幸福感和满意度，塑造更好的企业形象。获得收益集中在以下几个方面：

(1)实施心理健康管理与服务可以提升员工敬业精神，提高企业劳动生产率。员工敬业精神与员工心理健康情况密切相关，通过员工心理健康管理的实施，使员工压力处于最佳水平，保持敬业精神，充分调动员工的积极性和创造性，可以提高企业的劳动生产率，增强企业的整体竞争力。

（2）实施员工心理健康管理与服务可以使员工感受到企业对他们的关心，使员工更有归属感和工作热情，能吸引更多的优秀员工，提升公司人才关怀度，减少企业人才流失。

（3）实施员工心理健康管理与服务有利于员工保持良好身心状态，预防危机事件发生，降低安全事故的发生风险。

因此，创建健康企业，首先应认识到员工的心理健康问题对企业的影响，认识到开展员工心理健康管理与服务的重要意义和必要性；其次，积极通过各种形式为员工提供有效的心理健康服务，设立心理健康辅导室，制订并实施员工心理援助计划，提供心理评估、心理咨询、教育培训等服务。

本节内容对应《山东省健康企业建设评分表》中的一级指标“健康管理与服务”下二级指标中的“心理健康管理与服务”。

一、设立心理健康辅导室

《健康中国行动（2019—2030 年）》明确要求，各企事业单位要把心理健康教育融入员工思想政治工作，鼓励依托本单位党团、工会、人力资源部门、卫生室等设立心理健康辅导室。

企业的心理健康辅导室是开展心理健康教育工作的场所，其选址和布置需要考虑到员工的心理健康需求，提供一个隐私、安静、安全、舒适、可达、功能实用、清洁卫生的环境，以便员工能够接受有效的心理辅导和支持，具体设置原则如下：

（1）隐私性：心理健康辅导室需要提供足够的隐私保护，以确保员工在接受心理辅导时感到安全和舒适。因此，辅导室应该位于相对隐蔽的地方，出入口不能设置在人员行走要道，出入口也不能安装摄像头，避免来访者被人轻易发现。

（2）安静性：企业心理健康辅导室应该位于相对安静的区域，远离嘈杂的环境和噪声，要远离高噪声的生产区，不宜靠近车流密集的主干道；室内可以采用隔音材料，避免噪声干扰，以利于员工更好地集中注意力，接受有效的心理辅导。

（3）可达性：心理健康辅导室的位置应该方便员工到达，并在门口设置“心理健康辅导室”“心理咨询室”“心理健康屋”等明确的标识，以方便员工找到。同时，可以在门口悬挂或张贴告知牌，写清楚心理健康辅导室的开放和服务时间，以利于员工预约使用。

（4）安全性：心理健康辅导室应该有良好的安全措施，以确保员工在接受心理辅导时不会遭受任何危险或威胁。心理健康辅导室的内部布置应该保证员工在接受心理辅导时的安全。例如，室内应该没有锐利的物品、易碎的物品或其他可能对员工造成伤害的物品。同时，室内应该有足够的照明，以确保员工在室内的行动安全。

（5）舒适性：心理健康辅导室的内部布置和设计应该温馨舒适，让员工感到放松和舒适，可以通过选择柔和的颜色、舒适的家具、柔和的灯光、温馨的装饰、足够的光照，以及香薰气味等环境因素来实现。

(6)保密性:心理健康辅导室应该提供保密性,确保员工的个人信息和谈话内容不会被泄露。心理健康辅导室不应该有轻易看到室内的窗户;如果有较大的窗户,则应装设暖色调的窗帘。心理健康辅导室内不应安装摄像头或其他录音录像装置,以确保心理咨询活动得到严格的保密。

(7)功能性:心理健康辅导室的内部布置应该满足实际的心理辅导需求。例如,室内应该有辅导员和员工所需的家具和设备,如沙发、桌子、灯具、纸巾盒、绿色植物或盆景、不带响声的计时器等。另外,室内可提供一些必要的心理辅导资源,如书籍、手册、音频等。

(8)清洁卫生:心理健康辅导室的内部布置应该保持干净、整洁和卫生。室内应该经常清洁和消毒。

另外,企业的心理健康辅导室要专房专用,不可兼做宾客接待室、党群活动室、会议室等。企业需要制定心理健康辅导室的具体服务流程和管理制度,包括预约、咨询、记录、保密等方面的具体规定。企业应通过内部通知、宣传海报等方式宣传推广心理健康辅导室的服务,让员工了解并愿意使用。

有条件的企业还可以同时设置心理测量室、心理沙盘室、团体心理咨询室、情绪宣泄室、音乐放松室等心理服务用房,并制定配套的管理制度。

二、制订并实施员工心理援助计划

根据《职业健康促进名词术语》(GBZ/T 296—2017)的定义,员工心理援助计划简称“EAP”,是企业为员工设置的一套系统的、长期的福利和支持项目,旨在通过为员工及其直系亲属提供专业诊断、建议和专业指导、培训和咨询,帮助解决员工及其家属的各种心理和行为问题,帮助员工缓解工作压力、改善工作情绪、提高工作积极性、增强员工自信心、有效处理工作关系、迅速适应新的环境、克服不良嗜好等。员工心理援助计划使企业在节省招聘费用、节省培训开支、减少人员流失、提高组织的公众形象、改善组织气氛、提高员工士气、改进生产管理等方面获得巨大收益。因此,创建健康企业,应制订并实施员工心理援助计划。

企业可以通过以下几个步骤为员工提供心理援助计划:

(1)确认需求:企业可以通过员工满意度调查、心理服务需求调查、个人面谈等方式了解员工的心理健康需求,并确定员工心理援助计划的内容、形式、对象等。

调查问卷的内容应包括员工的心理健康状况、员工心理健康问题的种类和频率、希望得到的心理援助服务内容、形式等。调查形式可采用纸质问卷调查,也可采用线上问卷调查;要做好调查问卷的填写指导,让员工明确调查的意义,确保调查结果真实可靠。

调查过程中要做好资料存档,保存完整的调查问卷,以备下一次调查和对比分析;同时要形成本次调查的分析报告,根据调查分析报告的结果确定员工心理援助计划的内容、形式、对象等。

(2)确定服务形式:企业可与专业的心理健康机构或心理咨询公司合作,也可发掘企业内部的心理健康人才资源或培训培养企业内部的心理健康人才,为员工提供专业的心理援助服务。另外,企业还可在专业人员的指导下定期组织心理互助小组。心理互助小组是由一组企业员工聚集在一起,通过分享彼此的经验、感受、观点和建议,来支持和帮助彼此解决问题、减轻压力、增强应对困难的能力的一种心理支持方式。

(3)制订计划和实施方案:企业可以制订员工心理援助计划,包括援助范围、服务内容、服务时间、服务方式等。除企业员工外,援助范围还可以包括员工的家庭成员。服务内容可以包括电话咨询、面对面咨询、网络在线咨询等。服务时间可以根据员工需求进行安排,可以是工作时间内或工作时间外。服务方式可以根据员工的偏好进行选择。

另外,员工心理援助计划必须包含心理危机干预,并将其纳入各类突发事件应急预案和技术方案。

(4)宣传推广:企业可以使用多种传播媒介对员工心理援助项目进行广泛宣传推广,包括但不限于内部宣传、印刷品、微信公众号、电子邮件、企业网站、专题讲座培训等方式宣传员工心理援助计划,让员工了解该计划的存在和服务内容,提高员工的心理健康意识,鼓励员工积极寻求心理援助服务。企业可选择适合形式宣传推广,进行两种以上宣传推广方式推广。

(5)落实员工心理援助计划:企业可以通过开展心理评估、心理健康培训、定期组织心理咨询、建立健全的心理健康管理制度、建立心理健康档案等方式,落实员工心理援助计划,为员工提供及时、有效的心理援助服务。

(6)持续改进:员工心理援助计划不是一次性行为,而是一项长期持续性的项目。企业应该定期评估员工心理援助计划的效果,并根据评估结果进行持续改进。例如,企业可以根据员工反馈进一步优化服务内容和服务方式,提高心理援助服务的质量和效果。

制订和实施员工心理援助计划需要有经验的专业人员参与,企业可以组建由专业心理咨询师和企业内部负责人员组成的心理援助小组,负责制订和实施员工心理援助计划。员工心理援助计划必须包含心理危机干预,并将其纳入各类突发事件应急预案和技术方案。

企业心理危机包括突发性灾难事件、大规模裁员、并购中的文化冲突、暴力事件、自然灾害、群体职业中毒、传染病暴发等群体危机,以及员工个体的自杀事件、亲人的丧失、重大疾病、创伤性的灾难事件、家庭暴力、婚姻或情感破裂等。

三、提供心理评估、心理咨询、教育培训等服务

《关于加强心理健康服务的指导意见》(国卫疾控发〔2016〕77 号)指出,用人单位重点人群要普遍开展职业人群心理健康服务,为员工提供健康宣传、心理评估、教育培训、咨询辅导等服务,传授情绪管理、压力管理等自我心理调适方法和抑郁、焦虑等常见心理行为问题的识别方法,为员工主动寻求心理健康服务创造条件。对处于特定时期、特定岗位、经历特殊突发事件的员工,及时进行心理疏导和援助。

《健康中国行动(2019—2030 年)》职业健康保护行动指出:与企业心理健康相关指标包括结果性指标、个人和社会倡导性指标。其中结果性指标包括居民心理健康素养水平、失眠现患率、焦虑障碍患病率和抑郁症患病率;个人和社会倡导性指标包括成人每日平均

睡眠时间(h),鼓励个人正确认识抑郁和焦虑症状,掌握基本的情绪管理、压力管理等自我心理调适方法等。

企业应对员工开展针对《心理健康素养十条(2018年版)》、职业紧张、焦虑、抑郁、失眠等内容的心理评估、心理咨询和教育培训。可根据实际情况量身定制个性化调查问卷(参照附录6),采用书面问答结合APP、PC端、微信等先进快捷的调查形式,测试员工心理健康状况及心理健康素养等。

1.心理评估

企业定期对员工进行心理评估可以帮助企业更好地了解员工的心理健康状况,及时发现和解决员工的心理健康问题。

企业应定期在专业人员的指导下对员工开展心理评估,评估方法可以包括使用心理测评工具、观察员工行为、心理咨询等。要形成完善的心理评估报告,报告包括员工个人心理评估报告和企业员工整体评估报告。

评估结果可包括员工的心理健康状况、个性特征、心理压力、职业紧张程度、焦虑、抑郁、睡眠质量等方面的信息。评估结果应该基于专业的心理测评工具和评估方法进行分析和描述。报告中应针对员工的心理问题进行分析,如心理问题的原因、影响、程度等方面的内容。在报告中应提供相关建议和干预方案,帮助员工解决心理问题,提高员工的心理健康水平。建议和干预方案可以包括心理治疗、心理咨询、个人发展计划等方面的内容。建议和干预方案应该基于分析结果和专业知识。

2.心理咨询

心理健康是员工工作和生活的基础,企业为内部员工提供心理咨询是一项重要的举措,对企业的生产力和竞争力也有很大的影响。

企业需要选择有资质和经验的心理咨询师,安排他们来心理健康辅导室提供专业的咨询服务,也可采用线上咨询的形式为员工提供心理健康服务,可开设心理服务热线,让员工在需要时能够得到及时的支持和帮助。

在保障员工隐私的前提下,做好心理咨询的台账记录。台账记录应该建立规范的记录制度,明确记录的内容、格式、要求和责任人等,确保记录的规范化和统一性。记录内容可包括员工的基本信息、性别、年龄、职位、部门等,咨询的时间和地点,咨询的内容(包括员工的心理问题、情绪状态、应对方式等),咨询师采取的干预措施(包括建议、指导、治疗方案)和效果等。这样以便于咨询师对员工的心理咨询进行分类和分析,了解员工的心理健康状况和问题,跟踪和评估咨询的效果和改进咨询服务质量。企业应该保护员工的隐私权,记录的内容应该保密,避免泄露员工的个人信息和隐私。企业应该定期评估记录的质量和效果,及时发现和解决问题,改进记录的质量和效果。

企业应鼓励有心理困扰的员工进行心理咨询,让员工知道心理咨询是一种正常的行为,有助于解决心理问题和减轻压力。

企业还可以为员工提供心理自助工具,如心理测试、心理调节应用程序、压力缓解装备等,帮助员工自我诊断和调节情绪。

3.教育培训

员工心理健康教育在现代企业管理中越来越重要。随着竞争日益激烈,企业需要更多地关注员工的身心健康,开展好员工心理健康教育培训,以提高其生产力和创造力。

企业应该定期举办心理健康教育培训,内容可以包括心理健康知识、心理健康问题的预防和解决方法、心理健康干预的重要性等方面的内容,以提高员工对心理健康的认知和提高应对心理问题的能力,预防和减少心理健康问题的发生。

企业应该定期制订详细的心理健康教育培训计划,如年度培训计划,其内容应包括培训目标、培训内容、培训时间和地点等。制订计划时应考虑员工的需求和目标,确保培训内容符合员工的实际需求。

企业可以根据员工的需求和目标选择合适的培训形式。例如,可以选择面对面培训、在线培训、研讨会等形式。根据不同的主题和目的,选择不同的培训形式可以提高员工的参与度和学习效果。

企业应该选择符合员工需求和目标的培训内容,例如如何管理压力、如何处理不良情绪、如何改善睡眠等。培训内容应该实用、可操作、易于理解,使员工能够在日常生活和工作中应用所学知识。

企业应该评估培训效果,以确定员工的学习成果和培训的效果。这可以通过问卷调查、考试测验和反馈机制等方式实现。评估培训效果可以帮助企业改进和优化培训计划,提高员工的参与度和学习效果。

企业可以通过制订详细的培训计划、选择合适的培训形式、选择合适的培训内容、考虑员工的参与度和评估培训效果等方式,来做好员工心理健康培训。这些措施可以帮助企业提高员工的心理健康水平,促进员工的发展和企业的发展。

企业还可提供方便员工自主使用的心理健康资源和工具,以帮助他们保持心理健康。这可能包括在线资源、应用程序、手机 APP、课程和培训等。

4.管理制度

建立健全的心理健康管理制度是保障员工心理健康的重要举措,企业应该建立健全的心理健康管理制度,包括心理健康评估、心理风险预警、心理干预等,加强对员工心理健康的监测和管理。企业应该明确对员工心理健康的重视程度,并将其纳入公司的政策和计划中,明确责任分工和工作目标。同时,企业还需要对制度进行监督和评估,确保其有效性和实施效果。

5.健康档案

员工心理健康档案可以帮助企业更好地了解员工的心理健康状况,及时发现和解决员工的心理健康问题。

企业应收集员工的心理健康信息,包括员工的心理健康状况、工作压力、生活质量等方面的信息。收集信息可以通过问卷调查、心理访谈、心理测评等方式实现。收集信息时应注意保护员工的隐私和个人信息安全。

建立员工心理健康档案,记录员工的心理健康信息。心理健康档案可以包括员工的个人信息、心理健康评估结果、心理健康问题记录、心理健康干预方案、心理健康状态跟踪等方面的信息;并定期更新员工心理健康档案,以保证档案信息的准确性和完整性。更新档案可以通过定期进行心理测评、定期跟踪员工的心理健康状况等方式实现。

企业应该根据员工的心理健康档案信息,提供个性化的心理健康干预方案。干预方案可以包括心理咨询、心理治疗、心理健康教育等方面的内容。提供个性化的心理健康干预方案可以帮助员工更好地解决心理健康问题,提高员工的生产力和创造力。

从现场评估情况看,多数企业开展了心理健康服务的相关活动,但由于受到专业知识、场地等限制,也存在较多的问题。首先,心理健康服务内容不能满足《心理健康素养十条(2018 年版)》、职业紧张、焦虑、抑郁、失眠等的三种以上,多以开展“健康素养十条”、简单的业务培训为主;其次,存在记录信息不全、未采取有效隐私保护等较为集中的问题。

第三节　职业健康管理与服务

一、落实《女职工劳动保护特别规定》,加强对怀孕和哺乳期女职工的关爱和照顾

女职工较多的企业按规定建立女职工卫生室、孕妇休息室、哺乳室、母婴室等辅助设施。

为保护女职工的健康权益,《中华人民共和国职业病防治法》第三十八条规定,用人单位不得安排孕期、哺乳期的女职工从事对本人和胎儿、婴儿有危害的作业。

(一)女职工从事职业病危害作业的要求

《女职工劳动保护特别规定》第四条:用人单位应当遵守女职工禁忌从事的劳动范围的规定。用人单位应当将本单位属于女职工禁忌从事的劳动范围的岗位书面告知女职工。

1.女职工禁忌从事的劳动范围

矿山井下作业;体力劳动强度分级标准中规定的第四级体力劳动强度的作业。

2.女职工在经期禁忌从事的劳动范围

冷水、低温作业分级标准中规定的第二级、第三级、第四级作业;体力劳动强度、高处作业分级标准中规定的第三级、第四级作业。

3.女职工在孕期禁忌从事的劳动范围

(1)作业场所空气中铅及其化合物、汞及其化合物、苯等有毒物质浓度超过国家职业卫生标准的作业。

(2)从事抗癌药物、己烯雌酚生产,接触麻醉剂气体等作业。

(3)非密封源放射性物质的操作,核事故与放射事故的应急处置作业。

(4)高处作业、冷水作业、低温作业。

(5)高温、噪声作业及体力劳动强度分级规定的第三级、第四级作业。

(6)在密闭空间、高压室作业或者潜水作业,伴有强烈振动的作业,或者需要频繁弯腰、攀高、下蹲的作业。

4.女职工在哺乳期禁忌从事的劳动范围

(1)孕期禁忌从事的劳动范围的第一项、第三项及体力劳动强度分级规定的第三级、第四级作业。

(2)作业场所空气中锰、氟、溴、甲醇、有机磷化合物、有机氯化合物等有毒物质浓度超过国家职业卫生标准的作业。

(二)女职工孕期、哺乳期关爱和照顾相关要求

《女职工劳动保护特别规定》第五条:用人单位不得因女职工怀孕、生育、哺乳而降低其工资、予以辞退、与其解除劳动或者聘用合同。

《女职工劳动保护特别规定》第六条:女职工在孕期不能适应原劳动的,用人单位应根据医疗机构的证明,予以减轻劳动量或者安排其他能够适应的劳动。对怀孕 7 个月以上的女职工,用人单位不得延长劳动时间或者安排夜班劳动,并应当在劳动时间内安排一定的休息时间。怀孕女职工在劳动时间内进行产前检查,所需时间计入劳动时间。

《女职工劳动保护特别规定》第九条:对哺乳未满 1 周岁婴儿的女职工,用人单位不得延长劳动时间或者安排夜班劳动。用人单位应当在每天的劳动时间内为哺乳期女职工安排 1 小时哺乳时间;女职工生育多胞胎的,每多哺乳 1 个婴儿每天增加 1 小时哺乳时间。

《女职工劳动保护特别规定》第十条:女职工比较多的用人单位应当根据女职工的需要,建立女职工卫生室、孕妇休息室、哺乳室等设施,妥善解决女职工在生理卫生、哺乳方面的困难。

(三)女职工保护设施相关要求

女职工卫生室、孕妇休息室、哺乳室等设施需满足以下要求:不存在有毒有害物质,舒适安全、自然采光、通风良好、易于清扫等。

对于女职工较多的企业,健康企业应设立合格的女职工卫生室、孕妇休息室、哺乳室、母婴室等设施。“妈咪小屋”是以本单位女职工为主要服务对象,为备孕期、怀孕期、哺乳期、经期或有相关需求的女职工配备专门设施的专用空间,可分为 3 个配备等级。

(1)基本配置:具有私密空间和空气流通条件、热水壶、电源插座(使用吸奶器等设备)、桌子和至少 2 把椅子等。

(2)标准配置:具有独立空间且房间面积达到 8 m^2 以上,有资料架、饮水机、冰箱或冰柜、消毒设备或保温设备(微波炉),小屋内或同楼层有清洁操作台或洗手池,内装色调柔和温馨,环境美化要求高。

(3)舒适配置:具有独立空间且房间面积达到 10 m^2 以上,有至少可容纳 2 人同时使用的隔断(或屏风)和至少 1 套舒适沙发、婴儿打理台或婴儿床等、1 套解决方案(母乳喂养工具展示柜、医院级吸乳器、纸尿裤、乳垫、湿巾等)、电视(电脑)或投影仪,美化要求更高,内装色调更加柔和温馨,具有个性化的环境美化措施。

“妈咪小屋”应设置使用登记制度、清洁管理制度、安全管理制度等。

在现场评估过程中,企业均能遵守女职工禁忌从事的劳动范围的规定,落实相关措施,但也发现较多的问题。如煤矿企业本身女职工数量偏少,育龄期人员更少,就出现了未设置或虽然设置了符合要求的设施，但使用率不高的情况。因此，建议针对女职工较少的企业，建议采用基本配置标准；同时，可将该设施作为女职工临时休息室使用，从而提高使用效率。

二、对作业场所职业病危害因素进行识别，确定接触职业病危害的作业岗位

（一）职业病危害因素概念、来源及分类

职业病危害因素也称为职业性有害因素，是指在职业活动中产生或存在的、可能对职业人群健康、安全和作业能力造成不良影响的因素或条件，包括化学（包含生产性粉尘）、物理、生物等因素。

1.生产性粉尘

（1）生产性粉尘来源

1）固体物质的机械加工、粉碎所形成的尘粒，小者可为超显微镜下可见的微细粒子，大者肉眼即可看到，如金属的研磨、切削，矿石或岩石的钻孔、爆破、破碎、磨粉以及粮谷加工等。

2）物质加热时产生的蒸气可在空气中凝结成小颗粒，或者被氧化形成颗粒状物质，其所形成的微粒直径多小于 1 μm，如熔炼黄铜时，锌蒸气在空气中冷凝、氧化形成氧化锌烟尘。

3）有机物质的不完全燃烧，其所形成的微粒直径多在 0.5 μm 以下，如木材、油、煤炭等燃烧时所产生的烟。

此外，对铸件翻砂、清砂作业时或在生产中使用粉末状物质进行混合、过筛、包装、搬运等操作时，也可产生大量粉尘；沉积的粉尘由于振动或气流的影响又重回到空气中（二次扬尘），也是生产性粉尘的一项主要来源。

（2）生产性粉尘分类

1）无机性粉尘

①矿物性粉尘，如煤尘、硅石、石棉、滑石等。

②金属性粉尘，如铁、锡、铝、铅、锰等。

③人工无机性粉尘，如水泥、金刚砂、玻璃纤维等。

2）有机性粉尘

①植物性粉尘，如棉、麻、面粉、木材、烟草、茶等。

②动物性粉尘，如兽毛、角质、骨质、毛发等。

③人工有机粉尘，如有机燃料、炸药、人造纤维等。

3）混合性粉尘：指上述各种粉尘混合存在。在生产环境中，最常见的是混合性粉尘。

2.生产性毒物

生产性毒物的来源有多种形式，既有来自原料、中间产品（中间体）、辅助材料、成品、夹杂物、副产品或废弃物（废气、废液及废渣），也有来自热分解产物或反应产物。

生产性毒物的分类方法较多，按其生物作用可分为神经毒、血液毒、窒息性毒及刺激性毒物等；按其化学性质可分为金属毒、有机毒、无机毒物等；按其用途可分为农药、食品

添加剂、有机溶媒、战争毒剂等。

3.物理因素

除了激光是由人工产生的,其他物理因素在自然界中均有存在。物理因素一般有明确的来源。当产生物理因素的装置处于工作状态时,其产生的物理因素可以引起环境污染,影响人体健康。一旦该装置停止工作,则相应的物理因素便消失。

物理因素种类很多,从卫生学的角度,通常分为以下几类:

(1)不良气象条件,如高温、低温,高气压、低气压,高湿等。

(2)非电离辐射,如射频辐射、红外辐射、紫外辐射、激光等。

(3)电离辐射,如X射线、γ射线等。

(4)噪声、超声波、次声波等。

(5)振动,如手传振动、全身振动。

(6)其他,如加速度、失重等。

4.生物因素

生产原料和生产环境中存在的对职业人群健康有害的致病微生物、寄生虫、昆虫等以及其所产生的生物活性物质统称为生物有害因素。例如,附着于动物皮毛上的炭疽杆菌、布氏杆菌、蜱媒森林脑炎病毒、支原体、衣原体、钩端螺旋体,滋生于霉变蔗渣和草尘上的真菌或真菌孢子类致病微生物及其毒性产物;某些动物、植物产生的刺激性、毒性或变态反应性生物活性物质,如鳞片、粉末、毛发、粪便、毒性分泌物,酶或蛋白质和花粉等;禽畜血吸虫尾蚴、钩蚴、蚕丝、蚕蛹、蚕茧、桑毛虫等。除此之外,鼠疫、土拉菌病(tularemia)、口蹄疫、鸟疫、挤奶工结节、牧民狂犬病、钩端螺旋体病、寄生虫病(如牧民包囊虫病、绦虫病、矿工钩虫病)等也都为生物性有害因素所致。尤其是近年流行的传染性非典型肺炎(非典)、人类禽流感和猪链球菌病等新的传染性疾病,对禽畜类相关职业人群和医务工作者的健康造成了较大影响。

(二)职业病危害因素识别定义及内容

职业病危害识别是按照划分的评价单元,根据经验或通过工程分析、职业卫生调查、工作场所监测、职业流行病学调查以及实验研究等方法,把建设项目或工作场所中的职业病危害因素甄别出来的过程,应遵循全面识别、重点分析、定性和定量相结合的原则。

具体识别内容如下:

(1)职业病危害因素的来源:识别每一种职业病危害因素产生的具体生产工艺过程、劳动过程或生产环境及发生方式等。

(2)职业病危害因素的分布:识别每一种职业病危害因素存在的具体工作地点、生产环节或设备设施及存在的具体时间段。

(3)职业病危害因素的影响人员:识别每一种职业病危害因素影响的作业岗位或作业人员及其接触时间、接触方式等。

(三)职业病危害因素识别的方法

1.工程分析法

工程分析法是对识别对象的生产工艺流程、生产设备布局、化学反应原理、所选原辅材料及其所含有毒杂质的名称、含量等进行分析,推测可能存在的职业病危害因素。

2.职业卫生调查

职业卫生调查方法包括普查、抽样调查、典型调查三种类型。

(1)普查:对总体中所有的观察单位进行调查,一般用于了解总体在某一特定时点上的情况。

(2)抽样调查:是职业卫生调查方法中最常用的方法,通过随机方法从总体中随机抽取一定数量具有代表性的观察单位组成样本进行调查,然后根据样本信息推断总体特征。

(3)典型调查:亦称"案例调查",即在对事物进行全面了解的基础上,有目的地选择典型的人和单位进行调查。

3.工作场所监测

工作场所监测是采用仪器设备对工作场所可能存在的职业病危害因素进行现场采样分析的方法。

4.职业流行病学调查

职业流行病学是研究劳动条件对劳动者健康的影响,研究职业性疾病在职业人群中发生、发展、分布和控制的规律,探讨及确定职业有害因素对人的安全接触水平,为评价和制订卫生标准提供科学依据的学科。由于现场干扰因素极为复杂,所以职业流行病学调查需要搜集相当数量的资料,特别在研究有害因素的慢性影响时,常需长期的观察累积资料才能进行分析、评价。

职业流行病学调查多为分析性流行病学调查,常用横断面研究、队列研究、病例对照研究。

5.横断面研究

横断面研究又称"横断面调查",因为所获得的描述性资料是在某一时点或在一个较短时间区间内收集的,所以它客观地反映了这一时点的疾病分布以及人们的某些特征与疾病之间的关联。由于所收集的资料是调查当时所得到的现况资料,故又称"现况研究"或"现况调查";又因横断面研究所用的指标主要是患病率,又称"患病率调查"。

6.队列研究

队列研究是将某一特定人群按是否暴露于某可疑因素或暴露程度分为不同的亚组,追踪观察两组或多组成员结局(如疾病)发生的情况,比较各组之间结局发生率的差异,从而判定这些因素与该结局之间有无因果关联及关联程度的一种观察性研究方法。

7.病例对照研究

病例对照研究亦称"回顾性研究",是比较患某病者与未患某病的对照者暴露于某可能危险因素的百分比差异,分析这些因素是否与该病存在联系。

8.实验研究

实验研究是一种受控的研究方法，通过一个或多个变量的变化来评估它对一个或多个变量产生的效应。实验的主要目的是建立变量间的因果关系，一般的做法是研究者预先提出一种因果关系的尝试性假设，然后通过实验操作来进行检验。

（四）职业病危害作业岗位清单

在对作业场所职业病危害因素进行识别基础上，分析接触职业病危害作业岗位的作业内容、作业方式、作业区域、接触的职业病危害因素种类、可能发生的职业病或健康损伤，编制职业病危害作业岗位清单，示例如表4-3所示。

表4-3　职业病危害作业岗位清单

单元	作业岗位/工种	风险等级	职业病危害因素	作业内容	作业方式	作业区域	导致的职业病或健康损伤
燃料输送系统	卸（贮）煤岗位	低风险	煤尘、噪声	燃料装卸、堆取，煤场管理	定点作业	翻车机、卸船机、汽车卸煤沟、斗轮堆取料机、推煤机、煤场、煤仓（斗）、筒仓	煤工尘肺、噪声聋

注：作业区域为岗位作业工人工作范围内存在职业病危害的设备、设施、部位、场所或区域。

在现场评估过程中，该部分内容和风险评估报告是一并检查，关键点在于对岗位要全覆盖，尤其是检维修等非常规作业岗位。

三、实施工作场所职业健康风险评估

（一）风险评估的概念

风险是指能够预测到的在特定条件下发生有害事态的概率（频率、可能性）及其影响。职业健康风险是指劳动者职业活动过程中，因接触职业病危害因素发生健康损害的概率以及产生后果的组合，即风险（risk）＝发生概率概率（probability）×后果（consequence）。

职业病危害风险评价是指系统地、富于逻辑性地识别与评估存在的职业病危害风险，研究提出应当优先采取的控制措施，并通过实施控制措施持续提高用人单位职业卫生管理水平的方法。根据风险评价的目的、获得的信息数据和资源，风险评价可以是定性的、定量的或者以上方法的组合。

（二）风险管理的思想

风险管理是对相关风险进行妥善管理，从而最大限度地控制工作场所危险，将各类职业病危害因素可能导致接触人员职业健康损害的风险控制在可容许的范围内的过程。

（三）风险评价与管理的工作程序

1.划分评价单元并收集信息

风险评价与管理时应以具体的工作场所与工艺为单元，收集工作场所、作业人员以及作业环境有害因素等信息。

(1)工作场所信息包括工艺流程、生产过程、设备设施及其他影响暴露的潜在因素等。

(2)作业人员信息包括岗位(工种)或任务、作业类型(常规作业、非常规作业、紧急情况作业)、作业班制、作业时间[小时/天、天数/周、每周(月、年)大约工作小时数、加班频率与次数等]、作业内容、地点与方式、作业人员数量等。

(3)作业环境有害因素信息包括有害因素(化学物质)名称、成分及含量、理化性质、使用(储藏)量、使用场所(储存场所)、用途与使用方式、暴露人员与暴露途径和时机、潜在健康影响与职业接触限值、现有防护措施等。

作业环境有害因素分类包括原材料、中间产物、产品、副产物、添加剂、实验室化学物料、有害废弃物、物理因素、生物因素等。

2.确定风险评价的对象

依据收集的信息，分析与确定接触各类危害因素的相似暴露人群，形成评价对象场所的不同相似暴露人群的职业暴露信息表。相似暴露人群(SEG)指一组对某一因素有相同暴露特征的作业人员，他们具有相似的工作任务与频率、工作流程、使用物料以及作业方式。

评价对象场所不同相似暴露人群的职业暴露信息表主要包括评价对象场所、评价对象作业、评价对象相似暴露人群、评价对象化学物质、工作时间内的接触时间、作业频度、对象化学物质的使用量、对象化学物质的理化特性、对象化学物质的接触限值、现有防护措施等。

3.获取有害性信息并评估有害程度

有害性指化学物质自身具有的导致健康损害的潜在能力，主要通过收集和查阅化学品安全技术说明书(MSDS)与全球化学品统一分类与标签制度(GHS)获取，并得到化学物质有害性评估信息表，评估每一种化学物质的有害程度。

4.获取暴露信息并评估职业暴露程度

获取每一组相似暴露人群的暴露水平检测结果，包括个体检测、定点检测的结果，确定其职业接触水平，并获取相似暴露人群所接触危害因素的职业接触限值，评估每一组相似暴露人群的职业暴露程度。

推测或确定职业暴露水平的方法主要有类比推测、现场检测、简易测定结果、模拟计算等。

5.评估风险级别

根据有害程度与职业暴露程度来确定每一组相似暴露人群的风险等级。

6.策划风险控制措施并实施与记录

根据风险评估结果，提出相应的控制措施，并按照风险等级的高低，策划风险控制措施的一般性优先顺序，对风险控制措施方案进行综合考量。

(四)岗位职业健康风险评估方法

将接害的作业岗位及其范围内存在职业病危害的设施、部位、场所或区域总和定义为职业病危害风险点，通过职业卫生调查和工程分析等方法全面辨识每一个作业岗位(风险点)存在的职业病危害因素种类、时空分布并进行风险评价。风险评价可参考《用人单位落实职业病防治责任自查和风险评估指南(试行)》或《用人单位职业病危害风险分级管控体系细则》(DB37/T 2973—2017)提供的方法。

1.《用人单位落实职业病防治责任自查和风险评估指南(试行)》的评估方法

职业病危害风险分级根据劳动者接触职业病危害因素性质、接触水平、接触人数等指标进行判定。

(1)指标界定:职业病危害因素性质分为严重和一般职业病危害因素。

严重职业病危害因素主要包括以下内容:

1)《高毒物品目录》所列职业病危害因素。

2)石棉纤维粉尘、游离二氧化硅含量10%以上粉尘。

3)已确认对人致癌的化学有害因素(GBZ 2.1—2019 中标注"G1"的物质)。

4)电离辐射(除外Ⅲ类射线装置、Ⅳ类和Ⅴ类密封源、丙级非密封源工作场所及予以豁免的实践或源)。

5)卫生健康主管部门规定的其他应列入严重职业病危害因素范围的。

上述严重职业病危害因素以外的其他职业病危害因素为一般职业病危害因素。

(2)职业病危害因素接触水平:职业病危害因素接触水平指劳动者在职业活动的特定时间段内实际接触工作场所职业病危害因素的浓度或强度。职业病危害因素接触水平分为符合和不符合。

(3)职业病危害接触人数:职业病危害接触人数分三类,分别为接触人数 9 人及以下、10～49 人和 50 人及以上。

(4)风险分级方法:根据以上调查内容,将岗位职业病危害风险分Ⅰ级、Ⅱ级、Ⅲ级三个等级,Ⅰ级风险最低,Ⅲ级风险最高。具体分级方法如表 4-4 所示。

表 4-4 职业病危害风险分级方法

职业病危害因素性质	接触水平	接触人数/人		
		≤9	10～49	≥50
一般职业病危害因素	符合	Ⅰ级	Ⅰ级	Ⅰ级
	不符合	Ⅱ级	Ⅱ级	Ⅲ级
严重职业病危害因素	符合	Ⅱ级	Ⅱ级	Ⅲ级
	不符合	Ⅲ级	Ⅲ级	Ⅲ级

注:同时接触一般职业病危害因素和严重职业病危害因素时,依风险高者判定。

(5)风险分级步骤

根据用人单位职业病危害现状评价报告或定期检测与评价报告,开展职业病危害因素情况调查,填写表 4-5。

根据用人单位职业病危害风险分级方法进行风险等级判定,填写表 4-6。

表 4-5　用人单位职业病危害因素接触情况一览表

序号	车间	工种/岗位	定员	职业病危害因素名称	职业病危害因素检测结果						接触水平	职业病危害因素性质
					C_{TWA}	C_{STE}	C_{ME}	C_{PE}	噪声等效声级	其他因素		

注：①职业病危害因素名称和检测结果根据有效期内的用人单位职业病危害现状评价报告或定期检测与评价报告填写。

②C_{TWA}为时间加权平均接触浓度；C_{STE}为短时间接触浓度；C_{ME}为最高浓度；C_{PE}为峰接触浓度。

③当同一岗位或地点具有多个检测结果时，应填报最高值。

表 4-6　职业病危害风险等级判定表

职业病危害因素性质	接触水平	接触人数	风险等级	风险等级判定
一般	符合			
	不符合			
严重	符合			
	不符合			

(6)职业卫生管理评估

1)职业健康监护：对从事接触职业病危害作业的劳动者，用人单位应按规定委托医疗卫生机构为劳动者进行上岗前、在岗期间、离岗时的职业健康检查，并将检查结果书面告知劳动者；用人单位应当为劳动者建立职业健康监护档案，应当包括劳动者的职业史、职业病危害接触史、职业健康检查结果和职业病诊疗等有关个人健康资料；职业健康检查查体率应达到100%，查体项目和查体周期应符合职业健康监护技术规范要求，查体结果必须及时处理，包括复查、诊断、治疗、调离原有害作业岗位等，有处理记录，建立健康监护档案档案并符合《职业卫生档案管理规范》要求。

2)作业场所职业病危害因素检测：用人单位应当实施由专人负责的职业病危害因素日常监测，并确保监测系统处于正常运行状态；存在职业病危害的用人单位，应当委托具有相应资质的职业卫生技术服务机构，每年至少进行一次职业病危害因素检测；职业病危害严重的用人单位，除遵守前款规定外，应当委托具有相应资质的职业卫生技术服务机构，每三年至少进行一次职业病危害现状评价。检测、评价结果应当存入本单位职业卫生档案，并向卫生监督部门报告和劳动者公布。

3)建设项目职业病防护设施“三同时”：用人单位存在新建、改建、扩建和技术改造、技术引进等建设项目时，可能产生职业病危害的建设项目，职业病防护设施必须与主体工程同时设计、同时施工、同时投入生产和使用。在建设项目可行性论证阶段编制预评报告，施工前进行职业病防护设施设计，竣工验收前或试运行期间编制控制效果评价报告。职业病危害一般或者较重的建设项目，建设单位应当组织职业卫生专业技术人员对报告和设计进行评审及对职业病防护设施进行验收；职业病危害严重的建设项目，建设单位应当组织外单位职业卫生专业技术人员参加评审和验收工作;评价和设计工作过程应当形成书面报告备查;档案管理符合《职业卫生档案管理规范》相关要求。

4)职业病危害申报:用人单位工作场所存在职业病目录所列职业病危害因素的,应当及时、如实向所在地卫生行政部门申报危害项目,并接受卫生行政部门的监督管理。职业病危害申报的内容、方式、时间应符合《中华人民共和国职业病防治法》的规定及《职业病危害项目申报办法》(国家安全生产监督管理总局令〔2012〕第48号)的要求。

5)职业卫生教育培训:用人单位的主要负责人和职业卫生管理人员应当接受职业卫生培训,遵守职业病防治法律、法规,依法组织本单位的职业病防治工作;用人单位应当对劳动者进行上岗前的职业卫生培训和在岗期间的定期职业卫生培训,普及职业卫生知识,督促劳动者遵守职业病防治法律、法规、规章和操作规程,指导劳动者正确使用职业病防护设备和个人使用的职业病防护用品。用人单位是职业卫生培训的责任主体,应当建立培训制度,保障培训所需的资金投入,要把职业卫生培训纳入本单位职业病防治计划、年度工作计划和目标责任体系,制订实施方案,落实责任人员。

6)职业病危害告知:产生职业病危害的用人单位应当设置公告栏,公布本单位职业病防治的规章制度等内容。设置在办公区域的公告栏,主要公布本单位的职业卫生管理制度和操作规程等;设置在工作场所的公告栏,主要公布存在的职业病危害因素及岗位、健康危害、接触限值、应急救援措施,以及工作场所职业病危害因素检测结果、检测日期、检测机构名称等。用人单位与劳动者订立劳动合同时,应进行职业病危害告知,告知的内容和样式符合告知范本的要求;职业病危害因素检测、评价结果应定期向劳动者告知且符合告知规范;用人单位应将职业健康检查结果书面告知劳动者。

7)职业病防治责任体系:用人单位应建立职业病防治责任体系,包括建立职业病防治责任制度并将其存入职业卫生管理档案;建立主要负责人、分管负责人、职业卫生管理人员、车间(班组)管理人员以及劳动者等各类人员的职业病防治岗位职责;建立职业卫生领导机构、职业卫生管理部门,规定职业卫生领导机构、职业卫生管理部门以及其他相关管理部门在职业卫生管理方面的职责和要求。

8)职业卫生管理机构及人员:职业病危害严重的用人单位,应当设置或者指定职业卫生管理机构或者组织,配备专职职业卫生管理人员。其他存在职业病危害的用人单位,劳动者超过400人的,应当设置或者指定职业卫生管理机构或者组织,配备专职职业卫生管理人员;劳动者在400人及以下的,应当配备专职或者兼职的职业卫生管理人员,负责本单位的职业病防治工作。企业应指定一名主管厂长(总经理)负责职业卫生管理工作,制订防治计划和实施方案。

9)职业卫生管理制度:存在职业病危害的用人单位应当制订职业病危害防治计划和实施方案,建立健全职业卫生管理制度和操作规程。职业卫生管理制度和操作规程包括职业病危害防治责任制度,职业病危害警示与告知制度,职业病危害项目申报制度,职业病防治宣传教育培训制度,职业病防护设施维护检修制度,职业病防护用品管理制度,职业病危害监测及评价管理制度,建设项目职业病危害防护设施“三同时”管理制度,劳动者职业健康监护及其档案管理制度,职业病危害事故处置与报告制度,接触可能导致急性职业损伤的有害物质和电离辐射作业岗位的应急救援预案与管理制度，接触可能导致急性职业损伤的有害物质和电离辐射作业岗位的操作规程，法律、法规、规章规定的其他职业病防治制度。

10）职业卫生操作规程：用人单位应建立健全针对接触硅尘、石棉粉尘等高危粉尘和可能导致急性职业损伤的化学及电离辐射等严重职业病危害作业岗位的职业卫生操作规程，并张贴或以其他方式公布，方便劳动者了解，提示劳动者遵守。操作规程应符合岗位实际，具有可操作性。

11）职业卫生应急救援预案及演练：用人单位应建立健全急性职业病危害事故应急救援预案，预案应明确责任人、组织机构、应急处置方案、医疗救护方案等；应制订应急救援预案演练计划，每年组织1～2次针对性的应急演练并进行评估，演练记录和评估报告应存档。

12）职业卫生投入：用人单位应建立制度保障职业病防治所需的资金投入，职业卫生投入概算至少应包括职业病防护设施、应急防护设施、应急防护用品、个人防护用品、职业卫生教育培训、职业健康监护及诊断治疗、职业病危害因素监测与检测、职业病危害评价、职业病危害告知、职业病危害警示标识和中文警示说明设置等费用，职业卫生办公经费、职工保健费、工伤保险费等。

13）外委作业管理：用人单位应当与承包商签订职业卫生管理协议，明确各方的管理职责，督促承包单位开展职业病防治；协议中应包含承包单位的职业病防治承诺；督促承包单位建立健全职业卫生管理制度，设立职业卫生管理机构，配备职业卫生管理人员；外委作业人员的职业卫生管理应与用人单位正式员工一致。

14）职业卫生管理档案：用人单位应健全职业卫生档案，内容包括建设项目职业病危害防护设施“三同时”、职业卫生管理、职业卫生宣传培训、职业病危害因素监测与检测评价、用人单位职业健康监护管理、劳动者个人职业健康监护档案和法律、行政法规、规章要求的其他资料文件；档案分类和内容符合《职业卫生档案管理规范》要求。

15）判定原则：根据《职业病防治法》等法律法规规章制定用人单位职业卫生管理自查内容、方法。

职业卫生管理状况通过开展用人单位职业卫生管理自查进行分级。职工总人数100人及以上的执行《用人单位职业卫生管理自查表》，共12类，68项内容。职工总人数100人以下的执行《用人单位职业卫生管理自查表（简化版）》，共12类，22项内容。

根据用人单位自查最终标化得分值，将职业卫生管理状况分为A级（90～100分）、B级（70～89分）、C级（70分以下）三个等级。

用人单位可参照附录6开展自评。

2.《用人单位职业病危害风险分级管控体系细则》（DB37/T 2973—2017）评估方法

（1）化学物作业分级：化学物作业分级依据包括化学物危害程度、化学物的职业接触比值和劳动者的体力劳动强度三个要素的权重数。

1）化学物危害程度及其权重数：化学物的危害程度由其危害指数（THI）决定，危害程度的权重数W_D取值如表4-7所示。

表 4-7 化学毒物的危害指数权重数取值

化学毒物危害指数	权重数(W_D)
THI＜35	1
35≤THI＜50	2
50≤THI＜65	4
THI≥65	8

注:《高毒物品目录》列入的化学物及剧毒化学品,其危害程度级别权重系数按 8 计算。

化学毒物危害程度分级,是依据急性毒性、影响毒性作用的因素、毒性效应及实际危害后果 4 大类 9 项指标进行综合分析,计算毒物危害指数。每项指标均按照危害程度分 5 个等级并赋值(分项指标积分值),同时根据各项指标对危害影响作用的大小赋予相应的权重系数(分项指标权重系数),如表 4-8 所示。

表 4-8 化学毒物危害程度分级和评分依据

项目		极度危害	高度危害	中度危害	轻度危害	轻微危害	权重系数
积分值		4	3	2	1	0	
LC_{50}(大鼠)	气体	＜100	≥100～＜500	≥500～＜2500	≥2500～＜20000	≥20000	5
	蒸气	＜500	≥500～＜2000	≥2000～＜10000	≥10000～＜20000	≥20000	
	粉尘和烟雾	＜50	≥50～＜500	≥500～＜1000	≥1000～＜5000	≥5000	
LD_{50}(大鼠)		＜5	≥5～＜50	≥50～＜300	≥300～＜2000	≥2000	
经皮 LD_{50}(兔子)		＜50	≥50～＜200	≥200～＜1000	≥1000～＜2000	≥2000	1
刺激性		pH 值≤2 或 pH 值≥11.5;腐蚀作用或不可逆损伤	强刺激作用	中等刺激作用	轻刺激作用	无刺激作用	2
腐蚀性		同刺激性					2
致敏性		有证据表明引起人类特定的呼吸系统致敏或重要脏器的变态反应	有证据表明能引起人类皮肤过敏	动物实验证据充分但无人类相关证据	现有动物实验证明不能致敏	无致敏	2

续表

项目	极度危害	高度危害	中度危害	轻度危害	轻微危害	权重系数
生殖毒性	明确的人类生殖毒性	动物实验生殖毒性明显但人类生殖毒性作用尚未明确	动物实验生殖毒性明显但人类生殖毒性无相关资料	现有证据不足以证明其具有生殖毒性	无人类生殖毒性	3
致癌性	Ⅰ组，人类致癌物	ⅡA组，近似人类致癌物	ⅡB组，可能人类致癌物	Ⅲ组，未归入人类致癌物	Ⅳ组，非分类致癌物	4
实际危害后果与预后	职业中毒病死率≥10%	职业中毒病死率<10%或致残（不可逆）	器质性损害脱离接触后可治愈	仅有接触反应	无危害后果	5
扩散性（常温或工业使用时状态）	气态	液态挥发性高（沸点<50 ℃）或固态扩散性极高（使用时形成烟或烟尘）	液态挥发性中等（50 ℃<沸点<150 ℃）或固态扩散性高（使用时可见尘雾形成，并在空气中停留数分钟以上）	液态挥发性低（沸点≥150 ℃）或固态扩散性中等（使用时能见粉尘但很快落下，使用后粉尘留在表面）	固态扩散性低（使用时几乎不产生粉尘）	3
蓄积性（生物半衰期）	蓄积系数<1，生物半衰期≥4000 h	3>蓄积系数≥1，4000 h>生物半衰期≥400 h	5>蓄积系数≥3，400 h>生物半衰期≥40 h	蓄积系数>5，40 h>生物半衰期≥4 h	生物半衰期<4 h	1

注：①急性毒性分级指标以急性吸入毒性和急性经皮毒性为分级依据。无急性吸入毒性数据的物质，参照急性经口毒性分级。无急性经皮毒性数据，且不经皮吸收的物质，按轻微危害分级；无急性经皮毒性数据，但可经皮肤吸收的物质，参照急性吸入毒性分级。

②强、中、轻和无刺激作用的分级依据 GB/T 21604—2022 和 GB/T 21609—2008。

③缺乏蓄积性、致癌性、致敏性、生殖毒性分级有关数据的物质分项指标暂按极度危害赋分。

④工业使用在 5 年内的新化学品，无实际危害后果资料的，该分项指标暂按极度危害赋分；工业使用在 5 年以上的物质，无实际危害后果资料的，该分项指标按轻微危害赋分。

⑤一般液态物质的吸入毒性按蒸气类划分。

按照公式 4-1 计算毒物危害指数。

$$\mathrm{THI}=\sum_{i=1}^{n}(K_i \cdot F_i) \qquad \text{公式 4-1}$$

式中：THI——毒物危害指数；

K_i——分项指标权重系数；

F_i——分项指标积分值。

2)化学物职业接触比值及其权重数：工作场所化学物职业接触比值的权重数 W_B 直接取化学物的职业接触比值 B，B＝化学物浓度实测值÷接触限值。

注：对接触限值为最高容许浓度(MAC)的化学物，直接计算其接触比值；接触限值为加权平均容许浓度(PC-TWA)、短时间容许浓度(PC-STEL)或超限倍数的，分别计算其接触比值，选择其中的最大值为某类化学物接触比值；当检测值为未检出时，以最低检出浓度的二分之一作为检测值进行计算；工作岗位接触多种化学物时，接触比值为各种化学物接触比值之和，毒物危害程度级别取最严重的化学物的 W_D 计算。

3)劳动者的体力劳动强度分级及其权重数：常见职业劳动者体力劳动强度分级如表4-9所示。

表 4-9　常见职业体力劳动强度分级

体力劳动强度分级	职业描述
Ⅰ(轻劳动)	坐姿：手工作业或腿的轻度活动(正常情况下，如打字、缝纫、脚踏开关等)；立姿：操作仪器，控制、查看设备，上臂用力为主的装配工作
Ⅱ(中等劳动)	手和臂持续动作(如锯木头等)；臂和腿的工作(如卡车、拖拉机或建筑设备等运输操作)；臂和躯干的工作(如锻造、风动工具操作、粉刷、间断搬运中等重物、除草、锄田、摘水果和蔬菜等)
Ⅲ(重劳动)	臂和躯干负荷工作(如搬重物、铲、锤锻、锯刨或凿硬木、割草、挖掘等)
Ⅳ(极重劳动)	大强度的挖掘、搬运，快到极限节律的极强活动

体力劳动强度分级权重数(W_L)取值见表4-10。

表 4-10　体力劳动强度分级权重数取值

体力劳动强度级别	权重数(W_L)
Ⅰ(轻)	1.0
Ⅱ(中)	1.5
Ⅲ(重)	2.0
Ⅳ(极重)	2.5

4)接触化学物作业分级指数的计算

接触化学物作业分级指数按公式4-2计算：

$$G_1 = W_D \times W_B \times W_L \qquad \text{公式 4-2}$$

式中：G_1——分级指数；

W_D——化学物危害程度的权重数；

W_B——工作场所化学物职业接触比值的权重数；

W_L——劳动者体力劳动强度的权重数。

根据分级指数(G_1)，将接触化学物作业分为四个级别，见表4-11。

表4-11 接触化学物作业分级

分级指数(G_1)	作业分级
$G_1 \leqslant 1$	相对无害
$1 < G_1 \leqslant 6$	轻度危害
$6 < G_1 \leqslant 24$	中度危害
$G_1 > 24$	重度危害

(2)粉尘作业分级：生产性粉尘作业分级的依据包括粉尘中游离二氧化硅含量、工作场所空气中粉尘的职业接触比值和劳动者的体力劳动强度等要素的权重数。

1)生产性粉尘中游离二氧化硅含量分级及其权重数：生产性粉尘游离二氧化硅含量(M)的分级和权重数(W_M)取值如表4-12所示。

表4-12 游离二氧化硅含量的分级和取值

游离二氧化硅含量(M)/%	权重数(W_M)
$M < 10$	1
$10 \leqslant M \leqslant 50$	2
$50 < M \leqslant 80$	4
$M > 80$	6

注：①粉尘中游离二氧化硅含量的测定按《工作场所空气中粉尘测定 第4部分：游离二氧化硅含量》(GBZ/T 192.4—2007)执行。

②石棉与石棉纤维、木尘等按《工作场所有害因素职业接触限值 第1部分：化学有害因素》(GBZ 2.1—2019)标识为人类致癌物(G1)的粉尘，M取值列入游离二氧化硅>80%一类。

③工作场所存在两种以上粉尘时，游离二氧化硅权重数取各种粉尘中最大者。

2)工作场所空气中粉尘职业接触比值及其权重数：工作场所空气中生产性粉尘职业接触比值(B)按下式计算。

$$B = \text{粉尘浓度实测值} \div \text{接触限值}$$

生产性粉尘职业接触比值的权重数W_B直接取粉尘的职业接触比值B。

注：生产性粉尘应分别计算加权平均容许浓度(PC-TWA)和超限倍数比值，选择最大值作为某类粉尘接触比值取值；当检测值为未检出时，以最低检出浓度的二分之一作为检测值进行计算；对于GBZ 2.1—2019中同时具有呼吸性粉尘和总粉尘接触限值的粉尘，优先使用呼吸性粉尘的检测数据进行接触比值的计算；若同一作业岗位同时接触两种及以

上的粉尘时，应选择危害重、接触限值低的粉尘的检测数据进行接触比值的计算。

3)劳动者的体力劳动强度分级及其权重数：常见职业劳动者体力劳动强度分级见表4-9，体力劳动强度分级权重数(W_L)取值见表4-10。

4)生产性粉尘作业分级指数的计算：生产性粉尘作业分级指数按公式4-3计算。

$$G_2 = W_M \times W_B \times W_L \qquad \text{公式 4-3}$$

式中：

G_2——分级指数；

W_M——粉尘中游离二氧化硅含量的权重数；

W_B——工作场所空气中粉尘职业接触比值的权重数；

W_L——劳动者体力劳动强度的权重数。

根据分级指数(G_2)，将生产性粉尘作业分为四个级别，见表4-13。

表 4-13 生产性粉尘作业分级

分级指数(G_2)	作业分级
$G_2 \leqslant 1$	相对无害
$1 < G_2 \leqslant 6$	轻度危害
$6 < G_2 \leqslant 16$	中度危害
$G_2 > 16$	重度危害

(3)噪声作业分级：根据劳动者接触噪声水平对噪声作业进行分级。对于稳态噪声和非稳态连续噪声，按照噪声测量规范(GBZ/T 189.8—2007)的要求进行噪声作业测量，依据噪声暴露情况计算 $L_{EX,8h}$ 或 $L_{EX,w}$ 后，根据表4-14确定噪声作业分级。

对于脉冲噪声[持续时间≤0.5 s，间隔时间>1 s，声压有效值变化≥40 dB(A)的噪声]，按照GBZ/T 189.8—2007的要求测量其声压级峰值 L_{peak}(dB)和工作日内的脉冲次数(n)，根据表4-15确定脉冲噪声作业分级。

表 4-14 稳态和非稳态连续噪声作业分级表(G_3)

分级	等效声级($L_{EX,8h}$)/dB	危害程度
0	$80 \leqslant L_{EX,8h} < 85$	相对无害
Ⅰ	$85 \leqslant L_{EX,8h} < 90$	轻度危害
Ⅱ	$90 \leqslant L_{EX,8h} < 95$	中度危害
Ⅲ	$95 \leqslant L_{EX,8h} < 100$	重度危害
Ⅳ	$L_{EX,8h} \geqslant 100$	极重度危害

注：$L_{EX,8h}$ 与 $L_{EX,w}$ 等效使用。

表 4-15　脉冲噪声作业分级表(G_3)

分级	声压峰值(dB)			危害程度
	$n\leqslant100$	$100<n\leqslant1000$	$1000<n\leqslant10000$	
Ⅰ	$140\leqslant L_{peak}<142.5$	$130\leqslant L_{peak}<132.5$	$120\leqslant L_{peak}<122.5$	轻度危害
Ⅱ	$142.5\leqslant L_{peak}<145$	$132.5\leqslant L_{peak}<135$	$122.5\leqslant L_{peak}<125$	中度危害
Ⅲ	$145\leqslant L_{peak}<147.5$	$135\leqslant L_{peak}<137.5$	$125\leqslant L_{peak}<127.5$	重度危害
Ⅳ	$L_{peak}\geqslant147.5$	$L_{peak}\geqslant137.5$	$L_{peak}\geqslant127.5$	极重度危害

(4)高温作业分级:高温作业分级的依据包括劳动者的体力劳动强度分级、接触高温作业时间、湿球黑球温度(WBGT)指数和服装的阻热性。体力劳动强度分级按表 4-9 确定,接触高温作业时间以每个工作日累计接触高温作业时间计,单位为分钟(min),WBGT 指数测定按高温检测规范执行,劳动者穿着服装(长袖衬衫和长裤工作服及纺织材料连裤工作服)的绝热系数为 0.6 Clo。根据以上测定评价结果,对照表 4-16 内容进行分级。

表 4-16　高温作业分级表(G_4)

劳动强度	接触高温作业时间/min	WBGT 指数/℃						
		29～30 (28～29)	31～32 (30～31)	33～34 (32～33)	35～36 (34～35)	37～38 (36～37)	39～40 (38～39)	41～ (40～)
Ⅰ (轻劳动)	60～120	Ⅰ	Ⅰ	Ⅱ	Ⅱ	Ⅲ	Ⅲ	Ⅳ
	121～240	Ⅰ	Ⅱ	Ⅱ	Ⅲ	Ⅲ	Ⅳ	Ⅳ
	241～360	Ⅱ	Ⅱ	Ⅲ	Ⅲ	Ⅳ	Ⅳ	Ⅳ
	361～	Ⅱ	Ⅲ	Ⅲ	Ⅳ	Ⅳ	Ⅳ	Ⅳ
Ⅱ (中劳动)	60～120	Ⅰ	Ⅱ	Ⅱ	Ⅲ	Ⅲ	Ⅳ	Ⅳ
	121～240	Ⅱ	Ⅱ	Ⅱ	Ⅲ	Ⅳ	Ⅳ	Ⅳ
	241～360	Ⅱ	Ⅲ	Ⅲ	Ⅳ	Ⅳ	Ⅳ	Ⅳ
	361～	Ⅲ	Ⅲ	Ⅳ	Ⅳ	Ⅳ	Ⅳ	Ⅳ
Ⅲ (重劳动)	60～120	Ⅱ	Ⅱ	Ⅱ	Ⅲ	Ⅳ	Ⅳ	Ⅳ
	121～240	Ⅱ	Ⅲ	Ⅲ	Ⅳ	Ⅳ	Ⅳ	Ⅳ
	241～360	Ⅲ	Ⅲ	Ⅳ	Ⅳ	Ⅳ	Ⅳ	Ⅳ
	361～	Ⅲ	Ⅳ	Ⅳ	Ⅳ	Ⅳ	Ⅳ	Ⅳ
Ⅳ (极重劳动)	60～120	Ⅱ	Ⅲ	Ⅲ	Ⅳ	Ⅳ	Ⅳ	Ⅳ
	121～240	Ⅲ	Ⅲ	Ⅳ	Ⅳ	Ⅳ	Ⅳ	Ⅳ
	241～360	Ⅲ	Ⅳ	Ⅳ	Ⅳ	Ⅳ	Ⅳ	Ⅳ
	361～	Ⅳ	Ⅳ	Ⅳ	Ⅳ	Ⅳ	Ⅳ	Ⅳ

注:括号内 WBGT 指数值适用于未产生热适应和热习服的劳动者。

(5)接触电离辐射作业:密封源和射线装置产生的电离辐射,根据作业工人接触的年有效剂量(E),参照 GB 18871—2002 规定的职业照射剂量限值分为四个级别(见表 4-17)。年有效剂量的测量参照 GBZ 128—2016。

表 4-17 电离辐射作业分级

年有效剂量(E)	作业分级
≤1/10 剂量限值	轻度危害
≤3/10 剂量限值	中度危害
≤1/2 剂量限值	重度危害
≤剂量限值	极度危害

(6)岗位职业病危害风险评估原理

1)评估结果判定:综合考虑职业病危害因素的危害程度、接触水平、暴露时间、暴露人数、防护措施、健康效应、管理水平等参数,参考作业条件危险性分析法(LEC)和风险程度分析法(MES),建立岗位职业病危害风险评价模型,见公式 4-4。

$$T = \sum_{i=1}^{n} C_i \times P \times M \times S \qquad \text{公式 4-4}$$

式中:T——风险值;

n——职业病危害因素类别序号,i 对应的取值($1\sim n$);

C_i——各类职业病危害作业级别的权重数;

M——职业病危害防控措施权重数;

S——职业病或职业健康损伤发生结果的权重数;

P——各作业岗位劳动定员的权重数。

根据风险值(T),将作业岗位职业病危害风险分为重大风险、较大风险、一般风险、低风险四个级别(见表 4-18)。

表 4-18 作业岗位职业病危害风险分级

风险值(T)	风险分级
$T \leqslant 1$	低风险
$1 < T \leqslant 8$	一般风险
$8 < T \leqslant 32$	较大风险
T>32	重大风险

2)参数取值和风险判定值：职业病危害作业级别权重数(C_i)取值如表 4-19 所示。

表 4-19　职业病危害作业级别权重数取值

权重数(C_i)	化学物作业等级(G_1)	粉尘作业等级(G_2)	噪声作业等级(G_3)	高温作业等级(G_4)	电离辐射作业等级(G_5)
1	相对无害	相对无害	轻度危害	轻度危害	轻度危害
2	轻度危害	轻度危害	中度危害	中度危害	中度危害
4	中度危害	中度危害	重度危害	重度危害	重度危害
8	重度危害	重度危害	极度危害	极度危害	极度危害

作业岗位劳动定员的权重数(P)取值如表 4-20 所示。

表 4-20　作业岗位劳动定员权重数取值

劳动定员/人	权重数(P)
≤4	1
5～8	2
9～12	3
13～16	4
>16	5

职业病危害防控措施的权重数(M)取值如表 4-21 所示。

表 4-21　职业病危害防控措施权重数取值

防控措施	权重数(M)
工程技术、个体防护和管理措施完善	1.0
个体防护或管理措施缺失	1.5
工程技术措施部分缺失	2.0
工程技术措施全部缺失	2.5
全部防控措施缺失	3.0

职业病或职业健康损伤发生结果的权重数(S)取值如表 4-22 所示。

表 4-22　职业病或职业健康损伤的发生结果权重数取值

职业病或职业健康损伤发生结果	权重数(S)
无职业病或职业健康损伤	0.5
有职业健康损伤发生	1.0

续表

职业病或职业健康损伤发生结果	权重数(S)
有 2 例以下慢性职业病发生	2.0
有急性职业病发生或 3 例以上慢性职业病发生	4.0
职业病导致死亡	8.0

3)重大风险直判原则:重大风险指具有发生职业病或职业健康损伤的极大可能性或发生后产生严重后果,或者二者的结合的风险。原则上将以下存在严重职业病危害的作业岗位确定为重大风险:

①职业病危害风险分级的风险值(T)大于 32 的作业岗位。

②存在硅尘或石棉粉尘的作业岗位。

③存在"致癌""致畸"等有害物质或者可能导致急性职业性中毒的作业岗位。

④存在放射性危害的作业岗位。

(五)职业健康风险评估依据及成果

按照《建设项目职业病危害风险分类管理目录》(国卫办职健发〔2021〕5 号)把建设项目分为"严重"和"一般"两个类别,其中职业病危害严重的用人单位应结合每年的工作场所职业病危害因素检测结果,编制年度职业病危害风险评估报告和风险管控措施清单。职业病危害一般的用人单位应结合工作场所职业病危害因素检测结果,每三年编制一次职业病危害风险评估报告和风险管控措施清单。风险评估报告至少应包括职业病危害作业岗位(风险点)清单、风险评估过程、风险管控措施、检测报告等内容。

四、建立企业职业病危害风险管控措施清单,对接触职业病危害的作业岗位实施风险管控

(一)职业病危害风险管控对策

1.现场工程控制措施

工程控制技术措施是指应用工程技术的措施[设备、设施、装置、构(建)筑物等]和手段(消除、替代、隔离、通风、净化回收、冷却、密闭等),控制生产工艺过程中产生或存在的职业危害因素浓度或强度,使作业环境中有害因素的浓度或强度降至国家卫生标准容许的范围之内。

(1)生产性粉尘工程控制措施。采用密闭管道输送、密闭自动(机械)称量、密闭设备加工;采用半密闭罩、隔离室等设施隔绝,减少粉尘的扩散;降低物料落差、适当降低溜槽倾斜度、隔绝气流、减少诱导空气量和设置空间等;皮带转运点采用导料槽或导向板;增湿、喷雾、喷蒸汽等湿式抑尘措施,减少物料在装卸、运输、破碎、筛分、混合和清扫等过程中粉尘的产生和扩散,加速作业场所漂尘的凝聚、降落;消除二次扬尘,尽量减少积尘平面,地面、墙壁应平整光滑,墙角呈圆角,便于清扫;负压清扫地面、墙壁、构件和设备粉尘;

水冲洗的方法清理地面、墙壁、顶棚和构件积尘；全面机械通风，将车间空气中烟雾型粉尘浓度稀释并排到室外；局部通风除尘设施，在尘源处或其近旁设置吸尘罩，利用风机动力，将生产过程中产生的粉尘连同运载粉尘的气体吸入罩内，经风管送至除尘器净化后，再经风管排入大气。

(2)化学毒物的工程控制措施。生产装置密闭化、管道化，尽可能实现负压生产，防止有毒物质泄漏、外溢；生产过程机械化、程序化和自动控制，使操作人员不接触或少接触有毒物质；全面通风换气排除有毒物质作业地点分散、流动的工作场所存在的有毒化学物；局部通风排毒设施将发散源产生的有毒化学物吸入排毒罩，利用风机动力，将其经风管送至净化器净化后排入大气；排气罩应遵循“形式适宜、位置正确、风量适中、强度足够、检修方便”的原则，罩口风速或控制点风速应足以将发生源产生的有毒物质吸入罩内；局部送风设施用于密闭空间作业，新鲜空气直接送到操作人员呼吸带；对移动的逸散毒物的作业，与主体工程同时设置移动式轻便排毒设备；存在毒物或酸碱等强腐蚀性物质的工作场所设冲洗设施，墙壁、顶棚和地面等应采用耐腐蚀、不吸收、不吸附毒物的材料；密闭采样。

(3)噪声的工程控制措施。选用低噪声设备、低噪声材料、低噪声工艺；噪声较大的设备应尽量将噪声源与操作人员隔开；工艺允许远距离控制的，可设置隔声操作(控制)室；具有生产性噪声的车间和设备应尽量独立设置，远离其他非噪声作业车间、行政区和生活区；噪声与振动强度较大的生产设备应安装在单层厂房或多层厂房的底层；对振幅、功率大的设备应设计减振基础，如采取安装减振支架、减振垫层等；采用吸声材料装饰车间内表面(多孔吸声、薄板共振)，悬挂吸声体等；高噪声设备工艺允许时设隔声罩；高噪声场所设隔声操作室、值班室、休息室等隔声室，隔声室的天棚、墙体、门窗均应符合隔声、吸声的要求；产生噪声的风道、排气管设消声器，用阻尼材料减振。

(4)高温的工程控制措施。生产自动化，使劳动者尽量远离热源；高温作业地点采用局部送风降温：设置全面通风，通过合理组织通风气流降低工作环境的温度；设置空调降低工作环境的温度；高温管道和设备设置高温包扎；屏蔽热辐射源，高温作业厂房呈“L”形、“П”形或“Ш”形的，其开口部分宜位于夏季主导风向的迎风面；热源应尽量布置在车间外面；采用热压为主的自然通风时，热源应尽量布置在天窗的下方；采用穿堂风为主的自然通风方式，热源应尽量布置在夏季主导风向的下风侧。

(5)电离辐射的工程控制措施。工业X射线探伤室的防护：操作室应与探伤室分开并尽量避开有用线束照射的方向；探伤室墙壁和入口处应有可靠的辐射屏蔽，屏蔽材料可选铅板材料；探伤室应设置门-机连锁装置，并保证在门关闭后X射线装置才能进行探伤作业，门-机连锁装置的设置应方便探伤室内部的人员在紧急情况下离开探伤室；探伤室门口和内部应设有显示“预备”和“照射”状态的指示灯和声音提示装置，同时指示装置应与X射线探伤装置连锁；探伤室内应安装紧急停机按钮或拉绳，按钮或拉绳的安装应使人员处在探伤室内任何位置时都不需要穿过主射线束就能够使用且有标签，标明使用方法；探伤室应设置机械通风装置，排风管道外口避免朝向人员活动密集区，每小时有效通风换气次数应不小于3次。

工业X射线现场探伤的防护：探伤作业时，应对工作场所实行分区管理，一般应将作业场所中周围剂量当量率大于15 μSv/h的范围内划为控制区，控制区边界应悬挂清晰可见的“禁止进入X射线区”警告牌，探伤作业人员在控制区边界外操作，否则应采取专门的防护措施；为了使控制区的范围尽量小，X射线探伤机应用准直器，视情况采用局部屏蔽措施（如铅板）；控制区的边界尽可能设定实体屏障，包括利用现有结构（如墙体）、临时屏障或临时拉起警戒线（绳）等；将控制区边界外、作业时周围剂量当量率大于2.5 μSv/h的范围划为监督区，并在其边界上悬挂清晰可见的“无关人员禁止入内”警告牌，必要时设专人警戒；现场探伤工作在多楼层的工厂或工地实施时，应防止现场探伤工作区上层或下层的人员通过楼梯进入控制区；探伤机控制台应设置在合适位置或设有延时开机装置，以便尽可能降低操作人员的受照剂量。

对源容器的放射防护：用于支持和容纳密封源的部件应做到既能牢固、可靠地固定密封源，又便于密封源的装拆；在不同的使用条件下，检测仪表中源容器的安全性能应符合GB 14052—1993的相应要求；源容器应有能防止未经授权的人员进行密封源安装与拆卸操作的结构与部件，例如具有由外表不可直接视见的隐式组装结构，或具有使用特殊的专用工具时才能组装、拆卸源容器的零部件、安全锁等；当源容器设有限束器、源闸时，应满足下列要求：

1）当透射式检测仪表探测器处于距密封源最远使用位置时，以密封源为中心的有用线束不应超出无屏蔽体探测器或探测器的屏蔽体。

2）源闸在“开”“关”状态的相应位置应可分别锁定，并有明显的“开”“关”状态指示。

3）如果源闸为遥控或伺服控制的，则遥控电路或伺服控制电路发生故障时，源闸应自动关闭。

4）安装在物料传送带旁侧的源容器的源闸：在传送带运行时，应自动开启；在传送带停止运行时，应自动关闭。

5）上述3）4）两项，当源闸自动关闭意外故障时，应有手动关闭源闸的设施；邻近密封源的部件应选用散射线、韧致辐射少且耐辐照的材料；源容器的生产厂家应给出容器中可装载密封源的核素和最大活度；源容器外表面有半固的标牌并清晰地标明下列内容：符合GB 18871—2002规定的电离辐射标识；制造厂家、出厂日期、产品型号和系列号；核素的化学符号和质量数、密封源的活度及活度的测量日期；符合有关规定的检测仪表的类别和安全性能等级的代号。

2.职业病危害风险应急处置措施

对可能发生急性职业损伤的有毒、有害工作场所，应当设置报警装置，配置现场急救用品、冲洗设备、应急撤离通道和必要的泄险区。应急救援设施的内容如下：报警装置，检测报警点和报警值设置应符合GBZ/T223—2009的要求；不断水的喷淋洗眼设施；现场急救用品；应急撤离通道、泄险区，比如围堰、泄险沟；风向标；个人剂量检测设备；事故通风装置以及与事故排风系统相连锁的泄漏报警装置；生产、销售、使用、贮存放射性同位素和射线装置的场所，应当设置安全和防护设施以及必要的防护安全连锁、报警装置；应急救援组织机构（站）和人员；紧急救援站或有毒气体防护站；防毒器具存放柜（气防柜）且应具备铅封、明显标识；急救包或急救箱以及急救药品；转运患者的担架和装置、急救处理的设施以及应急救援通信设备等。

3.个体防护措施

用人单位对岗位职业病危害风险应首先采取工程控制措施，在使用所有可行的工艺、设备以及专项控制后仍不能达到职业卫生标准要求时，应为作业工人配备个体防护用品。个人防护用品的内容：呼吸防护用品，例如防尘、防毒口罩、电动送风式全面罩、供气式（长管式）呼吸器、正压式空气呼吸器等；眼面部防护用品，例如防护眼镜、防护面罩等；听觉器官防护用品，例如耳塞、耳罩、防噪声帽盔等；手部防护用品，例如手套、套袖等；足部防护用品，例如防护鞋、护膝等；躯干部防护用品，例如防护服（防化服、防尘服、屏蔽服、防辐射服、保温服等）；护肤用品，例如护肤剂、护肤乳、护肤膏等。用人单位应按照《个体防护装备选用规则》（GB 39800.1—2020）选择防护功能和效果适用的劳动防护用品。

4.现场告知管理措施

作业岗位现场告知包括警示标识和告知卡。存在或者产生职业病危害的工作场所、作业岗位、设备、设施，应当按照《工作场所职业病危害警示标识》（GBZ 158—2003）的规定，在醒目位置设置图形、警示线、警示语句等警示标识和中文警示说明。对产生严重职业病危害的作业岗位，除设置警示标识外，还应当在其醒目位置设置职业病危害告知卡。告知卡应当标明职业病危害因素名称、理化特性、健康危害、接触限值、防护措施、应急处理及急救电话、职业病危害因素检测结果及检测时间等。

（二）职业病危害管控清单

用人单位是职业病隐患排查、治理、报告和防控的责任主体，应当建立健全职业病隐患排查治理制度和体系。根据风险点的特征，从工程技术、现场管理、个体防护、应急救援等方面制定职业病危害风险管控措施清单。现场管控措施应该全面、合理、合规，并且经常性地对管控措施进行检查，保证现场的工程技术措施或者应急处置措施能正常运行。

清单应包含全部风险点各类风险信息及其管控措施，至少应包括风险点名称、风险等级、职业病危害因素名称、职业病危害因素存在的区域、可能导致的职业病或健康损伤效应、风险管控措施、管控责任部门和责任人等信息。风险管控措施清单示例如表 4-23 所示。

表 4-23 风险管控措施清单

单元	作业岗位/工种	风险等级	管控措施				责任单位	责任人
			工程技术	现场管理	个体防护	应急处置		
燃料输送系统	卸(贮)煤岗位	低风险	1.卸船机、翻车机设置喷雾降尘装置 2.贮煤场宜采用封闭式煤场,并应设置通风设施 3.开放式贮煤场周边设置防风抑尘网,并设置喷雾设施覆盖整个堆煤表面(或设置喷雾水泡降尘设备) 4.推煤机、堆取料机、卸煤机等驾驶室采取密封措施 5.煤仓(斗)及筒仓设置布袋除尘器 6.地面积尘及时清扫	设置“注意防尘”“戴防尘口罩”的警示标识	1.自吸过滤式防尘口罩 2.防噪耳塞	—	输煤车间	车间主任
			1.翻车机区域设置独立隔声操作室 2.卸船机、斗轮堆取料机、推煤机等驾驶室采用隔声密封措施	设置“噪声有害”“戴护耳器”的警示标识		—		

用人单位应根据自身组织架构确定责任组织级别,包括公司级、部门级、车间级、班组级或岗位级。

五、在醒目位置和重点区域设置公告栏,对职业病危害风险进行告知

职业病危害告知是指用人单位通过与劳动者签订劳动合同、公告、培训等方式,使劳动者知晓工作场所产生或存在的职业病危害因素、防护措施及对健康的影响等的行为。常见的告知方式有合同告知、培训告知、公告栏告知、告知卡告知、检测结果告知等方式。公告栏公布本单位职业病防治的规章制度等内容,公告栏一般设置在办公区域和工作场所。设置在办公区域的公告栏,主要公布本单位的职业卫生管理制度和操作规程等;设置在工作场所的公告栏,主要公布存在的职业病危害因素及岗位、健康危害、接触限值、应急救援措施以及工作场所职业病危害因素的检测结果、检测日期、检测机构名称等信息。

健康企业应在醒目位置和重点区域设置职业病危害风险公告栏,可与职业卫生公告栏合并设置,告知风险点的岗位名称、职业病危害因素、可能引发的职业病或健康损伤、主要管控措施等内容。

公告栏应使用坚固材料制成,尺寸大小应满足内容需要,高度应适合劳动者阅读,内容应字迹清楚、颜色醒目。公告栏不应设在门窗或可移动的物体上,其前面不得放置妨碍认读的障碍物。公告栏中公告内容发生变动后应及时更新。告知卡应至少每半年检查一次,发现

有破损、变形、变色、图形符号脱落、亮度老化等影响使用的问题应及时修正或更换。

六、建立企业职业病危害隐患排查项目清单，实施职业病危害隐患排查

职业病隐患是指用人单位违反职业卫生法律、法规、规章、标准、规范和管理制度、操作规程等规定，在职业病危害现场管理和职业卫生基础管理方面存在的可能导致作业人员健康损伤或职业病发生的缺陷。

职业病隐患排查是查找本单位职业病防治工作缺陷的过程，是对职业病危害风险管控措施持续有效性的确认，是对风险管控措施的有效落实。将作业岗位职业病危害因素浓（强）度超标、发生职业病或者相关健康损伤、管控措施缺位或失效视为职业病隐患。建立作业岗位、生产车间、用人单位等不同层次的隐患排查机制，对形成的职业病危害隐患及时排查并治理，实现职业病危害风险的动态管控，使职业病防治关口前移。

建立职业病危害隐患排查项目清单，对预防各种职业病危害和其他意外伤害具有重要的意义。健康企业应将作业岗位职业病危害因素浓（强）度超标、发生职业病或者相关健康损伤、管控措施缺位或失效视为职业病危害隐患，建立隐患排查治理体系。

（一）职业病隐患分类

职业病隐患分为基础管理隐患和现场管理隐患两类。

（1）基础管理隐患：是指在职业卫生管理机构设置、管理人员配备、职业卫生管理制度制定及执行、职业病危害因素检测、职业健康监护、建设项目职业病防护设施“三同时”、职业病危害项目申报、职业病危害事故应急预案及演练、职业卫生培训和档案管理等方面存在的违反职业卫生法律、法规、规章、标准、规范和管理的缺陷。

（2）现场管理隐患：是指用人单位在工作场所职业病防护设施、应急救援设施的设置、运行及维护、个体防护用品配备与使用、职业病危害警示标识设置等方面存在的缺陷。

（二）职业病隐患排查

（1）用人单位根据风险点的风险控制措施和职业卫生基础管理要求，编制基础管理隐患排查项目清单和现场管理隐患排查项目清单。

（2）用人单位根据生产经营活动和职业病危害程度及其管控要求，通过日常检查、专项检查和综合性检查，按照职业病隐患排查项目清单内容进行排查。

（3）用人单位应根据自身组织架构确定排查组织级别（公司级、部门级、车间级、班组级或岗位级）和排查周期。

例如，岗位或班组成员每班至少一次对现场工程技术措施和应急处置措施进行日常检查；车间管理人员至少每周一次对现场工程技术措施、应急处置措施及个体防护措施进行日常检查；车间管理人员至少每季度一次对现场管理措施、教育培训措施进行专项检查；职业卫生管理部门至少每半年一次对基础管理类措施进行专项检查；公司至少每年一次进行全面的综合检查。

（4）各相关层级的组织部门和单位对照隐患排查表进行隐患排查并记录，现场管理类隐患宜保留影像记录。发现一般隐患后应及时分析原因并上报组织部门，发现重大隐患后应及

时上报职业卫生管理部门和公司主要负责人。根据作业岗位(风险点)的风险控制措施和职业卫生基础管理要求,编制现场管理隐患排查项目清单和基础管理隐患排查项目清单。现场管理隐患排查项目清单和基础管理隐患排查项目清单应全面且实施记录完善。

排查项目清单至少应包括排查项目、内容、方法、层级及周期等信息。现场管理隐患排查项目清单示例如表 4-24 所示。

表 4-24 现场管理隐患排查项目清单

<table>
<tr><th rowspan="4">作业岗位/工种</th><th rowspan="4">风险等级</th><th rowspan="4">责任单位</th><th colspan="5" rowspan="2">排查内容与排查标准</th><th colspan="2">日常检查</th><th colspan="2">专项检查</th><th>综合检查</th></tr>
<tr><th>交接班</th><th>巡检</th><th>巡检</th><th>巡检</th><th>巡检</th></tr>
<tr><th colspan="2">作业区域</th><th rowspan="2">危害因素</th><th colspan="2" rowspan="2">管控措施</th><th rowspan="2">每班/班组级</th><th rowspan="2">每周/车间级</th><th rowspan="2">每季/车间级</th><th rowspan="2">每半年/部门级</th><th rowspan="2">每年/公司级</th></tr>
<tr><th>序号</th><th>名称</th></tr>
<tr><td rowspan="5">卸(贮)煤岗位</td><td rowspan="5">一般风险</td><td rowspan="5">输煤车间</td><td rowspan="2">1</td><td rowspan="2">翻车机、卸船机、卸煤沟、斗轮堆取料机、推煤机、煤场、卸煤沟、煤仓(斗)、筒仓等</td><td rowspan="2">煤尘</td><td>工程技术</td><td>1.卸船机、翻车机设置喷雾降尘装置
2.贮煤场宜采用封闭式煤场,并应设置通风设施
3.开放式贮煤场周边设置防风抑尘网,并设置喷雾设施覆盖整个堆煤表面(或设置喷雾水泡降尘设备)
4.推煤机、堆取料机、卸煤机等驾驶室采取密封措施
5.煤仓(斗)及筒仓设置布袋除尘器
6.地面积尘及时清扫</td><td>√</td><td>√</td><td></td><td></td><td>√</td></tr>
<tr><td>现场管理</td><td>设置“注意防尘”“戴防尘口罩”的警示标识</td><td></td><td></td><td>√</td><td>√</td><td>√</td></tr>
<tr><td rowspan="2">2</td><td rowspan="2">翻车机、卸船机、斗轮堆取料机、推煤机</td><td rowspan="2">噪声</td><td>工程技术</td><td>1.翻车机区域设置独立隔声操作室
2.卸船机、斗轮堆取料机、推煤机等驾驶室采用隔声密封措施</td><td>√</td><td>√</td><td></td><td></td><td>√</td></tr>
<tr><td>现场管理</td><td>设置“噪声有害”“戴护耳器”的警示标识</td><td></td><td></td><td>√</td><td>√</td><td>√</td></tr>
<tr><td>/</td><td>/</td><td>/</td><td>个体防护</td><td>1.自吸过滤式防尘口罩
2.防噪耳塞</td><td>√</td><td>√</td><td>√</td><td>√</td><td>√</td></tr>
</table>

基础管理隐患排查项目清单示例如表 4-25 所示。

表 4-25 基础管理隐患排查项目清单

排查项目	排查内容和排查标准	专项检查	综合检查
		每半年/部门级	每年/公司级
职业病防治责任制	职业病防治责任制：以书面文件形式建立职业病防治责任制度并将其存入职业卫生管理档案	√	√
	人员责任体系：以经过单位主要负责人批准的正式文件的形式建立主要负责人、分管负责人、职业卫生管理人员、车间（班组）管理人员以及劳动者等各类人员的职业病防治岗位职责，责任要求应清晰，符合岗位实际	√	√
	管理部门责任体系：以经过单位主要负责人批准的正式文件的形式建立职业卫生领导机构、职业卫生管理部门，规定职业卫生领导机构、职业卫生管理部门以及其他相关管理部门在职业卫生管理方面的职责和要求	√	√

七、对职业病危害隐患实施治理和验收

（一）职业病危害隐患概念及分类

职业病隐患按危害程度和整改、治理、排除的难度分为一般隐患和重大隐患。

1.一般隐患

一般隐患指危害和整改难度较小，发现后能够立即整改消除的隐患。具体包括：

（1）工作场所化学性有害因素超过行动的水平的原因。

（2）噪声和高温作业岗位的超标原因。

（3）放射工作人员的年受照剂量＞2 mSv 且≤10 mSv 时。

（4）职业病防治责任制、职业卫生管理机构及人员、管理制度和操作规程、管理档案、资金投入、应急救援预案及演练、告知和外委作业管理等基础管理类隐患。

（5）个人使用的职业病防护用品发放及佩戴不符合。

（6）职业病危害警示标识与告知卡（牌）设置不符合。

（7）风向标、报警仪、喷淋洗眼等应急救援设施设置和气防柜、急救箱等应急用品设置不符合。

2.重大隐患

重大隐患指危害和整改难度较大，需要全部或者局部停产停业，并经过一定时间整改治理方能消除，或者因某种原因致使用人单位自身难以消除的隐患。其具体包括：

（1）工作场所化学性有害因素的超标原因。

（2）噪声和高温作业分级为极度危害作业岗位的超标原因。

(3)放射工作人员的年受照剂量>10 mSv且≤20 mSv时。

(4)职业卫生教育培训、职业病危害申报、建设项目职业病防护设施“三同时”、职业健康监护和职业病危害因素定期检测等基础管理类隐患。

(5)总体布局和设备布局不合理;职业病危害防护设施不符合或者无效。

(6)事故通风、围堰等应急救援设施不符合或者无效。

(二)职业病危害隐患分级治理

1.职业病危害隐患治理要求

隐患治理实行分级治理、分类实施的原则,主要包括岗位纠正、班组治理、车间治理、部门治理及公司治理等。

隐患治理应做到方法科学、资金到位、治理及时有效、责任到人、按时完成。能立即整改的隐患必须立即整改,无法立即整改的隐患,治理前要研究制定防范措施,落实监控责任,防止隐患发展为事故。

2.事故隐患治理

事故隐患治理流程包括通报隐患信息、下发隐患整改通知、实施隐患治理、治理情况反馈、验收等环节。隐患排查结束后,将隐患名称、存在位置、不符合状况、隐患等级、治理期限及治理措施要求等信息向从业人员进行通报。隐患排查组织部门应制定、发布隐患整改通知书,应对隐患整改责任单位、措施建议、完成期限等提出要求。隐患存在单位在实施隐患治理前应当对隐患存在的原因进行分析,并制定可靠的治理措施。隐患整改通知发放部门应当对隐患整改效果组织验收。

3.一般隐患治理

对于能够立即整改的一般职业病危害隐患,应由用人单位各级责任部门负责人或者职业卫生管理部门负责人组织整改,整改情况要安排专人进行确认。

对于暂时不能整改的一般职业病危害隐患,责任部门应按要求制订整改计划,限期整改。整改计划内容应包括以下内容:存在问题原因分析、整改措施、整改资金来源、整改负责人和责任人、整改期限及整改前采取的防范措施或预案。

4.重大职业病隐患治理

对于职业病危害隐患排查工作中发现的重大职业病危害隐患,应组织技术人员、专家及时分析并编制《重大职业病危害隐患评估报告》和《重大职业病危害隐患治理方案》并组织实施治理,对暂时无法停止作业的重大职业病危害隐患现场应立即采取有效的防范措施,防止职业病危害事故发生。

(1)《重大职业病危害隐患评估报告》内容应包括:

1)隐患的现状及其产生原因。

2)隐患的危害程度和整改难易程度分析。

3)隐患的治理方案。

(2)《重大职业病危害隐患治理方案》内容应包括:

1)治理的目标和任务。

2)采取的方法和措施。

3)经费和物资的落实。

4)负责治理的机构和人员。

5)治理的时限和要求。

6)整改前采取的防范措施和应急预案。

5.职业病危害隐患验收

职业病危害隐患治理完成后,用人单位应组织本单位工程、技术、设备、安全、环保及职业卫生等部门进行考核验收,实现闭环管理。

对于重大职业病隐患的治理方案和治理效果应及时向当地卫生行政主管部门报告。

八、企业主要负责人和职业卫生管理人员接受职业卫生培训,遵守职业病防治法律、法规,依法组织本单位的职业病防治工作

职业卫生培训对于提高用人单位主要负责人、职业卫生管理人员和劳动者的职业卫生知识水平、职业病防护意识和能力、预防和控制职业病危害的自觉性具有重要的作用。职业卫生培训工作,是坚守发展绝不能以牺牲人的生命为代价这一安全红线的内在要求,是增强用人单位主要负责人和职业卫生管理人员的法律意识,提高用人单位职业病防治水平和劳动者自我防护能力的重要途径,是督促用人单位自觉履行职业病防治主要责任,预防和控制职业病危害,保障劳动者职业安全健康的源头性、基础性举措。因此,用人单位主要负责人、职业卫生管理人员进行职业卫生培训,是很必要的。

(一)主要负责人、职业卫生管理人员职业卫生培训规定

1.《中华人民共和国职业病防治法》

第三十四条规定:用人单位的主要负责人和职业卫生管理人员应当接受职业卫生培训,遵守职业病防治法律、法规,依法组织本单位的职业病防治工作。

2.《工作场所职业卫生管理规定》

第九条规定:用人单位的主要负责人和职业卫生管理人员应当具备与本单位所从事的生产经营活动相适应的职业卫生知识和管理能力,并接受职业卫生培训。培训内容包括:

(1)职业卫生相关法律、法规、规章和国家职业卫生标准。

(2)职业病危害预防和控制的基本知识。

(3)职业卫生管理相关知识。

(4)国家卫生健康委规定的其他内容。

3.《使用有毒物品作业场所劳动保护条例》

第十九条规定:用人单位有关管理人员应当熟悉有关职业病防治的法律、法规以及确保劳动者安全使用有毒物品作业的知识。

(二)主要负责人、职业卫生管理人员培训具体要求

《国家卫生健康委办公厅关于进一步加强用人单位职业卫生培训工作的通知》(国卫

办职健函〔2022〕441 号)作为对《中华人民共和国职业病防治法》等法律、法规实施的具体规定,对主要负责人和职业健康管理人员培训的内容及要求规定如下:

1.培训时限要求

主要负责人和职业健康管理人员应当在任职后 3 个月内接受职业健康培训,初次培训不得少于 16 学时,之后每年接受一次继续教育,继续教育不得少于 8 学时。

2.培训内容要求

(1)主要负责人:对主要负责人的培训,用人单位可以根据本单位情况及卫生健康行政部门的要求,聘请相关专家进行培训,或参加职业健康培训机构开展的培训。主要负责人职业卫生培训具体要求如表 4-26 和表 4-27 所示。

表 4-26 对主要负责人初次培训的要求

类别	培训内容	学时	详细时间	要求	性质
形势与政策	我国职业健康形势	1	45 min	了解	必修
	职业健康相关法律、法规、规章及主要职业卫生标准	2	90 min	掌握	
	用人单位主要负责人职业病防治责任	2	90 min	掌握	
职业健康基础知识	所属行业职业病危害因素及其防护措施	1	45 min	熟悉	
职业健康管理知识	用人单位职业病防治机构和规章制度建设	1	45 min	熟悉	
	用人单位职业病防治计划和实施方案制订	1	45 min	熟悉	
	职业病危害事故应急救援	1	45 min	熟悉	
案例分析	常见职业病防治违法违规案例分析	2	90 min	了解	选修
职业健康相关工作	健康企业建设	2	90 min	了解	
	职业病危害专项治理	2	90 min	了解	
	职业病危害综合风险评估	1	45 min	了解	
	工作场所职业健康促进	1	45 min	了解	
	工作相关疾病预防控制措施	1	45 min	了解	
	劳动者职业健康素养、“职业健康达人”基本标准与评选	1	45 min	了解	
	传染病预防控制措施	1	45 min	了解	
学时要求		16	720 min		

注:“学时要求”为最低要求,下同。

表 4-27　对主要负责人继续教育的要求

培训内容	学时	详细时间	要求	性质
职业健康相关法律、法规、规章、文件以及主要职业卫生标准解读	2	90 min	掌握	必修
职业病危害事故应急救援	1	45 min	熟悉	
健康企业建设优秀案例分析	2	90 min	了解	选修
职业病危害专项治理典型经验分析	2	90 min	了解	
常见职业病防治违法违规案例分析	2	90 min	了解	
工作相关疾病预防控制措施	1	45 min	了解	
传染病预防控制措施	1	45 min	了解	
学时要求	8	360 min		

(2)职业健康管理人员:对职业健康管理人员的培训,用人单位可以根据本单位情况及卫生健康行政部门的要求,聘请相关专家进行培训,或参加职业健康培训机构开展的培训。职业卫生管理人员职业卫生培训具体要求如表 4-28 和表 4-29 所示。

表 4-28　对职业健康管理人员初次培训的要求

类别	培训内容		学时	详细时间	要求	性质
形势与政策	职业健康相关法律、法规、规章及主要职业卫生标准		2	90 min	掌握	必修
职业健康基础知识	所属行业职业病危害因素及其防护措施		1	45 min	熟悉	
职业健康管理知识	责任体系构建	用人单位职业病防治机构和规章制度建设	0.5	22.5 min	掌握	
		用人单位职业病防治计划和实施方案制订	0.5	22.5 min	掌握	
	前期预防管理	职业病危害项目申报	1	45 min	掌握	
		建设项目职业病防护设施“三同时”	1	45 min	掌握	
	劳动过程中的防护与管理	职业病危害警示和告知	0.5	22.5 min	掌握	
		职业病危害因素检测	1	45 min	掌握	
		职业病防护设施运行与维护	1	45 min	掌握	
		职业病防护用品选用与管理	0.5	22.5 min	掌握	
		职业健康培训管理	0.5	22.5 min	掌握	
		职业健康档案管理	0.5	22.5 min	掌握	
		职业健康监护	1	45 min	掌握	
		职业病危害事故应急救援	1	45 min	掌握	
		职业病危害综合风险评估	1	45 min	熟悉	

续表

类别	培训内容	学时	详细时间	要求	性质
案例分析	常见职业病防治违法违规案例分析	2	90 min	了解	选修
职业健康相关工作	健康企业建设	2	90 min	熟悉	
	职业病危害专项治理	2	90 min	熟悉	
	工作场所职业健康促进	1	45 min	熟悉	
	工作相关疾病预防控制措施	1	45 min	熟悉	
	劳动者职业健康素养、"职业健康达人"基本标准与评选	1	45 min	了解	
	传染病预防控制措施	1	45 min	了解	
学时要求		16	720 min		

表 4-29 对职业健康管理人员继续教育的要求

培训内容	学时	详细时间	要求	性质
职业健康相关法律、法规、规章、文件以及主要职业卫生标准解读	2	90 min	掌握	必修
所属行业职业病危害因素及其防护措施	1	45 min	熟悉	
职业病危害事故应急救援	1	45 min	掌握	
健康企业建设优秀案例分析	2	90 min	熟悉	选修
职业病危害专项治理典型经验分析	2	90 min	熟悉	
常见职业病防治违法违规案例分析	2	90 min	熟悉	
职业健康促进优秀经验分析	1	45 min	熟悉	
工作相关疾病预防控制案例分析	1	45 min	熟悉	
传染病预防控制措施	1	45 min	了解	
学时要求	8	360 min		

九、组织劳动者进行上岗前的职业卫生培训和在岗期间的定期职业卫生培训

根据《职业病防治法》《工作场所职业卫生管理规定》(国家卫生健康委员会令〔2021〕第5号)规定,用人单位应当对劳动者进行上岗前的职业卫生培训和在岗期间的定期职业卫生培训,普及职业卫生知识,督促劳动者遵守职业病防治的法律、法规、规章、国家职业卫生标准和操作规程。因变更工艺、技术、设备、材料,或者岗位调整导致劳动者接触的职业病危害因素发生变化的,用人单位应当重新对劳动者进行上岗前的职业卫生培训。

(一)职业卫生培训相关规定

1.《中华人民共和国职业病防治法》

第三十四条规定:用人单位应当对劳动者进行上岗前的职业卫生培训和在岗期间的定期职业卫生培训,普及职业卫生知识,督促劳动者遵守职业病防治法律、法规、规章和操作规程,指导劳动者正确使用职业病防护设备和个人使用的职业病防护用品。

2.《工作场所职业卫生管理规定》

第十条规定:用人单位应当对劳动者进行上岗前的职业卫生培训和在岗期间的定期职业卫生培训,普及职业卫生知识,督促劳动者遵守职业病防治的法律、法规、规章、国家职业卫生标准和操作规程。用人单位应当对职业病危害严重的岗位的劳动者进行专门的职业卫生培训,经培训合格后方可上岗作业。因变更工艺、技术、设备、材料,或者岗位调整导致劳动者接触的职业病危害因素发生变化的,用人单位应当重新对劳动者进行上岗前的职业卫生培训。

3.《使用有毒物品作业场所劳动保护条例》

第十九条规定:用人单位应当对劳动者进行上岗前的职业卫生培训和在岗期间的定期职业卫生培训,普及有关职业卫生知识,督促劳动者遵守有关法律、法规和操作规程,指导劳动者正确使用职业中毒危害防护设备和个人使用的职业中毒危害防护用品。

劳动者经培训考核合格,方可上岗作业。

(二)职业卫生培训工作相关要求

《国家卫生健康委办公厅关于进一步加强用人单位职业健康培训工作的通知》(国卫办职健函〔2022〕441号)作为对《中华人民共和国职业病防治法》等法律、法规实施的具体规定,对劳动者培训的内容及要求规定如下:

1.培训的时间要求

劳动者上岗前应接受职业健康培训,上岗前培训不得少于8学时,之后每年接受一次在岗培训,在岗培训不得少于4学时。

2.培训内容的要求

用人单位应当按照本单位的培训制度以及年度培训计划组织开展劳动者上岗前和在岗期间职业健康培训,提高劳动者职业健康素养和技能。因变更工艺、技术、设备、材料,或者岗位调整导致劳动者接触的职业病危害因素发生变化的,用人单位应当重新对劳动者进行上岗前职业健康培训。用人单位可以自行组织开展劳动者职业健康培训,无培训能力的用人单位也可委托职业健康培训机构组织开展。放射工作人员培训内容及学时根据《放射工作人员职业健康管理办法》(中华人民共和国卫生部〔2007〕令第55号)等相关规定执行。用人单位应当加强对存在硅尘、石棉粉尘、高毒物品等严重职业病危害因素岗位劳动者的职业健康培训,经培训考核合格后方可安排劳动者上岗作业。

使用劳务派遣劳动者的用人单位应当将被派遣劳动者纳入本单位职业健康培训对象统一管理。外包单位应当对劳动者进行必要的职业健康教育和培训。接收在校学生实习的用人单位应当对实习学生进行上岗前职业健康培训,提供必要的职业病防护用品;对实习期超过一年的实习学生进行在岗期间职业健康培训。

劳动者职业卫生培训具体要求如表 4-30 和表 4-31 所示。

表 4-30 对劳动者上岗前培训的要求

类别	培训内容	学时	详细时间	要求	性质
法律法规	职业健康相关法律法规	1	45 min	了解	必修
管理制度	单位职业健康管理制度和操作规程	2	90 min	掌握	
职业病危害防治基础知识	职业健康基础知识、劳动者职业卫生权利与义务	1	45 min	熟悉	
	所在岗位职业病危害因素的识别、健康损害与控制 *	1	45 min	掌握	
职业健康管理知识	职业病防护设施与职业病防护用品的使用和维护 *	1	45 min	掌握	
	职业病危害事故应急处置知识和技能	1	45 min	掌握	
	职业病防护用品佩戴实操 *	2	90 min	掌握	选修
职业健康相关工作	工作相关疾病与传染病防控措施	1	45 min	了解	
	常见职业病防治违法违规案例分析	1	45 min	了解	
	劳动者职业健康素养、“职业健康达人”基本标准与评选	2	90 min	了解	
	职业病危害综合风险评估	1	45 min	了解	
学时要求		8	360 min		

注：标“ * ”为要针对劳动者实际接触的职业病危害因素开展培训课程。

表 4-31 对劳动者在岗培训的要求

培训内容	学时	详细时间	要求	性质
单位职业健康管理制度和操作规程	1	45 min	掌握	必修
所在岗位职业病防护设施的使用与职业病防护用品的佩戴	1	45 min	掌握	
职业病危害事故应急处置知识和技能	1	45 min	掌握	
工作相关疾病与传染病防控措施	1	45 min	了解	选修
劳动者职业健康素养、“职业健康达人”基本标准与评选	1	45 min	了解	
学时要求	4	180 min		

十、建立健全职业卫生管理制度、操作规程、职业卫生档案和工作场所职业病危害因素监测及评价制度

用人单位职业卫生档案是指用人单位在职业病危害防治和职业卫生管理活动中形成的，能够准确、完整反映本单位职业卫生工作全过程的文字、图纸、照片、报表、音像资料、电子文档等文件材料。

(一)职业卫生档案的相关法律规定

1.《中华人民共和国职业病防治法》

第二十条规定,用人单位应当采取下列职业病防治管理措施:

(1)设置或者指定职业卫生管理机构或者组织,配备专职或者兼职的职业卫生管理人员,负责本单位的职业病防治工作。

(2)制订职业病防治计划和实施方案。

(3)建立健全职业卫生管理制度和操作规程。

(4)建立健全职业卫生档案和劳动者健康监护档案。

(5)建立健全工作场所职业病危害因素监测及评价制度。

(6)建立健全职业病危害事故应急救援预案。

2.《工作场所职业卫生管理规定》

第十一条规定,存在职业病危害的用人单位应当制订职业病危害防治计划和实施方案,建立健全下列职业卫生管理制度和操作规程:

(1)职业病危害防治责任制度。

(2)职业病危害警示与告知制度。

(3)职业病危害项目申报制度。

(4)职业病防治宣传教育培训制度。

(5)职业病防护设施维护检修制度。

(6)职业病防护用品管理制度。

(7)职业病危害监测及评价管理制度。

(8)建设项目职业病防护设施"三同时"管理制度。

(9)劳动者职业健康监护及其档案管理制度。

(10)职业病危害事故处置与报告制度。

(11)职业病危害应急救援与管理制度。

(12)岗位职业卫生操作规程。

(13)法律、法规、规章规定的其他职业病防治制度。

3.《用人单位职业健康监护监督管理办法》

第十九条规定,用人单位应当为劳动者个人建立职业健康监护档案,并按照有关规定妥善保存。职业健康监护档案包括下列内容:

(1)劳动者姓名、性别、年龄、籍贯、婚姻、文化程度、嗜好等情况。

(2)劳动者职业史、既往病史和职业病危害接触史。

(3)历次职业健康检查结果及处理情况。

(4)职业病诊疗资料。

(5)需要存入职业健康监护档案的其他有关资料。

4.《建设项目职业病防护设施"三同时"监督管理办法》

第四条第一款规定,建设单位对可能产生职业病危害的建设项目,应当依照本办法进行职业病危害预评价、职业病防护设施设计、职业病危害控制效果评价及相应的评审，组织职业病防护设施验收，建立健全建设项目职业卫生管理制度与档案。

（二）职业卫生档案的有关要求

根据《国家安全监督总局办公厅关于印发职业卫生档案管理规范的通知》（安监总厅安健〔2013〕171号）及相关法规文件，用人单位建立健全职业卫生档案应遵循以下要求：

(1)凡存在职业危害因素的单位，均应建立职业卫生档案；用人单位可根据工作实际对职业卫生档案的样表作适当调整，但主要内容不能删减。

(2)用人单位应设立档案室或指定专门的区域存放职业卫生档案，并指定专门机构和专(兼)职人员负责管理。档案管理人员应根据有关规定对档案进行管理。如简明扼要地写明案卷标题，包括文件制发机关、内容、文种三个部分；填写卷内目录、备考表及案卷皮，编号后装订成卷。职业卫生档案中某项档案材料较多或者与其他档案交叉的，可在档案中注明其保存地点。

(3)职业卫生档案一般为永久保存。用人单位应做好职业卫生档案的归档工作，按年度或建设项目进行案卷归档，及时编号登记，入库保管。用人单位要严格职业卫生档案的日常管理，防止出现遗失。用人单位发生分立、合并、解散、破产等情形的，职业卫生档案应按照国家档案管理的有关规定移交保管。

（三）职业卫生档案的内容

《职业卫生档案管理规范》规定，用人单位应建立健全职业卫生档案。

1.建设项目职业卫生“三同时”档案

建设项目职业卫生“三同时”档案包括建设项目批准文件，职业病危害预评价委托书与预评价报告；建设项目职业病防护设施设计专篇；职业病危害控制效果评价委托书与控制效果评价报告；建设单位对职业病危害预评价报告、职业病防护设施设计专篇、职业病危害控制效果评价报告的评审意见及工作过程形成的书面报告，建设项目竣工验收方案、严重职业病危害职业病防护设施验收的验收报告、公示(公布)存档情况、建设项目职业病危害防治法律责任承诺书，全套竣工图纸、验收报告、竣工总结，工程改建、扩建及维修、使用中变更的图纸及有关材料。

2.职业卫生管理档案

职业卫生管理档案包括职业病防治法律、行政法规、规章、标准、文件；职业病防治领导机构及职业卫生管理机构成立文件；职业病防治年度计划及实施方案；职业卫生管理制度及重点岗位职业卫生操作规程；职业病危害项目申报表及回执；职业病防治经费；职业病防护设施一览表；职业病防护设施维护和检修记录；个人防护用品的购买、发放使用记录；警示标识与职业病危害告知；职业病危害事故应急救援预案；用人单位职业卫生检查和处理记录；职业卫生监管意见和落实情况资料(包括卫生监督意见书、行政处罚决定书、奖励等资料以及整改报告等)。

3.职业卫生宣传培训档案

职业卫生宣传培训档案包括用人单位职业卫生培训计划；用人单位主要负责人、职业卫生管理人员职业卫生培训证明；劳动者职业卫生宣传培训；年度职业卫生宣传培训一览表（包括培训通知、培训教材、培训记录、考试试卷、签到簿、宣传图片等纸质和摄影录像资料）；年度职业卫生培训工作总结等。

4.职业病危害因素监测与检测评价档案

职业病危害因素监测与检测评价档案包括生产工艺流程；职业病危害因素检测点分布示意图；可能产生职业病危害设备、材料和化学品一览表；接触职业病危害因素汇总表；职业病危害因素日常监测季报汇总表；职业卫生技术服务机构资质证书；职业病危害因素检测评价合同书；职业病危害检测与评价报告书；职业病危害因素检测与评价结果报告；职业病危害因素监测结果处置、处理生成的相关档案。

5.用人单位职业健康监护管理档案

用人单位职业健康监护管理档案包括职业健康检查机构备案证明；职业健康检查结果汇总表；职业健康检查异常结果登记表；职业病患者、疑似职业病患者一览表；职业病和疑似职业患者的报告回执；职业健康监护档案汇总表；职业健康检查结果处置生成的相关档案。

6.劳动者个人职业健康监护档案

劳动者个人职业健康监护档案包括劳动者个人信息卡；工作场所职业病危害因素检测结果；历次职业健康检查结果及处理情况；历次职业健康体检报告、职业病诊疗等资料。劳动者个人信息卡，职业史填报应从劳动者从各级各类学校第一次参加工作开始登记，并由劳动者签名确认。

7.法律、行政法规、规章要求的其他资料文件

以上七类档案涉及的档案表格详见《职业卫生档案管理规范》附件部分。

十一、实施工作场所职业病危害因素日常监测和定期检测、评价

职业病危害因素日常监测和定期检测、评价工作是用人单位应当履行的一项重要义务，它是保障本单位的职业病危害水平符合国家职业卫生标准和卫生要求的重要手段。全面了解工作场所职业病危害因素分布与浓（强）度，发现存在隐患，保护工人健康；为职业病危害因素申报提供素材；为职业健康体检提供依据。

《中华人民共和国职业病防治法》第二十六条规定：用人单位应当实施由专人负责的职业病危害因素日常监测，并确保监测系统处于正常运行状态。用人单位应当按照国务院卫生行政部门的规定，定期对工作场所进行职业病危害因素检测、评价。监测、检测、评价结果存入企业职业卫生档案。检测结果向劳动者公布，存在职业病危害因素接触强度或浓度超标的工作场所，应及时进行整改，以保护劳动者的健康和生命安全。

《工作场所职业卫生管理规定》第二十条规定：职业病危害严重的用人单位，应当委托具有相应资质的职业卫生技术服务机构，每年至少进行一次职业病危害因素检测，每三年至少进行一次职业病危害现状评价。职业病危害一般的用人单位，应当委托具有相应资质的职业卫生技术服务机构，每三年至少进行一次职业病危害因素检测。检测、评价结果

应当存入本单位职业卫生档案,并向卫生健康主管部门报告和劳动者公布。

根据上述法律法规的要求,本条款的评价要点可以分为以下四部分:

(1)查看工作场所职业病危害因素日常监测,并确保监测系统处于正常运行状态。

(2)查看工作场所是否存放职业病危害因素现场检测、现状评价资料,且相关监测、检测、评价结果是否存入企业职业卫生档案。

(3)是否按规定进行职业病危害因素日常监测和定期检测、评价,职业病危害因素浓(强)度是否超标,若超标,是否有相应的整改措施。

(4)现场勘察了解职业病危害因素检测结果的现场公布情况。

现场检查要点如表 4-32 所示。

表 4-32 检测评价要点汇总表

实施主体		具有相应资质的职业卫生技术服务机构	
		职业病危害因素检测	职业病危害现状评价
用人单位	职业病危害严重	每年至少一次	每三年至少一次
	职业病危害一般	每三年至少一次	—
	职业病危害严重/一般	结果存入本单位职业卫生档案及现场公布	

十二、在存在或者产生职业病危害的工作场所设置警示标识和中文警示说明;对存在或产生严重职业病危害的工作岗位设置职业病危害告知卡

(一)职业病危害警示标识与职业病危害告知卡

职业病危害警示标识是在工作场所设置的可以使劳动者对职业病危害产生警觉,并采取相应防护措施的图形标识、警示线、警示语句和文字。职业病危害警示标识分为图形标识、警示线、警示语句、有毒物品作业岗位职业病危害告知卡、中文警示说明五类。

1.图形标识

图形标识分为禁止标识、警告标识、指令标识和提示标识。

(1)禁止标识——禁止不安全行为的图形,如“禁止入内”标识。

(2)警告标识——提醒对周围环境需要注意,以避免可能发生危险的图形,如“当心中毒”标识。

(3)指令标识——强制做出某种动作或采用防范措施的图形,如“戴防毒面具”标识。

(4)提示标识——提供相关安全信息的图形,如“救援电话”标识。

图形标识可与相应的警示语句配合使用。图形、警示语句和文字应设置在作业场所入口处或作业场所的显著位置。

2.警示线

警示线是界定和分隔危险区域的标识线,分为红包、黄色和绿色三种。按照需要,警示线可喷涂在地面或制成色带设置。

在高毒物品作业场所，设置红色警示线。在一般有毒物品作业场所，设置黄色警示线。警示线设在使用有毒作业场所外缘不少于 30 cm 处。

3.警示语句

警示语句是一组表示禁止、警告、指令、提示或描述工作场所职业病危害的词语。警示语句可单独使用，也可与图形标识组合使用。

根据工作场所职业病危险的实际状况进行选用。除以上基本警示语句外，在特殊情况下，可自行编制适当的警示语句。警示语句既可单独使用，又可组合使用，也可构成完整的句子。

4.有毒物品作业岗位职业病危害告知卡

根据实际需要，由各类图形标识和文字组合成《有毒物品作业岗位职业病危害告知卡》(以下简称《告知卡》)。《告知卡》是针对某一职业病危害因素，告知劳动者危害后果及其防护措施的提示卡。《告知卡》是设置在使用高毒物品作业岗位醒目位置上的一种警示，它以简洁的图形和文字，将作业岗位上所接触到的有毒物品的危害性告知劳动者，并提醒劳动者采取相应的预防和处理措施。《告知卡》包括有毒物品的通用提示栏、有毒物品名称、健康危害、警告标识、指令标识、应急处理和理化特性等内容。

(1)通用提示栏：在《告知卡》的最上边一栏用红底白字标明“有毒物品，对人体有害，请注意防护”等作为通用提示。

(2)有毒物品名称：用中文标明有毒物品的名称，名称要醒目清晰，位于《告知卡》的左上方，可能时应提供英文名称。

(3)健康危害：简要表述职业病危害因素对人体健康的危害后果，包括急性危害、慢性危害和特殊危害，此项目位于《告知卡》的中上部位。

(4)警告标识：在名称的正下方，设置相应的警示语句或警告标识，有多种危害时，可设置多重警告标识或警示语句。

(5)应急处理：简要表述发生急性中毒时的应急救治与预防措施。

(6)指令标识：用警示语句或指令标识表示要采取的职业病危害防护措施。

(7)理化特性：简要表述有毒物品理化、燃烧和爆炸危险等特性。

(8)救援电话：设立用于在发生意外泄漏或者其他可能引起职业病危险情况下的紧急求助电话，便于组织相应力量进行救援工作。

(9)职业卫生咨询电话：为劳动者设立的提供职业病危害防范知识和建议的咨询电话。

5.中文警示说明

使用可能产生职业病危害的化学品、放射性同位素和含有放射性物质的材料的工作场所，必须在使用岗位设置醒目的警示标识和中文警示说明。

中文警示说明应当载明的内容：产品特性、主要成分、存在的有害因素、可能产生的危害后果、安全使用注意事项、职业病防护以及应急救治措施等内容。

（二）相关法律及标准规定要求

《中华人民共和国职业病防治法》明确规定，产生职业病危害的用人单位，应当在醒目位置设置公告栏，公布有关职业病防治的规章制度、操作规程、职业病危害事故应急救援措施和工作场所职业病危害因素检测结果。对产生严重职业病危害的作业岗位，应当在其醒目位置，设置警示标识和中文警示说明。警示说明应当载明产生职业病危害的种类、后果、预防方法以及应急救治措施等内容。

职业卫生公告栏、警示标识、告知卡的设置需符合《工作场所职业病危害警示标识》（GBZ 158—2003）和《高毒物品作业岗位职业病危害告知规范》（GBZ/T 203—2007）的相关规定。

产生严重职业病危害的作业岗位包括：

（1）存在“致癌”“致畸”等有害物质或者可能导致急性职业性中毒的作业岗位。

（2）放射性危害作业岗位。

十三、采用有效的职业病防护设施，为员工提供符合国家职业卫生标准的职业病防护用品，并督促、指导员工正确佩戴和使用

（一）职业病防护设施

职业病防护设施，是指消除或者降低工作场所的职业病危害因素的浓度或者强度，预防和减少职业病危害因素对劳动者健康的损害或者影响，保护劳动者健康的设备、设施、装置、构（建）筑物等的总称。企业应根据实际情况设置职业病防护设施，并保证防护设施有效运行。

1.职业病防护设施设置原则

（1）依照优先顺序实施综合治理

1）粉尘及毒物等化学物质控制技术的优先顺序：对于粉尘及毒物等化学物质的控制技术，应遵循以下优先顺序实施综合治理：用无毒或低毒物质代替有毒高毒物质；改善有害的生产工艺与作业方法防止有害物扩散；将产生有害因素的设备密闭化、自动化；采取隔离或远距离操作；采取局部通风、吹吸式通风、全面通风等工程防护设施；实施个体防护、缩短作业时间等。

2）噪声、振动等有害能量控制技术的优先顺序：对于噪声、振动等有害能量的控制技术，应遵循以下优先顺序实施综合治理：采用不产生有害能量或产生较少的机械设备；变更工艺、材料以及作业方法，降低有害能量水平；利用吸收材料遮蔽有害能量发生源；将劳动者与有害能量发生源隔离；使用个体防护用品、缩短作业时间等。

（2）应具有针对性、可行性和经济合理性

1）针对性：针对不同行业的特点和建设项目涉及的职业病危害因素及其产生职业病危害的条件，提出对策措施。

由于职业病危害因素具有交叉影响性，产生职业病危害的条件具有隐蔽性、随机性，针对某项职业病危害因素不应孤立地采取措施，而应系统地采取优化组合的综合措施。

2)可行性:职业病危害防护措施是设计单位完善设计、施工单位保证防护设施质量和建设单位进行职业卫生管理的重要依据,因此职业病危害防护措施在经济、技术、时间上应具有可行性,应具有法规、标准的依据,并便于应用和操作。

3)经济合理性:职业病危害防护措施应符合国家及建设项目的经济、技术水平,不应过高地提出职业病危害防护措施,即在采用先进技术的基础上,考虑到进一步发展的需要,考虑到具体国情,以职业卫生法律、法规、标准和技术规范为依据,结合建设项目的经济、技术情况,使职业卫生技术装备水平与工艺装备水平相适应,达到经济、技术和职业卫生要求的合理统一。

(3)应符合国家、地方、行业有关标准和设计规定:职业病防护设施的设计应符合国家、地方、行业有关标准和设计规定。

2.职业病防护设施管理

职业病防护设施是有效预防和控制职业病危害的重要方法。防护设施设置的好坏,直接影响工作场所职业病危害因素浓(强)度是否能够符合国家职业卫生标准要求,是否能够起到保护劳动者的目的。因此,职业病防护设施是用人单位管理的重要内容。用人单应做好以下方面的管理工作:

(1)用人单位存在职业病危害因素的,应对有职业病危害因素的作业环境采取有效的防护设施,保障劳动者工作环境的职业病危害因素浓(强)度符合国家的职业卫生标准和卫生要求。

(2)用人单位在购置定型的防护设施产品时,产品应当符合下列内容:①产品名称、型号。②生产单位名称及地址。③合格证和使用说明书,使用说明书应当同时载明防护性能、适应对象、使用方法及注意事项。

(3)用人单位自行或委托有关单位对存在职业病危害因素的工作场所设计和安装非定型的防护设施项目的,应对防护效果进行测定。

(4)用人单位应建立防护设施管理责任制,并采取下列管理措施:①配备专(兼)职防护设施管理员。②制定并实施防护设施管理规章制度。③制定防护设施运行和防护效果定期检查制度。

(5)用人单位应当建立防护设施技术档案:①防护设施的技术文件(设计方案、技术图纸、各种技术参数等)。②防护设施检测、评价和鉴定资料。③防护设施的操作规程和管理制度。④使用、检查和日常维修保养记录。

(6)用人单位应当对防护设施进行定期或不定期检查、维修、保养,保证防护设施正常运转,定期对防护设施的效果进行综合性检测,评定防护设施对职业病危害因素控制的效果。

(7)用人单位应当对劳动者进行防护设施操作规程、防护设施性能和使用要求等相关知识的培训,指导劳动者正确使用职业病防护设施。

(8)用人单位不得擅自拆除或停用防护设施,如因检修需要拆除的,应当采取临时防护措施,并向劳动者配发防护用品,检修后及时恢复原状。经工艺改革已消除了职业病危害因素而需拆除防护设施的，应当经所在地同级卫生行政部门确认，并在职业病防治档案中做好记录。

（二）个人使用的职业病防护用品

职业病防护用品是指由用人单位为劳动者配备的，劳动者在职业活动过程中为防御物理、化学、生物等职业病危害因素对人体的危害而穿戴、配备和使用的个体防护装备的总称。

1.职业病防护用品分类

职业病防护用品可以分为以下几大类：头部防护用品、呼吸防护用品、眼面部防护用品、听觉器官防护用品、手部防护用品、足部防护用品、躯干防护用品以及皮肤防护用品。其中：

（1）头部防护用品，包括防尘、防寒、防高温、防电磁辐射等防护用品。

（2）呼吸防护用品，包括防尘、防毒、防酸碱、给氧等防护用品。

（3）眼面部防护用品，包括防尘、防水、防毒、防高温、防电磁辐射、防射线、防酸碱、防风沙、防强光等防护用品。

（4）听觉器官防护用品，包括防水、防寒、防噪声等防护用品。

（5）手部防护用品，包括防水、防寒、防毒、防高温、防射线、防酸碱、防油、防振等防护用品。

（6）足部防护用品，包括防尘、防水、防寒、防高温、防酸碱、防油、其他（防振鞋）等防护用品。

（7）躯体防护用品，包括防水、防寒、防毒、防高温、防电磁辐射、防射线、防酸碱、防油、防昆虫、防风沙等防护用品。

（8）皮肤防护用品，包括防毒、防射线、防油等防护用品。

本条款的评估要点包括“职业病防护设施”和“职业病防护用品”两部分。评估时应查看职业病防护用品采购、领用和维护记录，防护用品供应商和生产厂家的相关证照、产品质量检验合格证，以及员工培训资料等。访谈了解防护用品发放、使用及培训情况。现场勘察，查看防护设施是否有效运行，注意防护用品是否有生产许可证“QS”标识和安全认证“LA”标识，查看员工佩戴情况。

十四、对可能导致急性职业损伤的有毒、有害工作场所，设置报警装置，配置现场急救用品、冲洗设备、应急撤离通道和必要的泄险区

《中华人民共和国职业病防治法》第二十五条规定：对可能发生急性职业损伤的有毒、有害工作场所，用人单位应当设置报警装置，配置现场急救用品、冲洗设备、应急撤离通道和必要的泄险区。

应急救援设施是指在工作场所设置的监测报警装置、辐射剂量测量设备、个人剂量监测设备，现场急救用品，洗眼器、喷淋装置等冲洗设备和事故通风设备，以及应急救援中使用的个体防护、通信、运输设备等的总称。

(一)常见应急救援设施分类

根据用途和配置目的不同,常见的应急救援设施可分为监测报警装置、事故通风设施、现场紧急处置设施和用品、急救或损伤紧急处置用品以及其他设备设施。

1.监测报警装置

就职业卫生工作领域来说,监测报警装置特指有毒气体检测报警装置,是指用于检测和/或报警工作场所空气中有毒气体的装置和仪器。由探测器和报警控制器组成,具有有毒气体自动检测和报警功能,常用有固定式、移动式和便携式检测报警仪。

2.事故通风设施

事故通风设施是指有毒有害气体突然大量泄漏时能够快速排除泄漏气体,或送入清洁空气形成正压保护区的应急性强制通风措施。事故通风常采用排风措施,可称之为事故排风;也可根据具体情况采用送风措施,可称之为事故送风;还可以同时采用排风与送风措施。事故通风设施适用于有毒气体、易挥发性溶剂等发生逸散、泄露等的工作场所。事故排风量可以由设计的排风系统和专门的事故通风系统共同承担。

3.现场紧急处置设施和用品

现场紧急处置设施主要是指用于处置喷溅于劳动者皮肤黏膜上的有毒、有害物质,避免急性职业损伤进一步加剧的设备设施,常见有洗眼器、喷淋装置等冲洗用设备设施。

4.急救或损伤紧急处置用品

急救或损伤紧急处置用品,是指劳动者发生急性职业损伤后,用于急救的药品或紧急处置劳动者伤口、损伤的皮肤黏膜等用品以及急救用药品等。此类用品包括针对某一类型特定化学物中毒的急救药品,以及剪刀、镊子、胶带、纱布、棉签、创可贴、生理盐水、医用酒精等紧急处置常规用品;另外,也包括用于中和酸碱的常用弱酸碱性药液等。

5.其他设备设施

其他应急救援设备设施主要包括个体防护用品、通信及运输设备等。

(1)个体防护用品:职业病危害事故应急救援个体防护用品是可能发生急性中毒等急性职业损伤时,从事现场救助的人员必须要佩戴的装备,防护要求应高于一般作业人员防护用品。

(2)围堰:储存有毒、具有腐蚀性或易燃易爆危险性的液体,应在储罐区周围设置围堰,腐蚀性物料储罐区围堰内还应铺砌防蚀地面。

(3)通信设备设施:用于发生急性职业损伤事故时指挥人员、救援人员等之间的有线通信设备和无线通信设备等。

(4)运输设备设施:用于发生急性职业损伤事故时,第一时间将受伤害人员抬离危险区域的设备,如担架、气防车、急救车及缓降器等。

(二)常见应急救援设施配置要求

《工业企业设计卫生标准》(GBZ 1—2010)、《工作场所有毒气体检测报警装置设置规范》(GBZ/T 223—2009)、《石油化工可燃和有毒气体检测报警设计标准》(GB/T 50493—2019)、《眼面部防护应急喷淋和洗眼设备 第1部分:技术要求》(GB/T 38144.1—2019)、

《化工企业气体防护站工作和装备标准》(HG/T 23004—92)、《生产作业现场应急物资配备选用指南》(QSY 136—2012)等标准、规范，对常见应急救援设施的配置提出了具体技术要求。

1.监测报警装置

对于监测报警装置的设置要求，《工业企业设计卫生标准》(GBZ 1—2010)、《石油化工可燃气体和有毒气体检测报警设计标准》(GB/T 50493—2019)、《工作场所有毒气体检测报警装置设置规范》(GBZ/T 223—2009)规定的配置要求如下：

(1)在生产中可能突然逸出大量有害物质或易造成急性中毒或易燃易爆的化学物质的室内作业场所，应设置事故排风系统相连锁的泄漏报警装置。

(2)应结合生产工艺和毒物特性，在有可能发生急性职业中毒的工作场所，根据自动报警装置技术发展水平设计自动报警或检测装置。

(3)检测报警点应设在存在、生产或使用有毒气体的工作地点，包括可能释放高毒、剧毒气体的作业场所，或可能大量释放或容易聚集的其他有毒气体的工作地点。设置点主要包括气体压缩机和液体泵的密封、液体采样口和气体采样口、液体(气体)排液(水)口和放空口、经常拆卸的法兰和经常操作的阀门组。

(4)应设置有毒气体检测报警仪的工作地点，宜采用固定式，当不具备设置固定式的条件时，应配置便携式检测报警仪。安全巡查和事故检查也宜使用便携式检测报警仪。

(5)毒物报警值应根据有毒气体毒性和现场实际情况至少设警报值和高报值。预报值为最高容许浓度(MAC)或短时间容许浓度(PC-STEL)的1/2，无PC-STEL的化学物质，预报值可设在相应峰浓度限值的1/2；警报值为MAC或PC-STEL值，无PC-STEL的化学物质，警报值可设在相应的峰浓度限值；高报值应综合考虑有毒气体毒性、作业人员情况、事故后果、工艺设备等各种因素后设定。

(6)有毒气体检测报警信号应送至有人值守的现场控制室、中心控制室等进行显示报警，并具备声、光报警功能。

(7)比空气轻的有毒气体释放源处于封闭或局部通风不良的半敞开厂房内，除应在释放源上方设置探测器外，还应在厂房内最高点气体易于积聚处设置探测器。

2.事故通风设施

《工业企业设计卫生标准》(GBZ 1—2010)规定在生产中可能突然逸出大量有害物质或易造成急性中毒或易燃易爆的化学物质的室内作业场所，应设置事故通风装置。

(1)事故通风宜由经常使用的通风系统和事故通风系统共同保证，但在发生事故时，必须保证能提供足够的通风量。事故通风的风量宜根据工艺设计要求通过计算确定，但换气次数不宜＜12次/小时。

(2)事故通风通风机的控制开关应分别设置在室内、室外便于操作的地点。

(3)事故排风的进风口，应设在有害气体或有爆炸危险的物质放散量最大时会聚集最多的地点。对事故排风的死角处，应采取导流措施。

(4)事故排风装置排风口的设置应尽可能避免对人员的影响：应设在安全处，远离门、窗及进风口和人员经常停留或经常通行的地点；排风口与机械送风系统的进风口的水平距离不应小于 20 m；当水平距离不足 20 m 时，排风口必须高出进风口，并不得小于 6 m；当排气中含有可燃气体时，事故通风系统排风口距可能火花溅落地点应大于 20 m；排风口不得朝向室外空气动力阴影区和正压区。

(5)对于放散有爆炸危险的可燃气体、粉尘或气溶胶等物质的工作场所，应设置防爆通风系统或事故排风系统。

3.现场紧急处置设施和用品

《工业企业设计卫生标准》(GBZ 1—2010)规定，在有可能发生化学性灼伤及经皮肤黏膜吸收引起急性中毒的工作地点或车间，应根据可能产生或存在的职业性有害因素及其危害特点，在工作地点急救设置不间断的冲淋、洗眼设施。

《石油化工企业职业安全卫生设计规范》(GB 3047—93)要求，生产过程中接触强酸、强碱和易经皮肤吸收的毒物(四乙基铅、丙烯腈、氢氰酸、甲腈、二甲基甲酰胺、苯酚等)的场所，应设现场人身冲洗设施和洗眼器。

应急喷淋和洗眼设备包括应急喷淋器、洗眼器、洗眼/洗脸器和复合式装置 4 类。《工业企业设计卫生标准》(GBZ 1—2010)、《眼面部防护应急喷淋和洗眼设备　第 1 部分：技术要求》(GB/T 38144.1—2019)对于应急喷淋和洗眼设备规定如下：

(1)冲淋、洗眼设施应靠近可能发生相应事故的工作地点，保证作业人员 10 s 内可顺利达到，并在同一个水平面上，中间不应有障碍物；连续供水不小于 15 min，供水流速符合相关标准要求。

(2)应有清晰的标识，并按照相关规定定期保养维护以确保其正常运行。

(3)在有固定供水系统的区域宜选用固定式应急喷淋和洗眼设备；在受现场环境或水源限制的区域宜选用自容式应急设备；在危险程度较高的区域，在配备固定式应急设备外，建议还适当配备个人冲洗装置。

(4)如果冲洗液存在可能结冰的情况，宜选用带防冻保护(自排空装置、防冻保护阀)的设备类型；如果冲洗液存在可能冰冻的情况，宜选用带防冻保护(电伴热保温)的设备类型，且应有可靠的接地设计。

(5)建议至少每周一次对应急喷淋和洗眼设备进行操作检查与维护并记录。

4.急救或损伤紧急处置用品和其他设备设施

对于急救或损伤紧急处置用品，通常集中放置于急救箱，不同类型的用人单位因其可能发生的急性职业损伤的类型不同，急救箱配置的药品可能会有所差异。对于急救箱的配备，《工业企业设计卫生标准》(GBZ 1—2010)的规定如下：急救箱应当设置在便于劳动者取用的地点，原则上在应急情况下 10 s 内可以取到。应有清晰的标识，并由专人负责定期检查和更新，不得存放过期药品。配备内容可根据企业规模、职业病危害性质、接触人数等实际需要参照该标准确定。如果现场应急目标有特效解毒药，应有必要的存量。

5.其他设备设施用品

其他设备设施用品，用人单位应当根据可能产生或存在的职业病危害因素及其特点，在工作地点就近设置。对于容易发生急性职业中毒、化学性灼伤等急性职业损伤的场所,应根据车间(岗位)毒害情况配备防毒器具,设置防毒器具存放柜。防毒器具在专用存放柜内铅封存放,设置明显标识,并定期维护与检查,确保应急使用需要。

(1)个体防护用品:主要包括过滤式呼吸器、隔绝式呼吸器、防化服等,常存放于有毒有害工作场所专用的气体防护柜内。过滤式呼吸器用于逃生,隔绝式呼吸器(正压式空气呼吸器)用于现场救援。

(2)紧急救援站或有毒气体防护站:《工业企业设计卫生标准》(GBZ 1—2010)规定,生产或使用剧毒或高毒物质的高风险化工、石油天然气企业,应设置紧急救援站或有毒气体防护站,其距离防范范围内事故地点的行车距离不宜超过 2.5 km,确保接警后 5 min 内赶到事故现场。紧急救援站或有毒气体防护站使用面积、装备配置可参照《工业企业设计卫生标准》(GBZ 1—2010)的附录 A 进行。

(3)风向标:风向标是指示风向的装置,设置在可能存在有毒气体或挥发性液体泄露的企业,为人员疏散、日常操作指示安全方向,主要有风向袋和风向标两种。

可能存在或产生有毒物质的工作场所应根据有毒物质的理化特性和危害特点设置风向标。风向标应安装在便于观察的地方,要醒目,安装的位置要与墙壁等障碍物有一定距离。要选用高强度、寿命长、耐腐蚀、抗老化材料制作,以满足室外常年使用。可在夜晚微光或强日光下醒目指示,要求启动风速低,灵敏度高,在微风情况下就可以指示风的方向,在人没有感觉到风的情况下,风向标就能够识别风的位置。由于化工装置设备、管线分布复杂,气流通过其间会发生复杂变化,在不同区域,仅凭高处的风向标判断风向有可能会不准确。

(4)围堰:依据《储罐区防火堤设计规范》(GB 50351—2005)要求,围堰设置规定:围堰高度不应小于 0.15 m,围堰区域的范围一般按设备最大外形再往外延伸 0.8 m。辐射性液体罐区内地面应采取防渗漏和防腐蚀措施。储罐区应设置围堤,围堤的有效容积不应小于罐组内一个最大储罐的容积。

十五、建立健全职业病危害事故应急救援预案

《中华人民共和国职业病防治法》第二十条规定:用人单位应当建立健全职业病危害事故应急救援预案。第三十七条规定:发生或者可能发生急性职业病危害事故时,用人单位应当立即采取应急救援和控制措施,并及时报告所在地卫生行政部门和有关部门。

职业病危害事故是指存在于工作场所的职业病危害因素由于某种意外原因,发生失控、防护失效或高浓(强)度等对劳动者造成突发的职业损伤。

国务院 1956 年颁布的《工人职员伤亡事故报告规程》第三条规定:企业对工人职员在生产区域中所发生的和生产有关的伤亡事故(包括急性中毒事故),必须按照本规程进行调查、登记、统计和报告。国务院 1991 年颁布的《企业职工伤亡事故报告和处理规定》第三条规定:本规定所称伤亡事故,是指职工在劳动过程中发生的人身伤害、急性中毒事故。国务院 2007 年颁布的《生产安全事故报告和调查处理条例》明确规定重伤事故包括工业

中毒事故。国家标准局1986年发布的《企业职工伤亡事故分类》(GB 6441—1986)将企业职工伤亡事故分为20类,其中第19类为中毒和窒息。

(一)职业危害事故分级

依据《生产安全事故报告和调查处理条例》,生产安全事故(以下简称"事故")按照事故造成的人员伤亡或者直接经济损失,一般分为四级:

(1)特别重大事故,是指造成30人以上死亡,或者100人以上重伤(包括急性工业中毒,下同),或者1亿元以上直接经济损失的事故。

(2)重大事故,是指造成10人以上30人以下死亡,或者50人以上100人以下重伤,或者5000万元以上1亿元以下直接经济损失的事故。

(3)较大事故,是指造成3人以上10人以下死亡,或者10人以上50人以下重伤,或者1000万元以上5000万元以下直接经济损失的事故。

(4)一般事故,是指造成3人以下死亡,或者10人以下重伤,或者1000万元以下直接经济损失的事故。

注:"以上"包括本数,"以下"不包括本数。

(二)应急处置

1.逐级汇报

发生职业危害事故时,现场人员要立即向本单位领导和环安部门汇报;单位领导要立即向环安部门或公司值班领导汇报;环安部门立即组织处理,启动应急预案,采取应急救援和控制措施,并向所在地县级有关部门报告。报告时,必须报告职业病危害事故发生的地点、时间、发病情况、死亡人数、可能发生原因、已采取措施和发展趋势等。

2.发生职业病危害事故时,根据情况立即采取以下紧急措施

(1)停止导致职业病危害事故的作业,控制事故现场,防止事态扩大,把事故危害降到最低限度。

(2)疏通应急撤离通道,撤离作业人员,组织避险。

(3)保护事故现场,保留导致职业病危害事故的材料、设备和工具等。

(4)对遭受或者可能遭受急性职业病危害的劳动者,及时组织救治、进行健康检查和医学观察。

(5)按照规定进行事故报告。

(6)配合相关行政部门进行调查,按照相关行政部门的要求如实提供事故发生情况、有关材料和样品。

(三)职业中毒事故应急救援

我国职业危害呈上升趋势,尤其是化学品职业危害。随着我国化学品工业的快速发展,由危险化学品引发的职业危害事故和职业病呈上升趋势。据统计,目前我国生产有约45000种化学品,其中有3800多种属于政府严格监管的危险化学品。危险化学品因其固有的燃烧爆炸、有毒有害等特性,在生产过程中很容易发生事故,造成职业危害。

1.职业中毒事故应急救援的一般性原则

在预防为主的前提下,职业中毒事故应急救援工作应贯彻统一指挥,分级负责,区域为主,单位自救与社会救援相结合等原则。

(1)统一指挥的原则:危险化学品事故的抢险救灾工作必须在危险化学品生产安全应急救援指挥中心的统一领导、指挥下开展。各类危险化学品事故具有意外性、突发性、扩张迅速、危险严重的特点,因此,救援工作必须坚持集中领导。因为在紧急情况下,多头领导会导致一线救援人员无所适从,贻误战机。

(2)充分准备、快速反应、高效救援的原则:针对可能发生的危险化学品事故,做好充分的准备;一旦事故发生,快速做出反应,尽可能减少应急救援组织的层次,以利于事故和救援信息的快速传播,减少信息的失真,提高救援效率。

(3)生命至上的原则:应急救援的首要任务是不惜一切代价,维护人员生命安全。事故发生后,应当首先保护学校学生、医院患者、体育场馆游客和所有无关人员安全撤离现场,转移到安全地点。

(4)单位自救和社会救援相结合的原则:在确保单位人员安全的前提下,应急救援应当体现单位自救和社会救援相结合的原则。单位熟悉自身各方面情况,又身处事故现场,有利于初起事故的救援,将事故消灭在初始状态。单位救援人员即使不能完全控制事故的蔓延,也可以为外部的救援赢得时间。事故发生初期,事故单位应按照灾害预防和处理规范积极组织救援,并迅速组织遇险人员沿避灾路线撤离,防止事故扩大。

(5)分级负责、协同作战的原则:各级政府、有关部门和危险化学品单位及相关的单位按照各自的职责分工实行分级负责、各尽其能、各司其职,做到协调有序、资源共享、快速反应,积极做好应急救援工作。

(6)科学分析、规范运行、措施果断的原则:科学分析是做好应急救援的前提,规范运行是应急预案能够有效实施的保证,针对事故现场果断决策采取不同的应对措施是保证救援成功的关键。

(7)安全抢险的原则:在事故抢险过程中,应采取切实有效的措施,确保抢险救护人员的安全,严防抢险过程中发生二次事故。

2.职业中毒事故应急救援的基本任务

(1)控制危险源:及时控制造成事故的危险源是应急救援工作的首要任务。只有及时控制住危险源,防止事故的继续扩展,才能及时有效地进行救援,特别是发生在城市或人口稠密地区的化学事故,应尽快组织工程抢险队与事故单位技术人员一起及时堵源,控制事故继续扩展。

(2)抢救受害人员:抢救受害人员是应急救援的重要任务。在应急救援行动中,及时、有序、有效地实施现场急救与安全转送伤员是降低伤亡率、减少事故损失的关键。

(3)指导群众防护,组织群众撤离:由于化学事故发生突然、扩散迅速、涉及范围广、危害大,应及时指导和组织群众采取各种措施进行自身防护,并向上风向迅速撤离出危险区或可能受到危害的区域。在撤离过程中应积极组织群众展开自救和互救工作。

(4)做好现场清消,消除危害后果:对事故外逸的有毒有害物质和可能对人和环境继续造成危害的物质,应及时组织人员予以清除,消除危害后果,防止对人的继续危害和环境的污染。

(5)查清事故原因,估算危害程度:事故发生后应及时调查事故的发生原因和事故性质,估算出事故的危害波及范围和危害程度,查明人员伤亡情况,做好事故调查。

3.职业中毒事故应急救援的基本形式

(1)事故单位自救:事故单位自救是化学事故应急救援最基本、最重要的救援形式。这是因为事故单位最了解事故的现场情况,即使事故危害已经扩大到事故单位以外区域,事故单位仍需全力组织自救,特别是尽快控制危险源。

(2)对事故单位的社会救援:对事故单位的社会救援是指重大或灾害性化学事故危害虽然局限于事故单位内,但危害程度较大或危害范围已经影响周围邻近地区,依靠本单位以及消防部门的力量不能控制事故或不能及时消除事故后果而组织的社会救援。

(3)对事故单位以外危害区域的社会救援:其指事故危害超出本事故单位区域,其危害程度较大或事故危害跨区、县或需要各种救援力量协同作战而组织的社会救援。

4.职业中毒事故应急救援工作的特点与基本要求

职业中毒事故应急救援工作的特点主要体现在救援困难,组织指挥任务艰巨。中毒事故发生后,救援行动将围绕切断(控制)事故源、控制污染区、抢救重度人员、采样检测、组织污染区居民防护或撤离、对污染区实施洗消等进行,难度大,要求高。同时,为了有效地实施救援,还必须对参加抢险救援的队伍实行统一的组织指挥,并认真做好通信、交通、运输、急救、物资、气象、生活等各项保障。应急救援工作组织指挥难度很大,稍有不慎极易造成严重的后果。

5.职业中毒的应急处置

(1)安全进入毒物污染区:对于高浓度的硫化氢、一氧化碳等毒物污染区,必须先予以通风。参加救护人员需佩戴供氧式防毒面具。其他毒物也应采取有效防护措施方可入内救护,同时应佩戴相应的防护用品、氧气分析报警仪和可燃气体报警仪。

(2)切断毒物来源:救护人员进入现场后,除对中毒者进行抢救外,同时应侦查毒物来源,并采取果断措施切断其来源,如关闭泄露管道的阀门、停止加送物料、堵塞泄漏设备等,以防止毒物继续外溢。对于已经扩散出来的有毒气体或蒸气,应立即启动通风排毒设施或开启门窗,以降低有毒物质在空气中的含量,为抢救工作创造有利条件。

(3)彻底清除毒物污染,防止继续吸收:救护人员进入现场后,应迅速将中毒者转移至有新鲜空气处,并解开中毒者的颈部、胸部纽扣及腰带,以保证呼吸通畅。同时,对中毒者要注意保暖,密切注意中毒者神志、呼吸状态和循环系统的功能。救护人员脱离污染区后,应立即脱去受污染的衣物。对于皮肤、毛发甚至指甲缝中的污染,都要注意清除。对能由皮肤吸收的毒物及化学灼伤,应在现场用大量清水或其他备用的解毒、中和液清洗。毒物经口入侵体内,应及时彻底洗胃或催吐,除去胃内毒物,并及时以中和、解毒药物减少毒物的吸收。

(4)迅速抢救生命中毒者脱离染毒区后,应在现场立即着手急救。抬高下肢使头部低位后仰便于通气;心脏停止跳动的,立即拳击心脏部位的胸壁或做胸外心脏按压;呼吸停止者立即做人工呼吸,最好用口对口吹气法。剧毒品中毒不宜用口对口法时,可使用史式人工呼吸法。人工呼吸与胸外心脏按压可同时交替进行,直至中毒者恢复自主心搏和呼吸。急救操作不可动作粗暴,以免造成新的损伤。眼部溅入毒物时,应立即用清水冲洗,或将脸部浸入满盆清水中,睁眼并不断摆动头部,稀释洗去毒物。

(5)及时解毒和促进毒物排出:发生急性中毒后应及时采取各种解毒及排毒措施,降低或消除毒物对机体的作用,如采用各种金属配位剂与毒物的金属离子形成稳定的有机配合物,随尿液排出体外。毒物经口引起的急性中毒,若毒物无腐蚀性,应立即用催吐或洗胃等方法清除毒物。对于某些毒物亦可使其变为不溶的物质以防止其吸收,如氧化钡、碳酸钡中毒,可口服硫酸钠,使胃肠道尚未吸收的钡盐成为硫酸钡沉淀而防止吸收。氨、铬酸盐、铜盐、汞盐、发酸类、醛类、酯类中毒时,可给中毒者喝牛奶、生鸡蛋等缓解剂。烷烃、苯、石油醚中毒时,可给中毒者喝一汤匙液状石蜡和一杯含有硫酸镁或硫酸钠的水。一氧化碳中毒者应立即吸入氧气,以缓解机体缺氧并促进毒物排出。

(6)送医院治疗:中毒者经过初步急救,速送医院继续治疗。

本条款的评估要点包括"职业病危害应急救援与管理制度"和"应急演练"。预案基本要素包括事故类型和危害程度分析、应急组织机构和职责、预警和信息报告、应急响应;预案演练包括范围、形式、内容、频次、演练结果和总结等要求。

十六、建立完善职业健康监护制度,对从事接触职业病危害作业的劳动者进行上岗前、在岗期间和离岗时的职业健康检查

根据《中华人民共和国职业病防治法》第三十五条规定:对从事接触职业病危害的作业的劳动者,用人单位应当按照国务院卫生行政部门的规定组织上岗前、在岗期间和离岗时的职业健康检查,并将检查结果书面告知劳动者。

职业健康监护是指根据劳动者的职业接触史,通过定期或不定期的医学健康检查和健康相关资料的收集,连续性地监测劳动者的健康状况,分析劳动者健康变化与所接触职业病危害因素的关系,并及时地将健康检查和资料分析结果报告给用人单位和劳动者本人,以便及时采取预防和干预措施,保护劳动者健康。因此,职业健康监护是用人单位履行职业病防治的重要责任和义务,也是寻求职业卫生技术服务和评价建设项目职业病危害控制效果的重要内容。用人单位应当根据国家有关法律法规,结合本单位产生或存在的职业危害因素,建立职业健康监护制度,保证劳动者能够得到与其所接触的职业病危害因素相应的健康监护。

(一)职业健康监护的主要目的

(1)早期发现职业病、职业健康损害和职业禁忌证。

(2)跟踪观察职业病及职业健康损害的发生发展规律及分布情况。

(3)评价职业健康损害与作业环境中职业病危害因素的关系及危害程度。

(4)识别新的职业病危害因素和高危人群。

(5)根据职业健康检查结果采取预防和干预措施,包括改善作业条件及对职业病患者、疑似职业病和有职业禁忌证人员的处置。

(6)评价预防和干预措施的效果。

(7)为制定或修订职业卫生政策和职业病防治对策服务。

(二)职业健康监护工作的内容

职业健康监护的主要工作内容包括职业健康检查、职业健康监护档案及管理等。下面重点介绍职业健康检查。

1.职业健康检查的类别

职业健康检查是职业健康监护的主要内容,是用人单位组织实施的对接触职业性有害因素的劳动者所进行的针对性的体格检查,与常规健康体检不尽相同。职业健康检查由取得职业健康检查资质的体检机构实施,包括职业健康检查(上岗前职业健康检查、在岗期间职业健康检查、离岗时职业健康检查)、离岗后健康检查和应急健康检查。不同类型职业健康检查的目的、意义不尽相同,费用由企业承担。

(1)上岗前职业健康检查:上岗前健康检查的主要目的是发现有无职业禁忌证,建立接触职业病危害因素人员的基础健康档案。上岗前健康检查均为强制性职业健康检查,应在开始从事有害作业前完成。下列人员应进行上岗前健康检查:拟从事接触职业病危害因素作业的新录用人员,包括转岗到该种作业岗位的人员;拟从事有特殊健康要求作业的人员,如高处作业、电工作业、职业机动车驾驶作业等。

(2)在岗期间定期职业健康检查:长期从事需要开展健康监护的职业病危害因素作业的劳动者,应进行在岗期间的定期职业健康检查。定期健康检查的目的主要是早期发现职业病患者或疑似职业病患者或劳动者的人,其他健康异常改变,及时发现有职业禁忌证的劳动者;通过动态观察劳动者群体健康变化,评价工作场所职业病危害因素的控制效果。定期健康检查的周期根据不同职业病危害因素的性质、工作场所有害因素的浓度或强度、目标疾病的潜伏期和防护措施等因素决定,具体参见《职业健康监护技术规范》(GBZ 188—2014)。

(3)离岗时职业健康检查:劳动者在准备调离或脱离所从事的职业病危害的作业或岗位前,应进行离岗时健康检查,主要目的是确定其在停止接触职业病危害因素时的健康状况。如最后一次在岗期间的健康检查是在离岗前的90日内,可视为离岗时检查。

(4)离岗后健康检查:慢性职业病患者在脱离接触职业病危害因素后,疾病仍有可能继续变化,或逐步好转直至痊愈,或继续加重。为了观察疾病的转归,进行积极有效的治疗或康复,保障劳动者合法的健康权益和社会保障权益,需进行离岗后健康检查。

劳动者接触的职业病危害因素具有慢性健康影响,所致职业病或职业肿瘤常有较长的潜伏期,故脱离接触后仍有可能发生职业病(如接尘劳动者)。

离岗后健康检查时间的长短应根据有害因素致病的流行病学及临床特点、劳动者从事该作业的时间长短、工作场所有害因素的浓度等因素综合考虑确定。

(5)应急健康检查:当发生急性职业病危害事故时,根据事故处理的要求,对遭受或者可能遭受急性职业病危害的劳动者,应及时组织健康检查。依据检查结果和现场劳动卫生学调查,确定危害因素,为急救和治疗提供依据,控制职业病危害的继续蔓延和发展。应急健康检查应在事故发生后立即开始。

从事可能产生职业性传染病作业的劳动者,在疫情流行期或近期密切接触传染源者,应及时开展应急健康检查,随时监测疫情动态。

(三)职业健康检查的项目

职业健康检查包括常规医学检查项目和特殊医学检查项目。常规医学检查项目是指作为一般健康检查和大多数职业病危害因素的健康检查都需要进行的检查项目,常规医学检查项目的内容、方法见《职业健康监护技术规范》(GBZ 188—2014)。特定的职业病危害因素需要进行常规医学检查项目之外的其他医学检查。针对特定职业病危害因素,《职业健康监护技术规范》(GBZ 188—2014)中规定了其相应的常规检查和特殊医学检查项目。

该条款考核企业建立的职业健康监护制度的具体执行情况,现场评估主要是通过随机查阅职业健康档案完成。

十七、建立职业健康监护档案并妥善保管

根据《中华人民共和国职业病防治法》第三十六条规定:用人单位应当为劳动者建立职业健康监护档案,并按照规定的期限妥善保存。

职业健康监护档案是健康监护全过程的客观记录资料,是系统地观察劳动者健康状况的变化,评价个体和群体健康损害的依据,其特征是资料的完整性、连续性。

(一)劳动者职业健康监护档案

(1)劳动者职业史、既往史和职业病危害接触史。

(2)职业健康检查结果及处理情况。

(3)职业病诊疗等健康资料。

(二)用人单位职业健康监护档案

(1)用人单位职业卫生管理组织组成、职责。

(2)职业健康监护制度和年度职业健康监护计划。

(3)检查的文书包括委托协议书、职业健康检查机构的健康检查总结报告和评价报告。

(4)工作场所职业病危害因素监测结果。

(5)职业病诊断证明书和职业病报告卡。

(6)用人单位对职业病患者、患有职业禁忌证者和已出现职业相关健康损害劳动者的处理和安置记录。

(7)用人单位在职业健康监护中提供的其他资料和职业健康检查机构记录整理的相关资料。

(8)卫生行政部门要求的其他资料。

(三)职业健康监护档案的保存、复印等管理

(1)用人单位应当依法建立职业健康监护档案,并按规定妥善保存。在将有关资料认真审核、归类、标注等的基础上,职业卫生管理员应将劳动者的职业健康监护档案相关资料归档,并编制卷宗,将文本档案、电子档案放置专门的档案室,按照单位档案管理的要求予以保存,并做好复印、打印、借阅等日常管理工作。

(2)职业健康检查机构应当建立职业健康监护档案,并按规定妥善保存。

(3)职业健康监护档案应有专人管理,管理人员应保证档案只能用于保护劳动者健康的目的,并保证档案的保密性。

根据《职业病防治法》《用人单位职业健康监护监督管理办法》《放射工作人员职业健康管理办法》等法律法规的规定,用人单位应当按照规定的期限妥善保存劳动者的职业健康监护档案。当用人单位发生分立、合并、解散、破产等情形时,其职业健康监护档案应当依照国家有关规定实施移交保管。职业卫生管理员应当按照法律法规的规定,协助用人单位做好劳动者职业健康监护档案的保存、转移等工作。

《职业病防治法》等法律法规规定,劳动者离开用人单位时,有权索取本人职业健康监护档案复印件,用人单位应当如实、无偿提供,并在所提供的复印件上签章;卫生监督执法人员、劳动者或者其近亲属、劳动者委托的代理人有权查阅、复印劳动者的职业健康监护档案。因此,职业卫生管理员应当按照法律法规的有关规定,协助用人单位做好职业健康监护档案材料的复印、提供等工作。

该条款主要考核存在职业病危害企业的劳动者个人健康监护、用人单位职业健康监护档案的建立情况。

十八、定期评估职业健康监护资料

用人单位在收到职业健康检查结果之后,职业卫生管理员应汇总本单位的职业健康检查结果,结合本单位工作场所的职业病危害因素分布、浓(强)度特征、职业病防护状况及劳动者职业病危害接触、职业病危害因素检测、职业健康体检的历史资料等,结合企业实施的职业病防护制度和措施,动态分析接触职业病危害因素人员的健康状况,跟踪监测职业病及职业健康损害的发生、发展规律及分布情况,对职业健康监护资料进行定期评估,以便评价职业健康损害与作业环境中职业病危害因素的关系及危害程度,预测健康损害的发展趋势,提出综合整改建议。必要时,可委托职业卫生技术服务机构、科研院所职业卫生专家做专门的统计分析与典型工种、案例的分析,探讨职业病危害暴露与健康影响的关联、影响因素及防控措施等,并确定本单位职业病危害防治的重点,为采取进一步的针对性防控措施提供依据。

职业健康监护评估报告至少包括单位职业健康监护整体报告及个人完整的定期分析评估报告(健康指标多因素分析、目标疾病综合分析、疑似职业病个人定期分析评估、职业健康干预措施与建议、单位职业卫生管理工作建议)。

该条款考核用人单位对职业健康监护资料的利用分析，尤其对于发生过职业病或连续多年出现多例职业禁忌证或疑似职业病的用人单位，更多的关注是后续职业病防控措施对职业卫生管理水平的提升情况。

十九、配合做好职业病诊断与鉴定工作，安排疑似职业病患者依法进行职业病诊断，依法提供与职业病诊断、鉴定有关的职业卫生和健康监护等资料

职业病的诊断，是指具有国家职业病诊断资质的医疗卫生机构，根据劳动者或用人单位提供的资料，依据《职业病防治法》《职业病诊断与鉴定管理办法》等相关的法律法规和标准，确定从事接触职业病危害作业的劳动者的职业健康损害与职业病危害因素接触的关联性，以及健康损害严重程度。如对职业病诊断有异议，用人单位或劳动者可提出申请，由地方卫生行政部门组织职业病诊断鉴定委员会进行鉴定。

（一）诊断机构

承担职业病诊断的机构为具备法律法规所要求的条件，经省、自治区、直辖市人民政府卫生行政部门批准的医疗卫生机构。《职业病防治法》规定，承担职业病诊断的医疗卫生机构应当具备下列条件：

（1）持有《医疗机构执业许可证》。

（2）具有与开展职业病诊断相适应的医疗卫生技术人员。

（3）具有与开展职业病诊断相适应的仪器、设备。

（4）具有健全的职业病诊断质量管理制度。

（二）鉴定机构

职业病鉴定机构指承担当事人职业病诊断争议的机构，通常为职业病诊断机构所在设区的市级或省级职业病诊断鉴定委员会。

职业病鉴定实行两级鉴定制，省级职业病鉴定结论为最终鉴定。其中，设区的市级职业病诊断鉴定委员会负责职业病诊断争议的首次鉴定；当事人对设区的市级职业病鉴定结论不服的，可以在接到鉴定书之日起 15 日内，向原鉴定组长所在地省级卫生行政部门申请再鉴定。

（三）相关规定要求

《中华人民共和国职业病防治法》第四十七条规定：用人单位应当如实提供职业病诊断、鉴定所需的劳动者职业史和职业病危害接触史、工作场所职业病危害因素检测结果等资料；卫生行政部门应当监督检查和督促用人单位提供上述资料；劳动者和有关机构也应当提供与职业病诊断、鉴定有关的资料。职业病诊断、鉴定机构需要了解工作场所职业病危害因素情况时，可以对工作场所进行现场调查，也可以向卫生行政部门提出，卫生行政部门应当在十日内组织现场调查。用人单位不得拒绝、阻挠。

《中华人民共和国职业病防治法》第五十五条规定：医疗卫生机构发现疑似职业病患者时，应当告知劳动者本人并及时通知用人单位。用人单位应当及时安排对疑似职业病患者进行诊断；在疑似职业病患者诊断或者医学观察期间，不得解除或者终止与其订立的劳动合同。疑似职业病患者在诊断、医学观察期间的费用，由用人单位承担。

二十、妥善安置有职业禁忌、职业相关健康损害和患有职业病的员工

（一）职业禁忌证

职业禁忌证指劳动者从事特定职业或者接触特定职业病危害因素时，比一般职业人群更易于遭受职业病危害和罹患职业病或者可能导致原有自身疾病病情加重，或者在作业过程中诱发可能导致对他人生命健康构成危险的疾病的个人特殊生理或者病理状态。

具有下列条件之一者，即可判定为职业禁忌证：

(1)有些疾病、特殊病理或生理状态导致接触特定职业病危害因素时更易吸收(从而增加了内剂量)或对特定职业病危害因素易感，较易发生该种职业病危害因素所致职业病。

(2)某些疾病、特殊病理或生理状态下接触特定职业病危害因素能使劳动者原有疾病病情加重。

(3)某些疾病、特殊病理或生理状态下接触特定职业病危害因素后能诱发潜在疾病的发生。

(4)某些疾病、特殊病理或生理状态下接触特定职业病危害因素会影响子代健康。

(5)某些疾病、特殊病理或生理状态下进入特殊作业岗位会对他人生命健康构成危险。

依据毒物性质和职业病危害因素分类情况，结合以上判定条件进行职业禁忌证的判定。

（二）相关规定与要求

根据《中华人民共和国职业病防治法》第三十五条规定：不得安排有职业禁忌的员工从事其所禁忌的作业；对在职业健康检查中发现有与所从事的职业相关的健康损害的员工，应当调离原工作岗位，并妥善安置；用人单位应当保障职业病患者依法享受国家规定的职业病待遇。用人单位对不适宜继续从事原工作的职业病患者，应当调离原岗位，并妥善安置。

评估要点：查阅对职业健康监护资料与处理措施记录等。

二十一、依法依规安排职业病患者进行治疗、康复和定期检查

《中华人民共和国职业病防治法》第五十六条：用人单位应当保障职业病患者依法享受国家规定的职业病待遇。用人单位应当按照国家有关规定，安排职业病患者进行治疗、康复和定期检查。用人单位对不适宜继续从事原工作的职业病患者，应当调离原岗位，并妥善安置。用人单位对从事接触职业病危害的作业的劳动者，应当给予适当岗位津贴。

评估要点：通过资料审查、访谈等方式，调查用人单位是否进行“安排职业病患者进行治疗”，并“根据医学建议安排后期康复及定期检查”两部分内容。

二十二、对从事接触职业病危害作业的劳动者，给予岗位津贴

《中华人民共和国职业病防治法》第五十六条：用人单位对从事接触职业病危害的作业的劳动者，应当给予适当岗位津贴。

评估要点：通过资料审查、访谈等方式，了解用人单位“是否对从事接触职业病危害作业的劳动者给予岗位津贴”，并“是否做到全部给予”。

二十三、优先采用有利于防治职业病和保护劳动者健康的新技术、新工艺、新设备、新材料，替代职业病危害严重的技术、工艺、设备、材料

《中华人民共和国职业病防治法》第八条：国家鼓励和支持研制、开发、推广、应用有利于职业病防治和保护劳动者健康的新技术、新工艺、新设备、新材料，加强对职业病的机理和发生规律的基础研究，提高职业病防治科学技术水平；积极采用有效的职业病防治技术、工艺、设备、材料；限制使用或者淘汰职业病危害严重的技术、工艺、设备、材料。

《工作场所职业卫生管理规定》第二十七条规定：用人单位应当优先采用有利于防治职业病危害和保护劳动者健康的新技术、新工艺、新材料、新设备，逐步替代产生职业病危害的技术、工艺、材料、设备。

优先采用有利于防治职业病和保护劳动者健康的新技术、新工艺、新设备、新材料，替代职业病危害严重的技术、工艺、设备、材料，是职业病防治的第一步，它从源头上减少职业病危害因素的产生，进而保护劳动者，减少患病的概率。《粉尘危害工程防护先进适宜技术指南(2022 年)》见附录 7，《工作场所化学毒物工程防护先进适宜技术指南(2022 年)》见附录 8。

评估要点：资料审查（例如，查阅企业生产、经营、进口和使用记录及相关票据等）、现场勘查、访谈等方式，现场检查企业主要生产过程“是否采用新技术、新工艺、新设备和新材料”和“是否采用国家明令禁止或已淘汰落后的工艺”两部分内容。

（张海东，高衍新，吕艳鹏，张普，毕心鄰，杨治峰）

第五章　健康文化

健康文化是中华文化的重要组成部分，是以协调人与自然和疾病斗争为核心，在防治疾病、维护和增进健康的实践过程中所形成的精神成果与物质成果的总和。企业健康文化是企业文化的重要组成部分，是企业全体人员信奉并践行的健康价值理念和行为规范的总和，是助力企业持续、稳步、健康发展，达成愿景的有利支撑。2016 年 8 月 18 日，企业健康文化倡议行动暨《2016 企业健康福利调查》（以下简称《调查》）发现，员工健康和慢性疾病风险因素现状不容乐观，企业在员工健康福利方面大有可为。

本章内容对应《山东省健康企业建设评分表》中的一级指标“管理文化”，包括健康教育、企业文化、社会责任三项二级指标。

第一节　健康教育

健康教育是通过信息传播和行为干预，帮助个人和群体掌握卫生保健知识、树立健康观念、自觉采纳有利于健康行为和生活方式的教育活动与过程。其目的是消除或减轻影响健康的危险因素，预防疾病，促进健康和提高生活质量。

健康教育是一个有计划、有组织、有评价的完整过程，它的核心是教育人们树立健康意识，养成良好的行为和生活方式。

健康教育包括需求评估、计划制订、实施以及效果评价等阶段。其中，需求评估为制订健康教育计划提供决策依据，计划是指导健康教育实施的蓝本；实施阶段开展干预活动，评价阶段评估活动的效果并指导计划的进一步修订。

企业应该把职工健康教育工作作为企业文化建设的重要组成部分，通过制度建设和专项经费的设立从根本上保障此项工作的开展。职工是企业赖以生存的根本，职工的精神状况和身体素质，决定了企业的发展。现代企业制度的建立为企业精神文明建设提供了有力的保障，也为企业创造了良好的条件。企业要转变观念，突出以人为本，将职工健康教育作为保护职工权益的一个重要方面来抓。社会主义制度下的现代企业制度，职工的合法权益必须得到有效的保护，职工的一项基本权利即为职工健康和接受健康教育，任何人和单位都不能剥夺，且职工的主人翁的地位是不能改变的，企业有责任把职工健康教育纳入企业发展规划之中，使职工的利益得到根本的保证。

(一)健康教育基本步骤

健康教育的基本步骤包括需求评估、制订计划、计划执行与过程评价、效果评价。

(1)需求评估：运用流行病学、健康行为学理论与方法，将职业人群确定为目标人群，了解职业安全与健康、健康行为生活方式与慢性非传染性疾病预防、妇幼健康等需求内容。运用社会学、人类学方法，了解当地的政策、环境、资源，确定开展健康教育的资源。

(2)制订计划：健康教育目标包括健康目标、行为目标、教育目标、政策与环境目标。基于传播学、行为学、社会营销等理论，制订干预策略和活动。根据干预活动，确定进度、预算以及评价指标和方法。

(3)计划执行与过程评价：按照计划投入人力、物力、资金，并按照活动的时间、质量要求实施各项活动。在进行过程中对各项活动的进度、质量、经费进行监控，确保进度、质量达到要求，经费使用与预算一致。

(4)效果评价：运用流行病学、统计学方法与技术，开展健康教育效果评价，确定干预后目标人群健康状况、健康行为、认知的变化以及达到目标的程度。

(二)健康教育策略与方法

健康教育的策略包括教育策略、环境策略和政策策略。

(1)教育策略：其主要目的是对影响职业人群行为的个人因素施以影响，提高个人的健康素养。提升自我保健意识与能力，可促使人们自觉采纳有利于健康的行为生活方式。常见的方法包括通过电子传媒开展的大众传媒活动，如广播节目、网络信息等；通过印刷媒介开展的活动，如小册子、小折页、挂图、传单等；人际传播活动，如讲座、讲课、个别咨询、观摩学习等；因地制宜的活动，如板报、墙报、知识竞赛等；通过新媒体传播的活动，如手机短信、微博、微信等。

(2)环境策略：其作用是影响行为的物质环境、条件，从而使人们采纳健康行为的意愿得以实现，如厂区内部设置吸烟区、会议室不设烟灰缸等。

(3)政策策略：政策可以支持并促使某些行为得以实现，如某个企业设置的“健康金”政策促进员工关注 BMI；同时，政策还可通过影响资源配置、改善环境从而促进健康行为乃至健康，如制定禁烟和惩罚吸烟的规定。

一、广泛开展多种形式的健康知识普及，倡导健康生活方式和健康工作方式

《“健康中国 2030”规划纲要》明确要求坚持政府主导与调动社会、个人的积极性相结合，推动人人参与、人人尽力、人人享有，落实预防为主，推行健康生活方式，减少疾病发生。要强化个人健康责任，提高全民健康素养，引导形成自主自律、符合自身特点的健康生活方式，有效控制影响健康的生活行为因素，形成热爱健康、追求健康、促进健康的社会氛围。推进全民健康生活方式行动，强化家庭和高危个体健康生活方式指导及干预，开展健康体重、健康口腔、健康骨骼等专项行动。

根据《职业健康促进名词术语》(GBZ/T 296—2017)，健康生活方式是指朝向健康或

被健康结果所强化的行为模式，包括合理安排膳食、坚持适量运动、保持心态平和、改变不良行为、自觉保护环境和学习健康知识等。

不同场所健康教育宣传工作要点如表 5-1 所示。

表 5-1　不同场所健康教育宣传工作要点

序号	场所或区域名称	宣传教育内容	宣传教育形式
1	食堂、餐厅	合理膳食、食品热量宣传	小折页、板报、海报、视频记录等
2	健身场所	适量运动	海报、小折页等
3	工作场所	职业病防治	告知牌、视频记录等
4	健康小屋、医务室	慢性病防治、戒烟限酒、三减三健	海报、板报、小折页等
5	妈咪小屋	“五期”保护、产后保健、婴幼保健	海报、板报、书籍、影像记录、网络信息等
6	孕妇休息室	孕期、哺乳期保健	海报、板报、书籍、影像记录等
7	心理辅导室	心理平衡	海报、小折页、板报等

二、定期组织开展传染病、慢性病及心理健康等内容的健康教育活动，提高员工健康素养

（一）了解员工健康素养水平

健康素养是指个人获取和理解基本健康信息和服务，并运用这些信息和服务作出正确决策，以维护和促进自身健康的能力。健康素养水平是指具备健康素养的人在监测总人群中所占的比例。及时了解员工健康素养水平及其变化趋势，分析健康素养的影响因素，以便采取目标明确、针对性强的干预措施，提高员工健康水平。

企业可以根据《中国公民健康素养 66 条》开展相关知识宣传与教育。最后根据国家卫生健康委发布的《全国居民健康素养监测调查问卷》对全体员工进行健康素养水平测量，该调查问卷满分为 100 分。以问卷得分和当地健康素养平均水平为标准，进行员工健康素养水平结果评定。问卷得分高于 50 分为优秀；问卷得分低于 50 分，且高于当地平均水平为良好；问卷得分低于 30 分，且高于当地平均水平为合格；问卷得分低于 15 分或低于当地平均水平为不合格。

《中国公民健康素养 66 条》主要包括基本健康知识和理念、健康生活方式与行为、基本技能三个方面，涵盖科学健康观、传染病防治素养、慢性病防治素养、安全与急救素养、基本医疗素养和健康信息素养六大方面，具体内容如下：

1.基本知识和理念

(1)健康不仅仅是没有疾病或虚弱，而是身体、心理和社会适应的完好状态。

(2)每个人都有维护自身和他人健康的责任，健康的生活方式能够维护和促进自身健康。

(3)健康生活方式主要包括合理膳食、适量运动、戒烟限酒、心理平衡4个方面。

(4)劳逸结合,每天保证7～8小时睡眠。

(5)吸烟和被动吸烟会导致癌症、心血管疾病、呼吸系统疾病等多种疾病。

(6)戒烟越早越好,什么时候戒烟都为时不晚。

(7)保健食品不能代替药品。

(8)环境与健康息息相关,保护环境能促进健康。

(9)献血助人利己,提倡无偿献血。

(10)成人的正常血压为收缩压低于140毫米汞柱,舒张压低于90毫米汞柱;腋下体温36 ℃-37 ℃;平静呼吸16-20次/分;脉搏60-100次/分。

(11)避免不必要的注射和输液,注射时必须做到一人一针一管。

(12)从事有毒有害工种的劳动者享有职业保护的权利。

(13)接种疫苗是预防一些传染病最有效、最经济的措施。

(14)肺结核主要通过病人咳嗽、打喷嚏、大声说话等产生的飞沫传播。

(15)出现咳嗽、咳痰2周以上,或痰中带血,应及时检查是否得了肺结核。

(16)坚持正规治疗,绝大部分肺结核病人能够治愈。

(17)艾滋病、乙肝和丙肝通过性接触、血液和母婴三种途径传播,日常生活和工作接触不会传播。

(18)蚊子、苍蝇、老鼠、蟑螂等会传播疾病。

(19)异常肿块、腔肠出血、体重骤然减轻是癌症重要的早期报警信号。

(20)遇到呼吸、心搏骤停的伤患者,可通过人工呼吸和胸外心脏按压急救。

(21)应该重视和维护心理健康,遇到心理问题时应主动寻求帮助。

(22)每个人都应当关爱、帮助、不歧视病残人员。

(23)在流感流行季节前接种流感疫苗可减少患流感的机会或减轻流感的症状。

(24)妥善存放农药和药品等有毒物品,谨防儿童接触。

(25)发生创伤性出血,尤其是大出血时,应立即包扎止血;对骨折的伤员不应轻易搬动。

2.健康生活方式与行为

(26)勤洗手、常洗澡,不共用毛巾和洗漱用具。

(27)每天刷牙,饭后漱口。

(28)咳嗽、打喷嚏时遮掩口鼻,不随地吐痰。

(29)不在公共场所吸烟,尊重不吸烟者免于被动吸烟的权利。

(30)少饮酒,不酗酒。

(31)不滥用镇静催眠药和镇痛剂等成瘾性药物。

(32)拒绝毒品。

(33)使用卫生厕所,管理好人畜粪便。

(34)讲究饮水卫生,注意饮水安全。

(35)经常开窗通风。

(36)膳食应以谷类为主,多吃蔬菜水果和薯类,注意荤素搭配。

(37)经常食用奶类、豆类及其制品。

(38)膳食要清淡少盐。

(39)保持正常体重,避免超重与肥胖。

(40)生病后要及时就诊,配合医生治疗,按照医嘱用药。

(41)不滥用抗生素。

(42)饭菜要做熟;生吃蔬菜水果要洗净。

(43)生、熟食品要分开存放和加工。

(44)不吃变质、超过保质期的食品。

(45)妇女怀孕后及时去医院体检,孕期体检至少5次,住院分娩。

(46)孩子出生后应尽早开始母乳喂养,6个月后合理添加辅食。

(47)儿童青少年应培养良好的用眼习惯,预防近视的发生和发展。

(48)劳动者要了解工作岗位存在的危害因素,遵守操作规程,注意个人防护,养成良好习惯。

(49)孩子出生后要按照计划免疫程序进行预防接种。

(50)正确使用安全套,可以减少感染艾滋病、性病的危险。

(51)发现病死禽畜要报告,不加工、不食用病死禽畜。

(52)家养犬应接种狂犬病疫苗;人被犬、猫抓伤、咬伤后,应立即冲洗伤口,并尽快注射抗血清和狂犬病疫苗。

(53)在血吸虫病疫区,应尽量避免接触疫水;接触疫水后,应及时进行预防性服药。

(54)食用合格碘盐,预防碘缺乏病。

(55)每年做一次健康体检。

(56)系安全带(或戴头盔)、不超速、不酒后驾车能有效减少道路交通伤害。

(57)避免儿童接近危险水域,预防溺水。

(58)安全存放农药,依照说明书使用农药。

(59)冬季取暖注意通风,谨防煤气中毒。

3.基本技能

(60)需要紧急医疗救助时拨打120急救电话。

(61)能看懂食品、药品、化妆品、保健品的标签和说明书。

(62)会测量腋下体温。

(63)会测量脉搏。

(64)会识别常见的危险标识,如高压、易燃、易爆、剧毒、放射性、生物安全等,远离危险物。

(65)抢救触电者时,不直接接触触电者身体,会首先切断电源。

(66)发生火灾时,会隔离烟雾、用湿毛巾捂住口鼻、低姿逃生;会拨打火警电话119。

(二)针对目标人群开展干预活动

根据健康评估结果,针对存在“三高”(高血压、高血脂、高血糖)、“六病”(冠心病、脑卒中、肾病综合征、眼底病变、周围神经病变、周围血管病变)等严重慢性病的高危人群进行有针对性的健康教育干预活动,要求目标人群参与率80%以上。

以教育策略为主要形式,运用大众传播、人际传播等方式进行知识传播、技能培训等活动,以提高居民健康素养,改变不良行为习惯。健康教育形式多样化,利用广播电视、报纸、宣传栏、讲座、公众健康咨询、健康教育处方、播放影像资料、一对一教育等多种手段开展健康教育。

健康教育干预活动策划要针对员工特点进行制订,把握员工心理,抓住关注热点。活动策划必须包括主题、时间、地点、整体安排、宣传方式、经费预算以及注意事项等。以某企业开展的慢性病防治健康教育干预活动为例,该企业针对员工肥胖超重比例高、高血压比例增多的情况策划开展该项活动。首先,公司成立了健康管理部,配备有3名专职人员,并落实专项经费用于健康管理工作。在前期健康评估结果的基础上,开展了“告别工伤胖”为主题的专项健康教育活动,包括开发“我的健康我负责”自我管理软件让员工打卡运动、膳食等,组织开展系列科学膳食讲座,在食堂标识不同食品的热量值、盐克数,让员工结合饮食习惯自主搭配,组织开展“我的健康我做主”科学锻炼达人秀活动。活动期间,还编印了健康膳食、科学锻炼等资料,利用公司微信群和公众号对活动进行宣传。

高血压病的干预措施举例如下:

(1)提高居民对高血压的知晓率、治疗率、控制率,认识高血压病及脂肪肝的特点及其危害。35岁以上(含35岁)首次就诊的患者,必须测血压。

(2)有高血压家族史者,应该尽早改善生活方式,适当锻炼,进食低盐、低脂、高钾、高钙饮食,避免可逆的易患因素。

(3)已经诊断为高血压的患者,应该建立专病档案规范化管理,坚持非药物及药物治疗,严格执行医嘱,理想控制血压,防止靶器官的损害的发生。

(4)Ⅱ期和Ⅲ期高血压患者定期监测血压及脏器功能状况,避免病情加重及危急情况的发生,病情变化及时就诊。

(5)运动训练:

1)有氧运动,如步行、踏车、游泳。步行以其简单的运动方式,较低的运动强度,尤其适合高血压及脂肪肝患者。以心率计算中低度训练,“心率=170-年龄”。停止活动后3～5分钟心率恢复正常,50岁以上患者运动心率一般不超过120次/分。

2)运动应该持之以恒,如果停止训练,训练效果会在两周内消失。高血压合并冠心病者活动强度应该偏小,不要轻易撤除药物治疗。

(6)生活方式的调整:健康的生活方式对于高血压、脂肪肝的治疗非常重要,是治疗必不可少的部分。生活方式的调整包括纠正过分激动的性格,超重肥胖者减轻体重,采用控制高血压和高血脂的膳食,进食富含钙钾的食物,低脂饮食,减少钠盐的摄入,限制饮酒,脂肪肝患者必须戒烟。

(7)控制生活方式与血压的关系：

1)体重每下降 10 kg,血压下降 5～20 mmHg。

2)每日氯化钠不超过 6 g,血压下降 2～8 mmHg。

3)每日饮酒量的酒精量不超过 10 mL,血压下降 2～4 mmHg。

三、定期对食堂管理和从业人员开展营养、平衡膳食和食品安全相关培训

《健康中国行动(2019—2030 年)》中提出，鼓励食堂和餐厅配备专(兼)职营养师，定期对管理和从业人员开展营养、平衡膳食和食品安全相关的技能培训、考核。

(一)对食堂管理和从业人员培训

食堂管理和从业人员是保障企业员工饮食安全、营养的重要环节，企业应建立开展相关培训的制度和考核机制。首先，食堂管理及从业人员应该具备基本的食品安全知识，严格遵守卫生操作规程，确保食品清洁、无害、卫生。其次，食堂管理人员及从业人员应该加强食品安全监管，对食品的质量进行检查和控制，及时发现和处理食品安全问题。最后，食堂管理和从业人员应该积极参加食品健康与营养教育培训，提升健康意识和责任意识，逐步改变厨师们追求重辣重油的烹饪习惯，尽量为员工提供少油低盐、清淡美味的健康食品。

有条件的企业还可以配备有资质的专(兼)职营养指导人员，指导厨师做好日常膳食营养、热量合理搭配，以期为员工提供优质、平衡、科学的膳食。

(二)引导员工形成科学的膳食习惯，推动健康饮食文化建设

《“健康中国 2030”规划纲要》第二篇“普及健康生活”中强调：加强健康教育，引导合理膳食，制订实施国民营养计划，全面普及膳食营养知识，引导居民形成科学的膳食习惯，推进健康饮食文化建设。推进企业健康饮食文化建设，促进员工形成科学的膳食习惯有助于为员工提供全面充足的营养，增强体质，提高工作效率。员工的科学膳食引导可以通过以下方面开展。

1.营造健康文化

通过广泛宣传让员工了解合理膳食相关核心内容和健康技能知识。在显著位置张贴、悬挂、摆放材料或播放视频等形式宣传合理膳食、“三减”、营养相关慢性病防治、传染病防控、节约粮食等政策和科普知识，宣传《中国居民膳食指南》和中国居民平衡膳食宝塔，宣传能量和脂肪等的一日及三餐摄入量建议，积极营造营养健康的就餐氛围；按照国家卫生健康委印发的《餐饮食品营养标识指南》对所提供的餐饮食品进行营养标识；设立“营养健康角”，摆放测量身高、体重、血压等的设备和工具，张贴自测自评方法；向员工进行健康教育科普，逐渐改变员工的饮食习惯；同时，对企业内健康相关激励机制进行宣传，让员工更好地遵守健康生活方式。合理膳食指导核心信息如下：

(1)食物多样，谷物为主，粗细搭配。成人每天谷物的摄入量为 250～400 g。

(2)多吃蔬菜、水果和薯类。成人每天蔬菜的摄入量为 300～500 g,每天水果的摄入量为 200～350 g。

(3)每天吃奶类、大豆或其制品。成人每天应摄入 300 g 或相当量的奶制品,每天应摄入 30～50 g 大豆或其制品。

(4)常吃适量吃鱼、禽、蛋、瘦肉。成人每天的摄入量为 150～225 g。

(5)减少烹饪油用量,吃清淡少盐膳食。成人每天摄入盐应少于 5 g,每天应摄入油 25～30 g,每天摄入糖少于 25 g。

(6)食不过量,天天运动,保持健康体重。建议成人每天进行相当于 6000 步的运动量,如果身体允许,可以每天进行 30 分钟中等强度的运动。

(7)三餐分配要合理,零食要适当。

(8)每天足量饮水,合理选择饮料。成人每天应摄入 1500～1700 mL 水,建议喝加热后放凉的白开水。

(9)戒烟限酒。吸烟有害健康。成年男性每天酒精摄入量应少于 25 g,女性应少于 15 g。

(10)吃新鲜、卫生的食物。

2.提供健康膳食

国务院办公厅印发《国务院关于实施健康中国行动的意见》,其中“合理膳食行动”提倡人均每日食盐摄入量不高于 5 g,成人人均每日食用油摄入量控制在 25～30 g,人均每日添加糖摄入量不高于 25 g,蔬菜和水果每日摄入量不低于 500 g。企业制定有关食堂管理的制度标准,建立“健康食品”清单,由健康管理部门和餐饮服务部门根据员工饮食特点,综合食品营养和搭配禁忌,为员工推荐健康美味、价格亲民的菜肴;按照国家卫生健康委印发的《餐饮食品营养标识指南》对所提供的餐饮食品进行营养标示;食堂提供自制饮料或甜品时,应当标示添加糖含量;鼓励设置低脂、低盐、低糖食品窗口;鼓励食堂根据用餐人员健康状况供餐,向肥胖或营养相关疾病患者群提供特殊营养配餐。

3.监督健康行为

在食堂建立健全盐油糖(包括含盐油糖的各种调味品)采购、台账制度,记录采购量、入库时间、重量,并计算人均摄入量。定期公示每周盐油糖使用量和人均每日或每餐摄入量,并对达标情况进行公示;建立食堂“健康饮食”定期检查制度,重点关注和提醒超重肥胖人群注意健康饮食。

此外,有条件的食堂使用智能化系统,指导配餐和用餐;利用自我管理软件为员工个性化指导,如指导制订个性化健康食谱,推送健康自我管理课程等。

第二节 企业文化

企业文化是在一定的条件下,企业生产经营和管理活动中所创造的具有该企业特色的精神财富和物质形态。它包括文化观念、价值观念、企业精神、道德规范、行为准则、历史传统、企业制度、文化环境等。企业健康文化是企业文化的重要组成部分,是企业全体人员信奉并践行的健康价值理念和行为规范的总和,是助力企业持续、稳步、健康发展,达成美好愿景的有利支撑。

企业如人，健康是本钱。“企业健康文化”绝对不是噱头，而是协助企业保障员工健康、降低风险、提高生产力，并帮助企业吸引人才留住人才，提升企业形象的有力支柱。

一、关爱员工身心健康，构建和谐、平等、信任、宽容的人文环境

（一）关爱员工身心健康

坚持以人为本，关心关爱员工，是企业贯彻“发展为了员工，发展依靠员工”方针，落实“快乐工作，健康生活”理念，营造“风正、心齐、气顺、劲足”氛围，不断开创更好更快科学发展新局面的重要举措，也是构建和谐关系，凝聚全员力量，增强核心竞争能力，推动企业持续发展的永恒主题。

为员工搭建沟通平台，建立健康管理室或医务室、社团活动中心、心理咨询室、恳谈室等部门或组织，营造积极、轻松的氛围，利用心理工作热线、减压室、健身房、社团活动等多种方式多方位、多角度开展工作，促进员工之间、员工和企业管理人员间的轻松愉快的交流，促进员工真情实感的表达，了解员工的健康需求。尤其是在流动人口为主的企业，要为员工搭建沟通平台，理解、尊重和支持员工，从精神上、生活上关心爱护员工，保障员工的合法权益，帮助他们融入城市生活，缓解孤独情绪，有利于促进企业和员工的双赢。

着重关注重点人群，如哺乳期妈妈、母婴健康问题、即将退休的员工和新入职员工等。为哺乳期妈妈单独开设爱心妈咪小屋、健康科普课堂，为新入职员工解决适应融入问题，定期举办心理健康讲座等活动，力图全面关爱企业所有员工的身心健康。

关心关爱员工家庭。企业要进一步健全并维护好困难员工档案，实现对困难员工尤其是特困员工的全面覆盖，努力将帮扶救助送温暖活动办成暖人心、聚人心的民心工程，激励员工具有更好地服务企业的责任感，如建立完善关心关爱员工方面的慰问制度，做到婚、丧、喜、病、灾“五必访”。

（二）构建和谐、平等、信任、宽容的人文环境

人文环境是指一定社会系统内外文化变量的函数，文化变量包括共同体的态度、观念、信仰系统、认知环境等。它既是长期积淀形成的人文精神氛围，是风气、惯性思维，是人情韵味，是渗透着人文精神的生活环境，也是基于生活在这个环境中的人的文化素质、内涵气质、审美观、价值观、行为规范和言谈举止的共性表现。企业构建和谐、平等、信任、宽容的人文环境，形成爱岗敬业积极进取的工作氛围，有助于员工对企业产生认同感和归属感，可促进人际关系，增进员工社会支持，化解工作压力，提升心理健康水平，提升员工的幸福指数。同时，健康向上的人文环境，能有效提高企业的凝聚力和吸引力，有利于企业的可持续发展。

企业应注重营造和谐的工作氛围，对弱势群体制定帮扶相关内容的制度，做好工作矛盾的疏导和调节。在构建人文环境方面，企业应将重点放在营造健康的生活理念、增强员工的健康意识方面，通过举办各项特色活动来丰富员工的生活，如篮球赛、“她力量”短视频大赛、插花以及中秋节的月饼制作等。这些活动的举办不仅有利于员工的身心健康，更增加了员工之间的了解，提升了员工的主人翁意识，增强了公司的凝聚力。此外，企业应

在必要的场所安装一定急救设备，保障员工在必要时刻能够有设备参与急救挽救生命。职场尤其需要给职场女性多一点理解和关怀，避免职业上的性别歧视。

二、传播健康先进理念和文化

（一）企业健康文化策划

围绕健康企业建设的工作重点，确定一个可实现的美好健康愿景，也就是健康企业建设的目标。首先，结合企业生产和经营的特点，在延续原有企业文化的基础之上，进一步融合健康文化、饮食文化、管理体系贯标等文化体系和重要工作，得到全体员工共同讨论认同，最终策划形成企业健康文化，包括健康理念、健康行为和健康形象三个层面文化内容；梳理自己所在企业的健康理念，使其纳入整个企业文化大体系之中，这是从根本上解决问题（即思想健康上的统一）。其次，梳理健康行为，使思想与行为高度统一，设计企业健康文化体系模型。最后，编制《企业健康文化手册》并发布企业健康文化体系。

健康文化策划形成以后，处于核心地位的健康理念文化可采用精炼、简洁的语言，以口号式的方式呈现其核心主题，如“我行动我健康我快乐”“做健康职工，建健康企业”“幸福康百年，美丽身体健”“追求营养食尚，引领健康企业”等，这样的主题读起来朗朗上口，易于记忆，便于行动。在企业的生产、工作、生活过程中，将主题核心融入其中，通过理念传递、行为养成、形象展示等多种方式不断强化，并最终形成可感知的健康文化氛围。

（二）“健康文化”融入企业文化的过程

企业文化的建设过程，实际上是核心价值观在员工中入眼、入心、入手、应景的过程。通俗讲，就是使企业所倡导的核心价值观得到全体员工认知、认可、认同、外化于行为，并形成习惯的过程。把健康文化融入企业文化体系中，就是在建设企业文化的整个过程融入“健康”。此过程主要包括：

“健康”入眼靠宣传。“健康”入眼即员工对企业健康目标的认知，包括健康的概念、健康标准及健康获取途径。对员工来说，宣传的重点是“我的健康我负责”的自我管理意识；从管理者的角度看，既包括自我健康管理意识，也包括对他人健康的管理。为此，企业要通过各种形式、方法、机会向全体员工传递企业健康理念文化信息，变“要我健康”为“我要健康”。健康管理部门要结合企业生产经营实际情况，组织开展员工易于接受的健康文化活动，推进“宣传进班组、教育到岗位、责任落全员”，强化阵地意识，通过微信公众号、宣传资料、板报等开展宣传，强化载体、阵地和窗口的作用，还可以通过评选企业“健康达人”，发挥典型示范和引领、激励作用。

“健康”入心靠培训。“健康”入心就是员工对企业健康理念文化认可、认同的过程。这个过程可以借助于企业健全的培训体系，把“健康”融入企业培训体系的各个环节，例如新员工的入职健康培训、日常员工的健康培训、员工晋升素质培训等。通过培训让所有员工从对“健康”的认知到对“健康”的认可和认同，能够认识到“何为健康？”“健康为何重要？”“如何提高健康水平？”“如何才能尽可能避免健康的损耗？”等。

“健康”入手靠制度。在“健康”得到所有员工的认知、认可和认同的基础上，通过企业健康行为文化，即健康制度体系的建设和实施，如建立室内禁烟、环境清扫、定期体检、每日工间操、营养膳食、健康教育等健康制度，保障企业健康理念目标的实现，把“健康理念”外化于所有员工的行为中，进一步通过制度强化使之成为日常行为习惯，以促成整个企业的健康行动。

“健康”应景靠环境。企业通过建设有利于员工健康的工作和生活的支持性环境，积极打造企业健康形象文化。围绕健康文化的主旨，积极在企业内营造整洁舒适的工作环境、和谐友善的人文环境、温馨关爱的休闲环境、营养卫生的就餐环境、赏心悦目的阅读环境以及活力十足的健身环境。通过各类有益于身心健康场所和设施的建设，使员工时时刻刻感受到企业良好的健康氛围，为促进企业健康文化的固化和可持续发展提供基本的物质条件。

三、采取积极有效措施预防和制止工作场所暴力、歧视和性骚扰等

（一）将禁止工作场所暴力、歧视和性骚扰明确纳入规章制度

工作场所暴力是指工作场所发生的可导致员工健康损害和安全危险的暴力行为，通常以身体攻击和语言威胁的形式出现，可包括肢体暴力和心理暴力。工作场所歧视的定义为基于种族、肤色、性别、宗教、政治见解、民族血统或社会出身等原因，具有取消或损害就业或职业机会均等或待遇平等作用的任何区别、排斥或优惠。性骚扰指以带性暗示的言语或动作针对被骚扰对象，强迫受害者配合，使对方感到不悦。按照行为方式分类，性骚扰可以分为言语性骚扰、行为性骚扰、环境性骚扰。

在企业管理和制度建设方面上，把工作场所暴力、歧视和性骚扰作为一种严重违纪行为，纳入企业核心规章制度和员工守则，并对可能构成暴力、歧视和性骚扰的行为和惩处进行详细说明。骚扰可以来自雇主、主管、同事、访客、客户及任何与员工打交道的人。与工作有关的环境不仅包括日常的工作场所，还包括骚扰者因工作关系有机会接触被骚扰者的场合，如上下班途中、出差、同事聚会、电话和邮件等。构成性骚扰的行为可以是身体上的（如违背对方意愿的身体接触），语言上的（如评价、冒犯性的笑话、人身侮辱、下流话），非语言上的（如盯视、吹口哨或有性意味的手势）。

例如，某企业在员工手册中规定：禁止鼓励或者指示员工为达成业务目标而牺牲道德行为规范；不允许任何形式的骚扰，包括但不限于：冒犯性的调情，令人厌恶的性挑逗或者冒犯、辱骂，性别上或种族上的贬低言词，在工作场所展示低俗色情的图片和物件。该企业把对个人价值和权利的尊重作为一种管理理念加以推广。这种在企业中倡导尊重、平等的价值观念较好地控制了工作环境中的暴力、歧视和性骚扰现象的发生，为营造企业健康文化氛围创造了必要条件。

（二）创建有利于预防工作场所暴力、歧视和性骚扰的工作环境

建立开放、通透的办公环境，尽量避免设置独立或私密性过强、隔音性过强的办公空间；在不侵犯员工隐私权的前提下，在工作场所安装监控设备。如某公司规定：禁止公司领导借工作之名的一对一的私密谈话，避免部分管理者以权谋私，一手遮天；在协同出差、

酒店入住、客户宴请、商务接待等高频业务场景中，禁止孤男寡女一同出差（尤其是不同层级之间），男性员工未经女性明示同意不得进出女性入住房间，不得在任何场合开露骨黄色玩笑，不得借工作之名实施劝酒、灌酒、夜间约单独外出等明显不当的行为。

（三）广泛性宣传教育和针对性培训

企业文化中应纳入预防和制止工作场所暴力、歧视和性骚扰的机制，面向管理者和员工建立宣传倡导和培训制度，通过现场宣讲、电话会议等方式进行持续性宣传、教育和培训，让所有职工都知悉本单位禁止性骚扰的规章制度。不定期对在职员工进行培训宣讲，强化禁止性骚扰的意识，提高他（她）们的权利意识以及对工作场所暴力、歧视和性骚扰的认知能力，知晓各种形式的暴力和性骚扰是不能容忍的，指导他们了解公司内部的各种申诉程序；对管理人员则是进行职责教育，告诉他们在法律和管理规则下该做些什么，如何去做。

在培训中还应加入对女员工的针对性培训以预防性骚扰的发生。一方面帮助她们强化自尊自爱的意识，指导端庄举止、合适服装的工作行为方式，例如告知“女员工保持淡雅轻妆，文静大方，不得浓妆艳抹，不穿戴暴露服饰”等；另一方面教会女职工一些自我保护的方式，例如巧妙地用语言制止性骚扰、学习个人保护技能等。

（四）设置处理机构及职责，明确处理程序并规范处置

建立专门受理和解决工作场所暴力、歧视和性骚扰投诉或举报的机构。该机构可设在人力资源、工会等有关部门，其成员要经过专门培训和训练，同时其性别应要求相对均衡，以免投诉或举报人对异性难以启齿。在规章制度中要明确该机构的具体职责，以保证性骚扰投诉能够有效、公正、秘密地处理；要给予实行骚扰者以足够的惩罚。

建立专门受理职场性骚扰投诉或举报的机构或专门委员会，明确该机构的具体职责及处理程序，并规定处理的期限。为便于职工投诉和举报，应设置热线电话、传真、专用信箱等。

定期开展专项督导检查工作，如发现针对员工因举报举证工作场所暴力、歧视或拒绝性骚扰遭受打击报复的，应督促企业相关部门及时采取补救措施。

四、开展“健康达人”评选活动

在企业健康文化建设过程中，需要企业开展各类健康活动以营造良好的健康氛围。《健康中国行动（2019—2030年）》在“职业健康保护行动”中明确指出：鼓励各用人单位做好员工健康管理、评选“健康达人”，其中国家机关、学校、医疗卫生机构、国有企业等用人单位应支持员工率先树立健康形象，争做“健康达人”并给予奖励。

“健康达人”应具有健康向上积极乐观的形象；具有健康理念和一定的健康素养，并以实际行动践行“合理膳食、适量运动、戒烟限酒、心理平衡”等健康生活方式；采取积极有效措施和健康自我管理手段，在生理、心理、社会适应度、道德等健康方面取得积极成效；致力于服务他人健康或社会健康公益事业的热心人士；个人健康事迹对他人和社会产生积极影响等。

开展“健康达人”评选活动，是一个倡导性的策略，鼓励员工知晓健康知识、积极践行健康生活方式，并对其他员工起到带动、示范和引领作用。具体可以参考以下步骤和做法。

(一)“健康达人”推选条件

1.基本条件

(1)具有中华人民共和国国籍。

(2)拥护中国共产党的领导，热爱祖国。

(3)遵守国家法律法规和公民道德规范，无不良社会影响。

(4)具有良好的健康理念，掌握一定的健康知识，并积极践行文明健康生活方式。

(5)热心健康公益事业，愿意并能够带动更多人一起追求健康、获得健康。

(6)受到群众的广泛欢迎，心胸豁达、责任心强，有号召力、影响力、传播力、说服力。

2.其他条件

除以上条件外，“健康达人”还应当至少符合以下条件之一：

(1)在践行文明健康生活方式方面有突出表现。

(2)在传播健康知识或带领周边人践行文明健康生活方式方面有突出表现。

(3)在自我慢性病管理方面效果显著，并在带动周边人做好慢性病管理方面有一定影响力。

(4)积极参与改善当地突出的健康问题及其影响因素。

(5)在本行业、本地区或本单位，推动践行文明健康生活方式或推进健康促进工作取得突出成效。

(二)拟订可行的评选办法

按评选活动主题设定“健康达人”数量和等级。按评选标准统一设计报名表，通过广泛宣传让企业员工知晓，通过自愿报名、部门推荐等收集“健康达人”信息。提供“健康达人”多种展示平台和机会，根据评选要求组织专家组评议，同时还可以制作成宣传板报、海报架(易拉宝)形式展示并开展全体员工投票评选。如有微信公众号的企业可通过新媒体推送、收集员工网络点赞的方式评选出大家广泛认可、具有表率作用的“健康达人”。企业可对于评选出的“健康达人”给予一定的物质和精神奖励作为鼓励。

当然，“健康达人”评选活动需要落实活动实施的具体部门和充足的经费。此外，评选活动组织实施要分阶段进行，可按照宣传发动、报名评选和形象推广三个阶段进行，注重活动实效和持续的健康效应，更好地宣传和弘扬健康正能量，达到实现企业健康文化目标建设的目的。

第三节　社会责任

社会责任是指组织通过透明和合乎道德的行为为其决策和活动对社会和环境的影响而担当的责任。

我国越来越多的企业正在开展社会责任活动，积极履行社会责任，并定期发布社会责任报告。

一、切实履行社会责任，积极参与社会公益活动

（一）明确社会责任要求，切实履行责任

企业社会责任是指企业在创造利润、对股东和员工承担法律责任的同时，还要承担对消费者、社区和环境的责任。企业的社会责任要求企业必须超越把利润作为唯一目标的传统理念，强调要在生产过程中对人的价值的关注，强调对环境、消费者、社会的贡献，主要包括以下内容。

1.对政府的责任

在现代社会要求企业扮演好社会公民的角色，自觉按照政府有关法律、法规的规定，合法经营、照章纳税，承担政府规定的其他责任和义务，并接受政府的监督和依法干预。

2.对股东的责任

企业与股东的关系逐渐具有了企业与社会的关系的性质，企业对股东的责任也具有了社会性。首先，企业应严格遵守有关法律规定，对股东的资金安全和收益负责，力争给股东以丰厚的投资回报。其次，企业有责任向股东提供真实、可靠的经营和投资方面的信息，不得欺骗投资者。

3.消费者的责任

企业与消费者是一对矛盾统一体。企业利润的最大化最终要借助于消费者的购买行为来实现。作为通过为消费者提供产品和服务来获取利润的组织，提供物美价廉、安全、舒适、耐用的商品和服务，满足消费者的物质和精神需求，是企业的天职，也是企业对消费者的社会责任。

4.对员工的责任

企业对员工的责任属于内部利益相关者问题，企业必须以相当大的注意力来考虑雇员的地位、待遇和满足感，在全球化背景下，劳动者的权利问题得到了世界各国政府及各社会团体的普遍重视。

5.对资源环境和可持续发展的责任

实践证明，工业文明在给人类社会带来前所未有的繁荣的同时，也给人们赖以生存的自然环境造成了灾害性的影响。企业对自然环境的污染和消耗起到了主要的作用。企业应当承担起建立可持续发展的全球经济这个重任，进而利用这个历史性转型实现自身的发展。

6.对社区的责任

企业是社会的组成部分，更是所在社区的组成部分，与所在社区建立和谐融洽的相互关系是企业的一项重要社会责任。企业对社区的责任就是回馈社区，比如为社区提供就业机会，为社区的公益事业提供慈善捐助等。

履行社会责任时，企业应根据企业的特点、优势和发展阶段设定相应的社会责任目

标，建立社会责任协调决策机制，明确责任分工，明确企业内部所有社会责任活动的出发点和切入点。同时，要对企业社会责任履行效果开展衡量和追溯，做到活动开展有序、过程可控、结果可追溯。

（二）结合实际，积极参与社会公益活动

企业是社会的经济细胞，也是社会的重要成员，关注民生、回报社会是企业应尽的责任和义务，因此参与社会公益事业也是企业社会责任中的重要内容。

企业参与社会公益的角度最好选择与企业自身行业相关的领域，有利于充分发挥企业自身特点和优势，在统一的内部协调机制下，围绕某一个社会或环境目标关键议题集中资源和力量持续开展。近年来，越来越多的企业开始重视公益活动，如捐助希望工程、认养山林绿地、设立奖学金、组织无偿献血、参加慈善活动、为社区提供就业机会、向社会公益组织提供资金捐助或技术援助、帮助社区建设人行步道或自行车道等，这些都是值得肯定的善举。但是，不能简单地将参与公益活动与履行社会责任画等号，还要看其参与时的动机，应摒弃功利性。

例如，国内某饮料企业发起“青出于蓝”公益活动，支持110所乡村小学体育教育发展：通过捐赠篮球场、篮球架、球服、篮球等体育设施，让超过8万名乡村少年从中获益；助力10所体育院校的大学生志愿者深入乡村小学进行体育支教；支持篮球集训、联赛组织，通过“硬件＋软件”模式，缓解乡村地区体育设备落后、师资不足、体育活动缺乏的现状。某药业公司在“国际罕见病日”期间，联合中国社会福利基金会发起了“婴儿痉挛症”儿童罕见病公益行动，向全社会招募患儿家庭并对符合条件的家庭进行捐赠，呼吁关爱中国“婴儿痉挛症”患儿家庭，呵护中国儿童健康成长。

总之，企业通过让员工参与履行社会责任的过程，可在各个部门中树立社会主义和谐社会的价值理念，进一步推动企业健康文化建设。

（李小炟，陈艳芹）

第六章　健康企业建设案例及展望

第一节　煤矿企业建设案例

一、建设主题

健康引领“有为”，服务群众“到位”，用心用情解锁健康国企“幸福密码”。

二、基本情况

山东里能鲁西矿业有限公司隶属于山东能源集团鲁西矿业公司，系国有健康领先型能源企业。公司位于山东省济宁市任城区，始建于1999年，2002年正式投产。近年来，公司坚持以习近平新时代中国特色社会主义思想为指引，牢固树立“坚持中国特色卫生与健康发展道路”鲜明导向，以打造“小而精、优而美的‘健康新鲁西’”为目标，坚持系统化谋划、协同化推进、精准化发力、示范化引领、实效化检验，全面落实企业职业健康主体责任，把大健康理念融入企业管理运行全过程，积极开展职业病危害风险管控和隐患排查治理双重预防体系建设，多措并举、共建共享，严防职业病危害事故发生，促进企业健康可持续发展。公司先后获得“全国绿色矿山”等20余项荣誉称号。

三、主要做法

（一）构筑工作体系，加强全方位保障

一是强化组织领导。配齐配足健康企业建设的专职工作人员，创新设立“1＋6”管理模式，即1个领导小组统筹引导，6个健康企业建设工作组分工协作。各工作组明确不同工作职责，科学制定工作任务清单，落细工作责任。二是加强资金支持。列支企业利润的10％作为建设专项工作经费，专款专用。三是强化制度保障。先后制定《公司健康企业建设工作实施方案》，健全完善了《职业卫生管理制度》等30余项管理制度，促进了各项工作的规范有序开展。

(二)构建环境体系，以人为本筑防线

一是升级健康阵地。打造“职工之家”，集健身房、乒乓球室、台球室、棋牌室、图书室、多功能厅等功能于一体。在公寓楼内建设“亲情服务中心”，集心理健康辅导室、宣泄室、母婴室、女职工休息室、妈咪小屋等功能于一体，阵地升级，为广大职工健康生活提供了条件；2022 年，投入 100 余万构建了集“健康理疗室”“针灸养生室”“有氧健身室”“沉浸自然室”为一体的“健康提升中心”，在公寓楼外建设投入近 150 万元修建了集户外运动、休闲娱乐为一体的健身广场，增设篮球场、休闲凉亭、健身器材、棋牌桌、健身步道及户外音乐广播系统等，既丰富了广大职工的文化生活，又为广大职工健康生活提供了条件。二是共建绿色矿区环境。按照“两合理、两分开”的要求，公司合理分类划分了生产、辅助生产和非生产区域，打造“小而精、优而美”的美好鲁西。投入 700 万元，加快“3＋4 工程”(即以“三条”主干道为主的主次干道亮化提升工程，以绿色生产、绿色存贮、绿色运输、绿色环境为主要内容的“四绿”工程)进度，通过“移动式煤仓”“封闭式煤场”“生活垃圾分类”“绿化养护工程”等，实现了环境卫生、绿化覆盖“双达标”，截至目前矿区绿化覆盖率高达 42.5％。三是共享美好就餐环境。投入 300 万元建设职工餐厅，餐厅使用面积 1500 m^2，可同时接待 360 余人就餐。分区域设置主餐厅、自助餐厅以及荣誉餐厅，配备了智能消毒、健康饮水、油烟净化排放一体机等健康设备，制订营养膳食“周菜谱”，建设“爱心惠员、爱在身边”工程，推出“爱心餐车”“爱心点餐”“员工微心愿”“荣誉餐”“午夜半价菜”“节日聚餐”……满足了员工的不同需求。“厨艺比赛”“服务人员竞争上岗”等活动，提升了餐饮人员业务水平。

(三)构建医疗体系，身心健康固基石

一是建设健康管理体系。公司拿出专项资金的 25％，建设高质量职工医院，为每一位员工制订“个性健康套餐”，通过每月定期组织健康体检，可全面及时了解职工健康情况。打造健身房、活动广场等健身活动阵地，在广大职工中倡导树立运动健康新风尚。建设心理咨询室、宣泄室等阵地平台，积极开展心理援助，及时为员工心理减压。

二是建设专业医疗服务基地。职工医院内配备专业医疗设施，严格贯彻执行医疗卫生管理法律、法规、规章以及医疗护理规范、常规。完善规章制度，加强基础医疗和护理质量管理，开展岗位基本技能比武训练，确保了质量和服务“双一流”“双过硬”。

三是开展个性化医疗服务。公司建立“3＋1＋1”的医疗健康检测平台，即数字化、智能化、个性化的企业健康管理中心，数字化员工健康福利平台，更侧重于满足员工个性化的健康需求。同时，开展“两查一告知”“双测双史双档案”，依托职业健康技术支撑服务体系，开展职业病专项检查，建设慢性健康人群专业体检区，为职工建立健康双档案，做到“一人一档”，并对各类档案规范化、动态化、电子化管理，管理职工在岗期间职业健康体检率达到了 100％。此外，通过职工历年体检数据对比，对团体健康状况进行评估分析，针对评估发现的中高危慢性病健康风险，给予健康管理干预建议，并定期进行复查。

四是加强科技装备支撑。以“新旧动能转换”“三减三提”项目建设为抓手，公司年均投入 8000 余万元加快“机械化换人、自动化减人”的步伐，通过提升矿井装备水平，改善作业环境，引进了机械化、无尘化混凝土喷射系统工艺、CXR 智能干选等先进装备，完善了监测监控、束管检测以及调度工业监控等系统，矿井提升、运输、供电、排水、通风全部实现远程可视化控制，有效减少了接触粉尘、噪声等对人体的危害，实现了“少人则安、无人则安”的目标。

（四）完善关怀体系，引领健康生活

一是积极开展健康教育宣传。采取融媒体等多种方式，宣传普及健康知识，组织开展了传染病、慢性病、职业病防治和心理健康等内容的健康教育活动，聘请专业营养师对食堂管理人员和从业人员开展营养、平衡膳食、食品安全等有关知识培训，丰富了线下常态化培训方式，增强了企业职业健康防治工作责任感，提高了职工的健康素养。

二是关心关爱职工身心健康。每年组织开展职工健康疗休养活动，对生病住院职工、生育女职工及时进行关爱慰问，为女职工开展专项查体、发放卫生用品等，坚持“周周有活动，月月有精彩”，开展丰富多彩的文体活动，组织“健康达人”评选，倡导职工积极践行健康生活方式，营造“快乐工作、健康生活”的良好氛围。

四、推进成效

（一）工作推进更有力

公司通过加强体系建设，为公司健康企业建设提供了人财物的全方位保障，进一步解决了有人干事、有钱干事等问题，为工作开展打牢了基础。组织领导有力，各级管理人员各负其责、通力合作。制度规范有力，具体细化的健康企业建设制度机制，使工作科学严谨、有章可循。

（二）健康环境更优美

公司坚持依法依规生产，不断加大投入，持续改善生产、生活环境，强化现场安全健康环境升级改造，狠抓安全生产标准化整治提升，杜绝了轻伤二级以上事故，保证了全体职工的生命健康，实现了长期安全文明生产，积极打造“安全、绿色、智能、高效”四型矿井。

（三）职工身心更健康

公司通过健康企业建设，不断提升企业职业健康管理水平，近些年来公司职业病一直保持“零病例”。2020 年以来，面对变化莫测的新冠肺炎疫情形势，职工群众主动做好日常防护、积极接种疫苗，特别是 2022 年，在省内新冠肺炎疫情多点暴发的情况下，公司及时调整疫情防控措施，强化职工个人防护教育，在保障职工正常休班的前提下完成了安全生产、增储保供等政治任务，全矿关键岗位无一人感染。

（四）企业形象更温暖

近年来，公司积极履行企业社会责任，深入贯彻绿色发展理念，累计投入 3 亿元，平稳顺利完成 2 个压煤村庄的 4000 余户村民的搬迁；年均投入 1 亿元，累计完成 1900 余亩塌陷地综合治理，建成了国家级绿色矿山；年均承担迎峰度夏、迎峰供暖煤炭保供任务 50 万吨；年均向国家上缴利税 1.8 亿元。

五、经验启示

(一)健康企业建设必须加强体系建设

任何工作的开展都离不开人财物等要素支撑,否则只能流于形式。只有加强组织领导,提供必要保障,才能确保工作深入推进。

(二)健康企业建设必须加强规划布局

要把健康企业建设当成一盘“大棋”来抓,无论是硬件还是软件都要整体规划、合理布局,既要考虑成本因素,更要注重实际需求,彰显人文关怀。

(三)健康企业建设必须切实结合实际

实事求是是一切工作取得胜利的关键。要从实际出发、从职工需求出发,为员工提供温馨的员工公寓、多元化的餐饮服务、多功能运动场馆、良好的人文环境、安全健康舒适的工作环境以及员工健康关怀,极大提升员工幸福感,让大家切实感受到健康企业建设带来的变化和实惠,才是真正达到企业健康。

(四)健康企业建设必须加强探索创新

无论是科技装备支撑还是创新职工活动阵地,或是活跃精神文化活动,都需要深入调研,摸清职工所需、大家“口味”,确保受到欢迎、取得实效。

(五)健康企业建设必须持续唤醒职工健康意识

健康企业建设非一夕之功,也非攻坚之战,更不是一劳永逸,需要不断春风化雨,通过持续强化职工健康意识,倡导人人参与、人人尽力、人人享有,引导全员参与健康企业建设,提升企业凝聚力和员工执行力,使员工养成健康心态、健康习惯、健康行为、健康生活方式,统筹兼顾,形成企业健康管理长效机制。

第二节　化工企业建设案例

一、建设主题

以企业文化引领员工大健康管理。

二、基本情况

山东京博控股集团有限公司是一家由社会公益慈善组织和个人出资兴办的国有大型现代企业集团,致力于面向终端和社会提供能源、新材料、三农发展、物流等产品、技术、服务和系统解决方案,先后为中国、美国、俄罗斯、日本、新加坡、澳大利亚、南非、中东等国家和地区的客户和伙伴带来价值和服务。公司位居中国企业500强第316位、中国制造业民营企业500强第68位、山东民营企业100强第10位。

京博控股集团以仁孝文化为核心,响应国家号召,积极推进《健康中国行动(2019—2030年)》工作建设,逐步构建“健康制度、健康保障、健康服务、健康心理、健康运动、健康环境、健康宣教、健康文化”八维健康管理体系，实现全员、全周期、全方位的健康管理。通过5年的健康管理，全员健康素养有明显提升，集团一万余名员工BMI合格率达到90%以上，高血压患病率、糖尿病患病率、高胆固醇血症患病率较全国平均水平分别低19.5%、5.9%、0.2%。

三、主要做法

京博控股集团始终坚持以员工为中心的理念，持续关注员工安全健康和人文关怀。公司成立健康企业建设项目小组，设健康管理部具体实施并全面负责健康企业建设工作，目前具有专职健康管理人员7人，具体开展工作如下。

（一）构建四位一体制度体系，为健康保驾护航

体系建设是健康企业建设的关键要素，集团逐步构建以“健康管理、职业卫生管理、环境管理、公共卫生管理”为一体的健康管理制度体系。其中，在健康管理方面，先后发布《员工健康管理制度》《慢病管理制度》《禁烟令》《禁酒令》《健康运动管理办法》等特色管理制度，切实关注员工生活、工作、成长三大环境改善，提高员工幸福指数；对于有重大疾病的员工，公司建立了大病救治帮扶机制，设立《员工爱心互助基金管理制度》，解决员工治病难的难题，为员工健康保驾护航。

（二）“以人为本”，打造安全健康的工作环境

打造绿色生态和健康舒适型的办公环境。绿化厂区道路，在1.5万亩的工业园周围建设8万亩“天然氧吧”林场。依托智能化、信息化手段降低工作场所的安全隐患，建立健全自动监测数据信息网，实现安全隐患测得到、安全事故看得见，以及安全应急队伍呼得应、调得动，全面提高安全生产管理水平，为员工构建安全健康的工作环境。

（三）实施全周期身心健康管理，覆盖率100%

特色化健康管理。集团自2015年以来，先后实施体重管理、禁烟令、禁酒令、爱心互助金等特色健康管理制度。经过5年的体重管理，体重指数合格率提升14.1%；有效地督促员工自觉控制体重，预防肥胖、“三高”等慢性疾病的发生。

建设占地面积1500 m^2 的集医疗、保健为一体的综合医院——博兴乐安慈孝医院，开展全员健康查体，体检率100%，建档率100%。实施全方位、多角度、分人群的健康管理，筛选慢性病人群，进行跟踪、档案管理；为核心人员及家庭提供私人医生精细化健康管理服务，制订专属健康提升指导方案，预防慢性疾病的发生。

启动员工帮助计划(EAP)，全力打造“能力健康、情感健康、情绪健康、价值健康、全面健康”的“五维”心理健康服务体系，通过“一大阵地、一份需求、一个平台、一支队伍、一条热线”五大举措，开通免费的心理热线、心翼云智慧平台，定期开展主题讲座、团体活动沙龙，并培养了60余位具备扎实的心理学知识、乐于分享的心理疏导员，多途径促进员工心理健康。

建立应急救护机制，配置近百台AED设备，上线AED在线监控系统及客户端导航系统，为员工生命安全保驾护航；开展系列应急救护技能培训及考核，全员普及应急救护技

能，考核通过率达98%以上，提升自救互救能力；建设应急安全健康体验馆并被评为省级应急救护培训基地，培养300余名红十字会救护员，将员工安全健康工作落到实处。

（四）营造健康文化氛围，提升全员健康素养

倡导营养健康、运动健康的生活方式。公司设立高标准食品安全检测室，对公司所使用的11大类食品、50个单项检测，从源头控制食品及饮用水的安全与健康。建设3800 m^2的中央加工厨房，对所有质检合格的食品进行加工，由营养师出具食谱，让员工吃得安心，吃出健康。

多措并举搭建丰富的员工健康运动活动。近年来，公司先后投资上千万元建设羽毛球馆、瑜伽馆、游泳馆、健身房、篮球场等健身场地。成立11个健身团、五大社团、八大兴趣小组，带动全员健康生活新方式，年度运动参与量达5万余人次，订制开发全员线上健康运动系统，日参与量2000余人次。

（五）以员工心为心，提升员工幸福感指数

以员工心为心，为员工服务发放“孝工资”。自2007年起，根据员工工作岗位，集团每月给员工父母发放200元到2000元不等的“孝工资”，为超过70周岁的员工父母，每人每月额外发放100元“敬老金”，为在公司工作10年以上、20年以上的员工父母发放“忠孝敬老金”。截至2020年12月，累计发放孝工资2.94亿元。

老有所养、幼有所教、中青有所为。为解决员工后顾之忧，集团成立京博养老服务中心，员工父母达到入住条件以后免费入住；成立京博婴慧园、幼儿园，建立0～6岁婴幼儿持续发展的高端混龄幼智园。同时，为关爱员工子女，配备校车和专职保育员，开办“学生餐厅”、开设“子女暑假培训班”、组织员工子女国外游学活动等。

成立“京晓爱”员工关爱组织，对公司发布的关心、福利、优惠等信息做好传达并积极收集员工诉求，不断改善员工生活、工作、成长三大环境；为帮扶困难员工，形成“三级关爱”机制；为关爱单身员工，建立红娘团，为单身员工提供结缘的平台。

集团心系社会福祉，关注弱势群体，依托产业优势，开展形式多样的公益活动，通过资助养老、医疗等公益事业，回报社会，累计向社会捐款2亿元。

四、推进成效

（一）健康指标优于国家平均水平

实施全周期身心健康管理，开展全员健康体检，体检率100%，建档率100%。通过5年健康管理，集团一万余名员工BMI合格率达到90%以上，高血压患病率、糖尿病患病率、高胆固醇血症患病率均较全国平均水平低，分别为19.5%、5.9%、0.2%。

（二）全员普及并掌握应急救护技能

集团定期组织应急救护培训，2020年共组织25场培训2000余人。自2021年起，开展全员培训并每月不低于400人进行考核，考核通过率超98%；近300名员工取得国家应急救护员证。2021年，集团被评为省级应急救护培训基地。

(三)员工幸福感指数持续提升

开展员工心理需求调研,3000余人参与调研,从自我效能感、工作挑战性、职场人际满意度、外部环境满意度、心理健康状态、工作压力管理六大维度进行分析,整体与国家平均水平持平。其中,自我效能和外部环境满意度高于国家水平。

五、经验启示

京博控股集团自1991年成立以来,始终坚持以人为本的核心理念,逐步形成以"仁孝"为核心的企业文化,员工关爱向本质关爱迈进的坚实一步,便是关注员工的健康管理。在员工健康管理方面,从顶层设计到执行落地,集团探索实践了30年,初见成效。在员工关爱方面,集团也被评为"全国模范劳动关系和谐企业",同时在2020年,集团受邀参加全国健康企业建设技术工作会并做分享,也是全国唯一一个受邀分享的民营企业。今后公司将继续积极响应国家的号召,按照《健康企业建设规范》标准,坚持不懈地抓好健康企业建设工作,追求企业建设与人的健康协调发展,为健康中国贡献京博力量。

第三节　电力供应企业建设案例

一、建设主题

"五环管理法"赋能健康新胜利。

二、基本情况

中国石化胜利油田电力分公司是胜利油田油气生产的电力保障单元,管理着全国最大的企业自备电网。工作区域分布在山东省6市16个县区,工作面积达32800 km^2。

近年来,公司围绕"打造安全平稳科学高效石油石化一流电力运营商和绿能服务商"发展目标,培育"追光开源、胜利赋能"新时期电力价值追求,探索实施健康企业建设"五环管理法",落实主体责任,提升职业健康工作水平,有效预防和控制职业病危害,切实保障劳动者职业健康权益,为油田高效勘探开发和区域经济社会健康发展提供坚强动力。公司先后荣获全国"五一"劳动奖状、全国模范劳动关系和谐企业、山东省级文明单位、"富民兴鲁"劳动奖状、山东省职工技术创新竞赛示范企业等称号,2022年被评定为山东省省级健康企业。

三、主要做法

电力分公司始终坚持体系思维,围绕"五环管理法"即制度环、环境环、安全环、健康环、文化环,在"制度建设、环境保护、安全生产、健康管理、文化兴企"五个方面,持续探索实践,为分公司健康企业建设挖潜力、增动力、聚合力。

(一)制度为先,确保"制度零盲区"

加强组织保障,明确健康管理部门,设置完善员工健康管理岗位,配备专(兼)职人员负责健康管理工作,将健康管理工作纳入年度工作计划,所需费用纳入预算管理。与鸿港医院签订《党建引领油地融合、医疗服务优质共享战略合作协议》,组织开展全员健康管理问卷调查活动,共回收健康素养有效问卷3000余份、心理-社会-环境(PSE)调查有效问卷2300余份。民主协商真践实履,通过职代会、民主协商会、签订集体合同等形式,建立职工参与健康企业创建的协商机制,保障职工权益,构建和谐劳动关系。劳动保护抵御风险,组织职工自主选型劳保用品,兼顾性能和舒适性。2022年,公司投入专项资金配备防护用品,大力开展互助保障工作,组织为在职职工增加了一份重大疾病互助保障计划,开展在职职工综合互助保障计划续接工作,提升职工综合保障水平。

(二)环境为要,确保"环境零污染"

工作生活环境更加宜人。加强绿化养护和道路保洁,建设绿色宜人厂区环境,公司绿地率达35%。推行"7S"管理制度,开展现场"三标"建设、标准化办公室创建。

基础设施更加完备。持续改善偏远班站工作生活环境,3年来为一线职工配备冰箱、洗衣机等生活用品330件。为200多个外闯项目部配备健身器材、健康仪器,为外闯员工建立一家一册、一人一档,解除外闯员工后顾之忧。

根据公司作业风险因素,建成"健康安全体感实训室",打造黄河三角洲首个健康安全体感实训基地。成立"职业健康实训室"和"健康管理创新工作室",组建16个劳模工匠创新工作室,其中2家被评为省级创新工作室,硬件设施更加完备。

职业卫生"三同时"更加精准。明确"三同时"运行节点及部门职责,严抓建设项目预评价、专篇审查、控制效果评价、防护设施竣工验收全流程管控。实施限时督办,超期提醒,把"三同时"审批手续作为项目开工报告的前置条件,杜绝违规开工。

(三)安全为天,确保"安全零事故"

双重预防机制夯实根基。持续深化健康安全双重预防机制建设,全员参与风险识别评价,从设备设施和作业活动两个维度,建立风险管控措施清单,实施隐患排查治理。委托专业机构专项开展职业健康风险识别评估,综合考虑危害因素的危害程度、暴露强度、接触时间、接触人数、管理措施等因素,对作业场所职业病危害风险实施分级管控。通过精准有效管控风险,实现关口前移、预防为主,从根本上防范事故发生。

全员岗位安全生产(HSE)管理体系对标对表。坚持"安全就是最大的健康"理念,持续推动健康安全体系建设。修订《HSE管理手册》,制订HSE责任制和工作清单1224个,建立层次清晰、分级负责、覆盖全员的责任体系。

健全职业健康管理制度、操作规程和职业健康档案,明确部门职责,规范管理流程。公司先后获得东营市、胜利油田安全生产先进单位。2022年公司对标行业先进标准,开展职业健康安全、质量、环境等五项体系认证,目前已通过第二阶段认证审核。

(四)健康为本,确保"健康零投诉"

体检增值服务多层次。每年投入400多万元资金,组织职工、在册家属全员健康查体。梳理整合查体项目，“量身订制”查体清单，设计并增加《健康体检调查问卷》《健康体检告知书》和《健康管理报告》，保证职工健康信息采集的科学性。

女职工健康多措施。推进女工“两癌”筛查、女工专项查体，开展女工三八定向跑、家庭运动会等趣味活动，开展幸福家庭大讲堂，促进女工身心健康，保证医疗服务多渠道。

创新医企协同机制，与东营市鸿港医院签订健康企业创建和职工健康服务创新基地协议，四年来为职工送健康服务3000余人次。畅通“京城-省城-油城”大病就医绿色通道。2021年，160余人次到北京、济南就医。

工艺技术多引进。实施变电站集控管理，实现设备远程操作，降低员工劳动强度，减少与设备直接接触概率。整合无人机、移动终端、可视化等视频资源，发挥智能识别和报警功能，帮助发现风险、消除隐患，保障员工人身安全。

（五）文化为魂，确保“文化零距离”

健康宣教持续深化。发挥基层“职工健康管理室”宣传引领作用，搭建温馨的心灵家园。连续4年与东营鸿港医院牵手开展“送健康、进基层”义诊讲座30余场次。

民生措施持续落地。深入开展“走基层、访万家”活动，建立“冬送温暖，夏送清凉，一年四季送关爱”的关爱帮扶机制，常态化开展帮扶慰问活动。

健康管理持续推进。以EAP工作室为依托，成立以16名兼职心理咨询师为骨干的“心福赋能”工作团队。编制《EAP与思想政治工作案例集》和《心福赋能》宝典，引导职工保持积极健康的心理状态。

共建共享持续壮大。公司27支志愿服务队620余名志愿者响应号召，协助属地政府防控排查70天，收到属地送来锦旗3面，胜利电力人责任与担当日渐凸显。

开展“职工健康达人”和“职业健康达人”评选活动，促进全员健康。2022年，公司健步走“追光队”获得山东省“云走齐鲁线上万人健步走”活动团体第二名的好成绩。

四、推进成效

（一）电力保障实现新突破

“守护国家能源安全、服务油田效益稳产、提高职工健康幸福指数”的目标更加清晰，向建设中国石油石化领先电力队伍的目标坚定迈进。开展“电力＋”衍生业务，为开发单位提供能源管控、能源替代、能源运维、能效提升绿能管家服务新模式，全员劳动生产率同比提升11%，用工水平领先同行业同规模5%。“胜利绿能”价值品牌更响。

（二）民生福祉实现新提升

以员工群众对美好生活的向往为目标，加强统一规划和宏观指导，加大资金、资源投入力度，统筹民生健康工程布局，推动健康企业特别是软硬件建设协调提升、全面进步。将“健康十二条”作为落实“电力员工关爱体系”的重要载体，深化“幸福一线、幸福员工”“走基层、访万家”“健康档案”和“EAP推广应用”等民生实事，逐步形成制度约束有硬度、措施推进有力度、关心关怀有温度的电力健康特色品牌工作。员工幸福指数明显提高，获得感更加充实，安全感更有保障。

(三)示范引领实现新跨越

公司党委将“发展为了谁、发展依靠谁、发展成果由谁共享”作为一切工作的出发点和落脚点,人人共建健康企业,人人共享健康成果。以普及健康生活、优化健康服务、完善健康保障、建设健康环境、发展健康产业为重点,深刻把握能源央企在中国式现代化全局中的独特作用,全力支撑胜利油田洁净能源规模化、生产过程低碳化,在打造“端牢能源饭碗”胜利电力样板中阔步前行。

五、经验启示

(一)“五环管理法”是全社会合力的实践

健康企业建设是企业全员参与、人人建设、人人享有的过程,员工是健康企业建设的主要受益者,也应该是主要参与者。通过“五环管理法”等一系列工作,以大卫生大健康为切入点不断推进健康企业建设。

(二)“五环管理法”是融入企业建设的实践

“五环管理法”把“健康”融入企业建设体系的每一个环节,让所有员工从对“健康”的认知,到认可和认同。通过制度体系的建设和实施,用制度规范和约束员工的行为,进一步通过制度强化使之形成习惯以促成整个企业的健康建设。

(三)“五环管理法”是应对后疫情时代的实践

当前新冠肺炎疫情仍在全球范围持续蔓延,国有企业要继续发挥抗疫精神,担当作为,主动承担,在保证企业职工生命健康的前提下,有序平稳地保障产业链的安全和稳定。

第四节　炼钢企业建设案例

一、建设主题

工作者是美丽的。

二、基本情况

山钢股份莱芜分公司炼钢厂是莱芜钢铁集团银山型钢有限公司骨干生产单位,省属国有企业,投产于1984年,现有职工1698人,女职工225人,共有120吨等转炉8座,异型坯、宽厚板坯等连铸机8台,主要采用铁水预处理-转炉-精炼-连铸的先进生产工艺,具备年产850万吨钢的生产能力。近三年,炼钢厂先后荣获山东省“职工职业道德建设标兵单位”、山东省冶金行业“职工信赖的职工之家”、山东省“群众体育先进单位”等荣誉称号,以及山钢集团首批“幸福和谐企业”、首批“全员平凡创新示范单位”、“女职工工作先进单位”等20余项荣誉称号。

三、主要做法

炼钢厂坚决落实《山东省健康企业建设活动实施方案》等决策部署，坚持以人为本、以职工为中心的发展导向，始终把健康企业建设作为广大职工践行新发展理念的重要抓手，全力打造以“六个之家”为核心的健康企业，实现了全面健康覆盖。主要经验及亮点工作如下：

（一）打造“学习之家”，提高职工综合素养

注重健康知识普及，利用炼钢信息港、微信公众号等网络媒体有效传播健康知识，累计编发《收获快乐心情、展现健康面貌》《戒除吸烟恶习、拥抱清新与健康》等6个专题20余篇健康类形势任务教育材料，并先后邀请济南市第八人民医院等多名专家教授到厂授课，引导职工关注健康、关心健康、关爱健康。

注重职业素养教育，制定《职工素质提升三年规划方案》，统筹推进管理人员、专业技术骨干、技能人才等八个群体培训，并构建了管理人员“试用制”、技术骨干“熔炼制”、后备人才“入库制”，为发现人才、储备人才、使用人才打下良好基础。注重创新能力培育，率先开发全员岗位创新管理平台，倡导了“首提首创、合力共创、张榜招贤”三种创新模式，使创新成果渐成“燎原之势”。今年以来，职工累计提报创新项目6000余项。

（二）打造“真情之家”，真心办实事、解难事

充分保障职工健康，建立全面健康档案，系统掌握职工身体状况，在此基础上，制定完善员工健康病防治、职业病危害隐患排查、职业卫生与健康教育管理、标准化操作规程、健康应急救援等60余项管理制度，员工自我健康意识、主动寻求健康的能力全面提升。充分保障职工安全，坚持把安全作为履职尽责的首要工作，扎实开展“大学习大培训大考试”，压实包保责任制、全员责任制；扎实开展“大排查大整治大提升”，今年累计消除隐患4093项，并投资3000余万元用于安全本质化改造，切实筑牢安全生产防线。

充分做好为民实事，制定《人文关怀工作机制》，大力推行“六必谈、六必访、六必管、六必清”，集中力量每年为职工办十件实事，实现了工作上激励、成长上帮助、精神上鼓励、心灵上关怀、生活上关心。

其中新区食堂升级及班中餐补等受到职工高度好评；与国家知名医院联合开通重疾绿色通道，让职工寻医就医更加便捷。三年来，累计用于发放慰问金、帮扶金及各类普惠服务达到200余万元，除餐补外人均普惠达到1000元。

（三）打造“和谐之家”，推动企业和谐稳定

维护职工合法权益。着力畅通职工反映问题渠道，先后开通了“职工代表直通车”“领导信箱”“职工快线”等，第一时间解答回复职工提出的问题，切实做到了“有提问必答复、有建议必反馈、有问题必解决”。

强化厂务公开，建立厂、车间、班组三级厂务公开清单。对涉及职工切实利益的重大事项、职工关心的热点问题及时公开，全面接受监督，保障职工知情权，如职工劳保护品发放、安全专项费用使用情况、绩效工资发放情况、职工等级评定情况等均定期进行公示，稳定劳动关系。

严格按照要求与每名职工签订劳动合同，为职工按期缴纳“五险二金”，并为全体职工

办理安康互助、职工互助保障等意外保险项目，进一步为职工提供全方位的安全健康保障。三年来，累计为5742人次缴纳安康保险互助金57420元，为4056人次缴纳济南市职工互助金81120元。

（四）打造“心灵之家”，塑造全员阳光心态

高标准建设心理疏导中心。与北京师范大学共建了心理疏导中心，并将现有的个体咨询室、心理沙盘室、宣泄室、放松室和团体辅导室设施进行更新升级，使职工的心灵有一个宣泄疏导、放松疗养的环境。

全方位开展心理诊断，增强员工心理调适能力。定期举办形式多样的心理健康讲座、专题沙龙，继续普及心理学知识。先后组织《构建和谐幸福家庭》《我的工作状态我做主》和《如何管理自己的情绪》等专家讲座。组织全体职工参观心理疏导中心、做心理沙盘游戏，开展“不抱怨的世界”紫手环练习，推动心理疏导工作不断从“学习认知”到“应用实践”推进。用好心理学技术和工具，提升员工心理疏导质量。

构建幸福教练专业团队。24名幸福教练获得国家心理咨询师证，协助开展全员心理健康状况测评，采用抑郁焦虑自评量表、卡特16种人格因素测试等手段，科学地对员工的心理状况进行把握，使思想政治工作更加科学、更加有针对性，从而使职工感到组织的工作更加贴心。

（五）打造“活力之家”，丰富职工业余生活

注重活动阵地建设，加大文体设施投入力度。对篮球馆进行了设备设施升级，并新建了乒乓球、台球、瑜伽等健身馆，定期维护各类设施，为全厂甚至整个钢城区提供了舒适方便的健身场所。

注重协会功能发挥。重新整合了20个文体协会，修订了协会章程，引导协会独立开展活动，承担实际工作，在各项群众性体育赛事中发挥了重要作用。

注重全员全面参与，坚持举办职工文化体育艺术节。近三年，先后组织了“幸福和谐我争先”职工健步走、“幸福炼钢，羽你同行”羽毛球赛、“强体魄、提素质、争当新时代炼钢工人”职工气排球赛、元旦游园等特色活动20余次，近千余名职工参加，达到了锻炼身体、熔炼团队、拓展品格的作用。

（六）打造“智慧之家”，构建“互联网+健康”新模式

加快推进智能制造。制定《“智慧炼钢”实施纲要》，聚焦操作难度大、劳动强度高、危险系数大的作业，通过以人为本的文化体系、集约智能的生产体系、科学高效的管理体系“三路并进”，初步建成了智能制造示范产线，以及操控中心、管控中心、集控中心，有效控制影响健康的工作方式。

加快推进新旧动能转换。投资10亿元用于老区改造升级，推动5G、物联网、大数据、云计算、人工智能等最先进信息技术、工业技术、管理技术在生产现场落地，实现布局合理化、装备现代化、制造智能化、发展绿色化的目标。

（张晓强，李俊，赵一鸣，王晔，徐向阳，邵敏）

参考文献

[1]张忠彬，樊晶光，张建芳.健康企业建设[M].上海：应急管理出版社，2021.

[2]顾沈兵.健康企业建设工作实务[M].上海：上海科学技术出版社，2021.

[3]孙新，李霜.健康企业建设评估技术指南[M].北京：人民卫生出版社，2020.

[4]易桂林，张玲.健康企业管理与事务[M].武汉：武汉大学出版社，2022.

[5]张东献.健康企业建设实践探索[M].海口：海南出版社，2022.

[6]方正举.浅谈企业政工对健康企业文化的塑造[J].才智，2012(10)：230.

[7]国家卫生健康委职业健康司.2022 年全国重点人群职业健康素养水平为 52.6%[J].职业卫生与应急救援，2023，41(04)：441.

[8]广汽本田汽车有限公司.积极开展健康企业建设 全面提升员工健康水平[J].健康中国观察，2023(04)：60-61.

[9]甘肃省定西市卫生健康委.以健康企业建设为抓手 扎实推进职业健康保护行动[J].健康中国观察，2023(09)：68.

[10]李霜，李涛，任军，等.我国健康企业建设思路与内容框架[J].中国职业医学，2018，45(06)：665-668.

[11]张鸽.健康促进企业和健康企业的内涵与实践辨析[J].中国工业医学杂志，2022，35(05)：466-470.

[12]张巧耘.整合力量建设健康企业 共同促进职业人群健康[J].健康中国观察，2023(06)：69-71.

[13]朱燕.建设健康企业打造健康城市之窗[N].中国家庭报，2023-08-17(005).

附　录

附录 1　《健康中国行动(2019—2030)》之"职业健康保护行动"

我国是世界上劳动人口最多的国家,2017 年我国就业人口 7.76 亿人,占总人口的 55.8%,多数劳动者职业生涯超过其生命周期的二分之一。工作场所接触各类危害因素引发的职业健康问题依然严重,职业病防治形势严峻、复杂,新的职业健康危害因素不断出现,疾病和工作压力导致的生理、心理等问题已成为亟待应对的职业健康新挑战。实施职业健康保护行动,强化政府监管职责,督促用人单位落实主体责任,提升职业健康工作水平,有效预防和控制职业病危害,切实保障劳动者职业健康权益,对维护全体劳动者身体健康、促进经济社会持续健康发展至关重要。

行动目标:

到 2022 年和 2030 年,劳动工时制度得到全面落实;工伤保险参保人数稳步提升,并于 2030 年实现工伤保险法定人群参保全覆盖;接尘工龄不足 5 年的劳动者新发尘肺病报告例数占年度报告总例数的比例实现明显下降并持续下降;辖区职业健康检查和职业病诊断服务覆盖率分别达到 80%及以上和 90%及以上;重点行业的用人单位职业病危害项目申报率达到 90%及以上;工作场所职业病危害因素检测率达到 85%及以上,接触职业病危害的劳动者在岗期间职业健康检查率达到 90%及以上;职业病诊断机构报告率达到 95%及以上。

提倡重点行业劳动者对本岗位主要危害及防护知识知晓率达到 90%及以上并持续保持;鼓励各用人单位做好员工健康管理、评选"健康达人",其中国家机关、学校、医疗卫生机构、国有企业等用人单位应支持员工率先树立健康形象,并给予奖励;对从事长时间、高强度重复用力、快速移动等作业方式以及视屏作业的人员,采取推广先进工艺技术、调整作息时间等措施,预防和控制过度疲劳和工作相关肌肉骨骼系统疾病的发生;采取综合措施降低或消除工作压力。

——劳动者个人:

1.倡导健康工作方式。积极传播职业健康先进理念和文化。国家机关、学校、医疗卫生机构、国有企业等单位的员工率先树立健康形象,争做“健康达人”。

2.树立健康意识。积极参加职业健康培训,学习和掌握与职业健康相关的各项制度、标准,了解工作场所存在的危害因素,掌握职业病危害防护知识、岗位操作规程、个人防护用品的正确佩戴和使用方法。

3.强化法律意识,知法、懂法。遵守职业病防治法律、法规、规章。接触职业病危害的劳动者,定期参加职业健康检查;罹患职业病的劳动者,建议及时诊断、治疗,保护自己的合法权益。

4.加强劳动过程防护。劳动者在生产环境中长期接触粉尘、化学危害因素、放射性危害因素、物理危害因素、生物危害因素等可能引起相关职业病。建议接触职业病危害因素的劳动者注意各类危害的防护,严格按照操作规程进行作业,并自觉、正确地佩戴个人职业病防护用品。

5.提升应急处置能力。学习掌握现场急救知识和急性危害的应急处置方法,能够做到正确的自救、互救。

6.加强防暑降温措施。建议高温作业、高温天气作业等劳动者注意预防中暑。可佩戴隔热面罩和穿着隔热、通风性能良好的防热服,注意使用空调等防暑降温设施进行降温。建议适量补充水、含食盐和水溶性维生素等防暑降温饮料。

7.长时间伏案低头工作或长期前倾坐姿职业人群的健康保护。应注意通过伸展活动等方式缓解肌肉紧张,避免颈椎病、肩周炎和腰背痛的发生。在伏案工作时,需注意保持正确坐姿,上身挺直;调整椅子的高低,使双脚刚好合适地平踩在地面上。长时间使用电脑的,工作时电脑的仰角应与使用者的视线相对,不宜过分低头或抬头,建议每隔 1～2 小时休息一段时间,向远处眺望,活动腰部和颈部,做眼保健操和工间操。

8.教师、交通警察、医生、护士等以站姿作业为主的职业人群的健康保护。站立时,建议两腿重心交替使用,防止静脉曲张,建议通过适当走动等方式保持腰部、膝盖放松,促进血液循环;长时间用嗓的,注意补充水分,常备润喉片,预防咽喉炎。

9.驾驶员等长时间固定体位作业职业人群的健康保护。建议合理安排作业时间,做到规律饮食,定时定量;保持正确的作业姿势,将座位调整至适当的位置,确保腰椎受力适度,并注意减少震动,避免颈椎病、肩周炎、骨质增生、坐骨神经痛等疾病的发生;作业期间注意间歇性休息,减少憋尿,严禁疲劳作业。

——用人单位:

1.鼓励用人单位为劳动者提供整洁卫生、绿色环保、舒适优美和人性化的工作环境,采取综合预防措施,尽可能减少各类危害因素对劳动者健康的影响,切实保护劳动者的健康权益。倡导用人单位评选“健康达人”,并给予奖励。

2.鼓励用人单位在适宜场所设置健康小贴士,为单位职工提供免费测量血压、体重、腰围等健康指标的场所和设施,一般情况下,开会时间超过 2 小时安排休息 10～15 分钟。鼓励建立保护劳动者健康的相关制度,如工间操制度、健身制度、无烟单位制度等。根据用人单位的职工人数和职业健康风险程度,依据有关标准设置医务室、紧急救援站、有毒气体防护站,配备急救箱等装备。

3.新建、扩建、改建建设项目和技术改造、技术引进项目可能产生职业病危害的,建设单位应当依法依规履行建设项目职业病防护措施“三同时”(即建设项目的职业病防护设施与主体工程同时设计、同时施工、同时投入生产和使用)制度。鼓励用人单位优先采用有利于防治职业病和保护员工健康的新技术、新工艺、新设备、新材料,不得生产、经营、进口和使用国家明令禁止使用的可能产生职业病危害的设备或材料。对长时间、高强度、重复用力、快速移动等作业方式,采取先进工艺技术、调整作息时间等措施,预防和控制过度疲劳和相关疾病发生。采取综合措施降低或消除工作压力,预防和控制其可能产生的不良健康影响。

4.产生职业病危害的用人单位应加强职业病危害项目申报、日常监测、定期检测与评价,在醒目位置设置公告栏,公布工作场所职业病危害因素检测结果和职业病危害事故应急救援措施等内容,对产生严重职业病危害的作业岗位,应当在其醒目位置,设置警示标识和中文警示说明。

5.产生职业病危害的用人单位应建立职业病防治管理责任制,健全岗位责任体系,做到责任到位、投入到位、监管到位、防护到位、应急救援到位。用人单位应当根据存在的危害因素,设置或者指定职业卫生管理机构,配备专兼职的职业卫生管理人员,开展职业病防治、职业健康指导和管理工作。

6.用人单位应建立完善的职业健康监护制度,依法组织劳动者进行职业健康检查,配合开展职业病诊断与鉴定等工作。对女职工定期进行妇科疾病及乳腺疾病的查治。

7.用人单位应规范劳动用工管理,依法与劳动者签订劳动合同,合同中应明确劳动保护、劳动条件和职业病危害防护、女职工劳动保护及女职工禁忌劳动岗位等内容。用人单位应当保证劳动者休息时间,依法安排劳动者休假,落实女职工产假、产前检查及哺乳时间,杜绝违法加班;要依法按时足额缴纳工伤保险费。鼓励用人单位组建健康指导人员队伍,开展职工健康指导和管理工作。

——政府:

1.研究修订《中华人民共和国职业病防治法》等法律法规,制修订职业病防治部门规章。梳理、分析、评估现有职业健康标准,以防尘、防毒、防噪声、防辐射为重点,以强制性标准为核心,研究制定、修订出台更严格、有效的国家职业健康标准和措施,完善职业病防治法规标准体系。加强对新型职业危害的研究识别、评价与控制,组织开展相关调查,研究制定规范标准,提出防范措施,适时纳入法定管理,以应对产业转型、技术进步可能产生的职业健康新问题。(卫生健康委牵头,科技部、司法部、市场监管总局按职责分工负责)

2.研发、推广有利于保护劳动者健康的新技术、新工艺、新设备和新材料。以职业性尘肺病、噪声聋、化学中毒为重点,在矿山、建材、金属冶炼、化工等行业领域开展专项治理。严格源头控制,引导职业病危害严重的用人单位进行技术改造和转型升级。推动各行业协会制订并实施职业健康守则。(卫生健康委牵头,发展改革委、科技部、工业和信息化部、国务院国资委按职责分工负责)

3.完善职业病防治技术支撑体系，按照区域覆盖、合理配置的原则，加强职业病防治机构建设，做到布局合理、功能健全。设区的市至少有1家医疗卫生机构承担本辖区内职业病诊断工作，县级行政区域原则上至少有1家医疗卫生机构承担本辖区职业健康检查工作。充分发挥各类职业病防治机构在职业健康检查、职业病诊断和治疗康复、职业病危害监测评价、职业健康风险评估等方面的作用，健全分工协作、上下联动的工作机制。加强专业人才队伍建设，鼓励高等院校扩大职业卫生及相关专业招生规模。推动企业职业健康管理队伍建设，提升企业职业健康管理能力。（卫生健康委牵头，发展改革委、教育部、财政部、人力资源社会保障部按职责分工负责）

4.加强职业健康监管体系建设，健全职业健康监管执法队伍，重点加强县（区）、乡镇（街道）等基层执法力量，加强执法装备建设。加大用人单位监管力度，督促用人单位切实落实职业病防治主体责任。（卫生健康委牵头，发展改革委、财政部按职责分工负责）

5.以农民工尘肺病为切入点，进一步加强对劳务派遣用工单位职业病防治工作的监督检查，优化职业病诊断程序和服务流程，提高服务质量。对加入工伤保险的尘肺病患者，加大保障力度；对未参加工伤保险的，按规定通过医疗保险、医疗救助等保障其医疗保障合法权益。加强部门间信息共享利用，及时交流用人单位职业病危害、劳动者职业健康和工伤保险等信息数据。（卫生健康委牵头，发展改革委、民政部、人力资源社会保障部、医保局按职责分工负责）

6.改进职业病危害项目申报工作，建立统一、高效的监督执法信息管理机制。建立完善工作场所职业病危害因素检测、监测和职业病报告网络。适时开展工作场所职业病危害因素监测和职业病专项调查，系统收集相关信息。开展“互联网＋职业健康”信息化建设，建立职业卫生和放射卫生大数据平台，利用信息化提高监管效率。（卫生健康委牵头，发展改革委、财政部按职责分工负责）

7.将“健康企业”建设作为健康城市建设的重要内容，逐步拓宽丰富职业健康范围，积极研究将工作压力、肌肉骨骼疾病等新职业病危害纳入保护范围。推进企业依法履行职业病防治等相关法定责任和义务，营造企业健康文化，履行企业社会责任，有效保障劳动者的健康和福祉。（卫生健康委牵头，人力资源社会保障部、国务院国资委、全国总工会、全国妇联按职责分工负责）

附录 2　健康企业建设规范(试行)

健康企业是健康“细胞”的重要组成之一,通过不断完善企业管理制度,有效改善企业环境,提升健康管理和服务水平,打造企业健康文化,满足企业员工健康需求,实现企业建设与人的健康协调发展。健康企业建设坚持党委政府领导、部门统筹协调、企业负责、专业机构指导、全员共建共享的指导方针,按照属地化管理、自愿参与的原则,面向全国各级各类企业开展。

第一章　建立健全管理制度

第一条　企业成立健康企业建设工作领导小组。制订健康企业工作计划,明确部门职责并设专兼职人员负责健康企业建设工作。鼓励企业设立健康企业建设专项工作经费,专款专用。

第二条　结合企业性质、作业内容、劳动者健康需求和健康影响因素等,建立完善与劳动者健康相关的各项规章制度,如劳动用工制度、职业病防治制度、建设项目职业病防护设施“三同时”管理制度、定期体检制度、健康促进与教育制度等。保障各项法律法规、标准规范的贯彻执行。

第三条　规范企业劳动用工管理,依法与劳动者签订劳动合同,明确劳动条件、劳动保护和职业病危害防护措施等内容,按时足额缴纳工伤保险保费。鼓励企业为员工投保大病保险。

第四条　完善政府、工会、企业共同参与的协商协调机制,构建和谐劳动关系。采取多种措施,发动员工积极参与健康企业建设。

第二章　建设健康环境

第五条　完善企业基础设施,按照有关标准和要求,为劳动者提供布局合理、设施完善、整洁卫生、绿色环保、舒适优美和人性化的工作生产环境,无卫生死角。

第六条　废气、废水、固体废物排放和贮存、运输、处理符合国家、地方相关标准和要求。

第七条　开展病媒生物防制,鼠、蚊、蝇、蟑螂等病媒生物密度得到有效控制,符合国家卫生标准和要求。

第八条　工作及作业环境、设备设施应当符合工效学要求和健康需求。工作场所采光、照明、通风、保温、隔热、隔声、污染物控制等方面符合国家、地方相关标准和要求。

第九条　全面开展控烟工作,打造无烟环境。积极推动室内工作场所及公共场所等全面禁烟,设置显著标识,企业内无烟草广告和促销。

第十条　加强水质卫生管理,确保生活饮用水安全。

第十一条　企业内部设置的食堂应当符合《食品安全法》相关规定要求,达到食品安全管理等级B级以上;未设置食堂的,就餐场所不能与存在职业性有害因素的工作场所相毗邻,并应当设置足够数量的洗手设施。

第十二条 厕所设置布局合理、管理规范、干净整洁。

第十三条 落实建设项目职业病防护设施“三同时”(同时设计、同时施工、同时投入生产和使用)制度,做好职业病危害预评价、职业病防护设施设计及竣工验收、职业病危害控制效果评价。

第三章 提供健康管理与服务

第十四条 鼓励依据有关标准设立医务室、紧急救援站等,配备急救箱等设备。企业要为员工提供免费测量血压、体重、腰围等健康指标的场所和设施。

第十五条 建立企业全员健康管理服务体系,建立健康检查制度,制订员工年度健康检查计划,建立员工健康档案。设立健康指导人员或委托属地医疗卫生机构开展员工健康评估。

第十六条 根据健康评估结果,实施人群分类健康管理和指导,降低职业病及肥胖、高血压、糖尿病、高脂血症等慢性病患病风险。

第十七条 制订防控传染病、食源性疾病等健康危害事件的应急预案,采取切实可行措施,防止疾病传播流行。

第十八条 鼓励设立心理健康辅导室。制订并实施员工心理援助计划,提供心理评估、心理咨询、教育培训等服务。

第十九条 组织开展适合不同工作场所或工作方式特点的健身活动。完善员工健身场地及设施,开展工间操、眼保健操等工作期间劳逸结合的健康运动。

第二十条 落实《女职工劳动保护特别规定》,加强对怀孕和哺乳期女职工的关爱和照顾。积极开展婚前、孕前和孕期保健,避免孕前、孕期、哺乳期妇女接触有毒有害物质和放射线。将妇科和乳腺检查项目纳入女职工健康检查。企业应当根据女职工的需要按规定建立女职工卫生室、孕妇休息室、哺乳室、母婴室等设施。

第二十一条 企业主要负责人和职业卫生管理人员应当遵守职业病防治法律、法规,依法组织本单位的职业病防治工作。建立健全职业卫生管理制度、操作规程、职业卫生档案和工作场所职业病危害因素监测及评价制度,实施工作场所职业病危害因素日常监测和定期检测、评价。

第二十二条 对存在或者产生职业病危害的工作场所设置警示标识和中文警示说明。对产生严重职业病危害的工作岗位,应当设置职业病危害告知卡。对可能导致急性职业损伤的有毒、有害工作场所,应当设置报警装置,配置现场急救用品、冲洗设备、应急撤离通道和必要的泄险区。建立健全职业病危害事故应急救援预案。

第二十三条 建立完善职业健康监护制度,对从事接触职业病危害作业的劳动者进行上岗前、在岗期间和离岗时的职业健康检查。规范建立职业健康监护档案并定期评估,配合做好职业病诊断与鉴定工作。妥善安置有职业禁忌、职业相关健康损害和患有职业病的员工，保护其合法权益。依法依规安排职业病患者进行治疗、康复和定期检查。对从事接触职业病危害的作业的劳动者，给予适当岗位津贴。

第二十四条　优先采用有利于防治职业病和保护劳动者健康的新技术、新工艺、新设备、新材料，逐步替代职业病危害严重的技术、工艺、设备、材料。

第二十五条　企业主要负责人、职业卫生管理人员接受职业卫生培训。对劳动者进行上岗前的职业卫生培训和在岗期间的定期职业卫生培训，普及职业卫生知识，增强职业病防范意识和能力。

第四章　营造健康文化

第二十六条　通过多种传播方式，广泛开展健康知识普及，倡导企业员工主动践行合理膳食、适量运动、戒烟限酒等健康生活方式。积极传播健康先进理念和文化，鼓励员工率先树立健康形象，鼓励评选“健康达人”，并给予奖励。

第二十七条　定期组织开展传染病、慢性病和职业病防治及心理健康等内容的健康教育活动，提高员工健康素养。

第二十八条　定期对食堂管理和从业人员开展营养、平衡膳食和食品安全相关培训。

第二十九条　关爱员工身心健康，构建和谐、平等、信任、宽容的人文环境。采取积极有效措施预防和制止工作场所暴力、歧视和性骚扰等。

第三十条　切实履行社会责任，积极参与无偿献血等社会公益活动。

附录 3　山东省健康企业建设评估表(2022 年版)

申报单位：　　　　　评估时间：　　年　月　日

基本条件	评估结果
企业主要负责人书面承诺组织开展健康企业建设。	□符合　□不符合
近 3 年内未发生因防控措施不力导致的甲、乙类传染病暴发流行和群体性食源性疾病等事故。	□符合　□不符合
近 3 年内未发生重大职业健康安全责任事故,且上一年度未发生职业健康安全责任事故造成的死亡事件。	□符合　□不符合
近 3 年内未发生企业过失造成的重大突发环境事件。	□符合　□不符合
近 3 年内信用等级在 A 级以上或无失信信息。	□符合　□不符合
可能产生职业病危害的用人单位依法依规开展建设项目职业病防护设施“三同时”、职业病危害因素定期检测和职业病危害现状评价、职业健康检查、职业病危害申报工作。	□符合　□不符合

注:基本条件无不符合项,继续进行评估;

基本条件有任一不符合项,则不具备健康企业申报基本条件,停止评估。

一级指标	二级指标	三级指标	分值	评估方式	得分
管理制度(200 分)	组织保障(40 分)	1.成立健康企业建设工作领导小组,由主要领导担任负责人。	20 分	资料审查	
		2.明确健康企业建设管理部门及职责。	20 分	资料审查 现场勘察	
	人员保障(20 分)	3.配备健康企业建设专(兼)职管理人员。	20 分	资料审查	
	制度保障(60 分)	4.制订健康企业工作计划及实施方案。	15 分	资料审查	
		5.建立完善与劳动者健康相关的各项制度。	30 分	资料审查	
		6.落实企业民主协商制度,建立全体员工共同参与健康企业建设的协商协调机制,构建和谐劳动关系。	15 分	资料审查 访谈	
	经费保障(20 分)	7.设立健康企业建设专项工作经费,专款专用。	20 分	资料审查	
	合同及参保情况(40 分)	8.依法与劳动者签订劳动合同,并将工作过程中可能产生的职业病危害及其后果、职业病危害防护措施和待遇等如实告知劳动者。	15 分	资料审查	
		9.按时、足额缴纳工伤保险、医疗保险保费。	25 分	资料审查	
	全员参与(20 分)	10.采取多种措施,调动员工积极参与健康企业建设。	20 分	资料审查 访谈	

续表

一级指标	二级指标	三级指标	分值	评估方式	得分
健康环境（200 分）	一般环境（130 分）	11.基础设施完善。	15 分	现场勘察	
		12.生产环境布局合理，生产布局符合国家相关标准要求。	10 分	资料审查 现场勘察	
		13.环境整洁，无卫生死角。	10 分	现场勘察	
		14.绿化覆盖率和绿地率满足国家绿化工作要求。	10 分	资料审查 现场勘察	
		15.废气、废水、固体废物排放和贮存、运输、处理符合国家、地方相关标准和要求。	10 分	资料审查 现场勘察	
		16.有效落实病媒生物防制，鼠、蚊、蝇、蟑螂等病媒生物密度得到有效控制，符合国家卫生标准和要求。	15 分	资料审查 现场勘察	
		17.全面开展控烟工作，打造无烟环境。积极推动室内工作场所及公共场所等全面禁止吸烟，设置显著禁烟标识，企业内无烟草广告和促销。	20 分	资料审查 现场勘察 访谈	
		18.加强水质卫生管理，保障生活饮用水安全。	15 分	资料审查	
		19.企业内设食堂应符合《食品安全法》相关规定要求。未设置食堂的，就餐场所不能与存在职业性有害因素的工作场所相毗邻。	15 分	资料审查 现场勘察	
		20.厕所设置布局合理、管理规范、干净整洁。	10 分	资料审查 现场勘察	
	工作场所环境（70 分）	21.工作及作业环境、设备设施符合工效学要求和健康需求。	20 分	现场勘察 访谈	
		22.工作场所采光、照明、通风、保温、隔热、隔声、污染物控制等方面符合国家、地方相关标准和要求。	20 分	资料审查 现场勘察	
		23.落实建设项目职业病防护设施“三同时”制度，做好职业病危害预评价、职业病防护设施设计、职业病危害控制效果评价及竣工验收。*	30 分	资料审查	

续表

一级指标	二级指标	三级指标	分值	评估方式	得分
健康管理与服务（450分）	一般健康管理与服务（100分）	24.根据用人单位的职工人数和职业安全健康风险程度，依据有关标准设置医务室、紧急救援站、有毒气体防护站等；医务室配备医生、护士等健康管理人员。	10分	资料审查 现场勘察	
		25.为员工提供免费测量血压、体重、腰围等健康指标的场所和设施。	10分	现场勘察	
		26.制订员工年度健康检查计划，建立员工健康档案。	15分	资料审查	
		27.开展员工健康评估并实施分类健康管理和指导。	10分	资料审查 访谈	
		28.制订传染病、食源性疾病等防控应急预案，防止疾病传播流行。	15分	资料审查	
		29.完善员工健身场地及设施，组织开展适合不同工作场所或工作方式特点的群体性健身活动。	20分	资料审查 现场勘察 访谈	
		30.开展婚前、孕前和孕期保健。	10分	资料审查 访谈	
		31.开展女职工健康检查，检查项目覆盖妇科和乳腺检查。	10分	资料审查	
	心理健康管理与服务（50分）	32.设立心理健康辅导室。	10分	现场勘察 访谈	
		33.制订并实施员工心理援助计划。	20分	资料审查	
		34.提供心理评估、心理咨询、教育培训等服务。	20分	资料审查 访谈	
	职业健康管理与服务（300分）	35.落实《女职工劳动保护特别规定》，加强对怀孕和哺乳期女职工的关爱和照顾。女职工较多的企业按规定建立女职工卫生室、孕妇休息室、哺乳室、母婴室等辅助设施。	10分	资料审查 现场勘察	
		36.对作业场所职业病危害因素进行识别，确定接触职业病危害的作业岗位。*	20分	资料审查 现场勘察	
		37.实施工作场所职业健康风险评估。*	20分	资料审查	
		38.建立企业职业病危害风险管控措施清单，对接触职业病危害的作业岗位实施风险管控。*	20分	资料审查 现场勘察	

续表

一级指标	二级指标	三级指标	分值	评估方式	得分
健康管理与服务（450 分）	职业健康管理与服务（300 分）	39.在醒目位置和重点区域设置公告栏，对职业病危害风险进行告知。＊	10 分	现场勘察	
		40.建立企业职业病危害隐患排查项目清单，实施职业病危害隐患排查。＊	30 分	资料审查	
		41.对职业病危害隐患实施治理和验收。＊	20 分	资料审查 现场勘察	
		42.企业主要负责人和职业卫生管理人员接受职业卫生培训，遵守职业病防治法律、法规，依法组织本单位的职业病防治工作。＊	10 分	资料审查 访谈	
		43.组织劳动者进行上岗前的职业卫生培训和在岗期间的定期职业卫生培训。＊	10 分	资料审查 访谈	
		44.建立健全职业卫生管理制度、操作规程、职业卫生档案和工作场所职业病危害因素监测及评价制度。＊	10 分	资料审查	
		45.实施工作场所职业病危害因素日常监测和定期检测、评价。＊	10 分	资料审查 现场勘察	
		46.在存在或者产生职业病危害的工作场所设置警示标识和中文警示说明；对存在或产生严重职业病危害的工作岗位设置职业病危害告知卡。＊	10 分	资料审查 现场勘察	
		47.采用有效的职业病防护设施；为员工提供符合国家职业卫生标准的职业病防护用品，并督促、指导员工正确佩戴和使用。＊	10 分	资料审查 现场勘察	
		48.对可能导致急性职业损伤的有毒、有害工作场所，设置报警装置，配置现场急救用品、冲洗设备、应急撤离通道和必要的泄险区。＊	10 分	资料审查 现场勘察	
		49.建立健全职业病危害事故应急救援预案。＊	10 分	资料审查 访谈	
		50.建立完善职业健康监护制度，对从事接触职业病危害作业的劳动者进行上岗前、在岗期间和离岗时的职业健康检查。＊	20 分	资料审查 访谈	
		51.建立职业健康监护档案并妥善保管。＊	10 分	资料审查	

续表

一级指标	二级指标	三级指标	分值	评估方式	得分
健康管理与服务(450分)	职业健康管理与服务(300分)	52.定期评估职业健康监护资料。*	10分	资料审查	
		53.配合做好职业病诊断与鉴定工作,安排疑似职业病患者依法进行职业病诊断,依法提供与职业病诊断、鉴定有关的职业卫生和健康监护等资料。*	10分	资料审查 访谈	
		54.妥善安置有职业禁忌、职业相关健康损害和患有职业病的员工。*	10分	资料审查 访谈	
		55.依法依规安排职业病患者进行治疗、康复和定期检查。*	10分	资料审查 访谈	
		56.对从事接触职业病危害作业的劳动者,给予岗位津贴。*	10分	资料审查 访谈	
		57.优先采用有利于防治职业病和保护劳动者健康的新技术、新工艺、新设备、新材料,替代职业病危害严重的技术、工艺、设备、材料。*	10分	资料审查 现场勘查 访谈	
健康文化(150分)	健康教育(60分)	58.广泛开展多种形式的健康知识普及,倡导健康生活方式和健康工作方式。	20分	资料审查 现场勘察	
		59.定期组织开展传染病、慢性病及心理健康等内容的健康教育活动,提高员工健康素养。	25分	资料审核 访谈	
		60.定期对食堂管理和从业人员开展营养、平衡膳食和食品安全相关培训。* *	15分	资料审查 访谈	
	企业文化(70分)	61.关爱员工身心健康,构建和谐、平等、信任、宽容的人文环境。	20分	资料审查 访谈	
		62.传播健康先进理念和文化。	15分	资料审查 现场勘察 访谈	
		63.采取积极有效措施预防和制止工作场所暴力、歧视和性骚扰等。	20分	资料审查 访谈	
		64.开展“健康达人”评选活动。	15分	资料审查 访谈	

续表

一级指标	二级指标	三级指标	分值	评估方式	得分
健康文化（150分）	社会责任（20分）	65.切实履行社会责任，积极参与社会公益活动。	20分	资料审查 访谈	

注：1.标注＊号的指标为存在职业病危害因素企业的特有指标，共320分；

2.如果申请企业不存在职业病危害因素，则自评估得分以非＊号项得分除以0.68计。例如，某企业不存在职业病危害因素，其非＊号项得分为650分，对自评估得分进行加权计算为650/0.68=955.88分；

3.如果申请企业存在职业病危害因素，则需要对所有指标进行评估，各项指标实际评估得分相加结果，即为评估得分；

4.标注＊＊号的指标，企业内部设置食堂或餐厅的，考核此项指标；未设置食堂或餐厅的企业，不考核此项指标，得分按照加权处理。

5.建设职业病危害风险管控和隐患排查治理双重预防体系并持续有效运行，加40分。

6.建立职业健康宣教与健康促进基地或职业健康体验场馆并有效运行，加40分。

7.开展争创“职业健康达人”活动并评选出不少于3人的职业健康达人，加20分。

8.企业自评估得分不包含加分项，加分项得分由专家组评估确定。

9.评估达到900分及以上的企业，通过省级健康企业评估；评估达到800分及以上不足900分的企业，通过市或县级健康企业评估。

附录4 健康企业自评报告编制提纲

第一部分:企业概况

此部分内容包括企业名称、性质、负责人、总人数、接触职业病危害人数、女职工数、生产经营范围、主要生产工艺、主要职业病危害因素、职业健康管理部门及人员设置情况等。

近三年企业在职业病防治、健康管理、传染病防治、安全生产、环境保护等方面获得县级以上荣誉情况。

第二部分:健康企业建设组织实施情况

1.基本条件符合情况

2.工作开展情况

(1)管理制度制定与运行。

(2)健康环境建设。

(3)提供的健康管理和服务。

(4)健康教育。

(5)健康文化。

(6)全员持续改进与提升。

(7)鼓励创新创造。

(8)健康素养提升。

(9)健康达人评选。

3.自评结果

对照《山东省健康企业建设评估技术指南》《健康企业建设评估表》,予以自评打分。

第三部分:健康企业建设成效及持续改进措施

1.健康企业建设效果,包括经济及社会效益

2.健康企业建设过程中的典型经验及工作亮点、存在问题

3.持续改进措施

附录5　山东省级健康企业申报流程

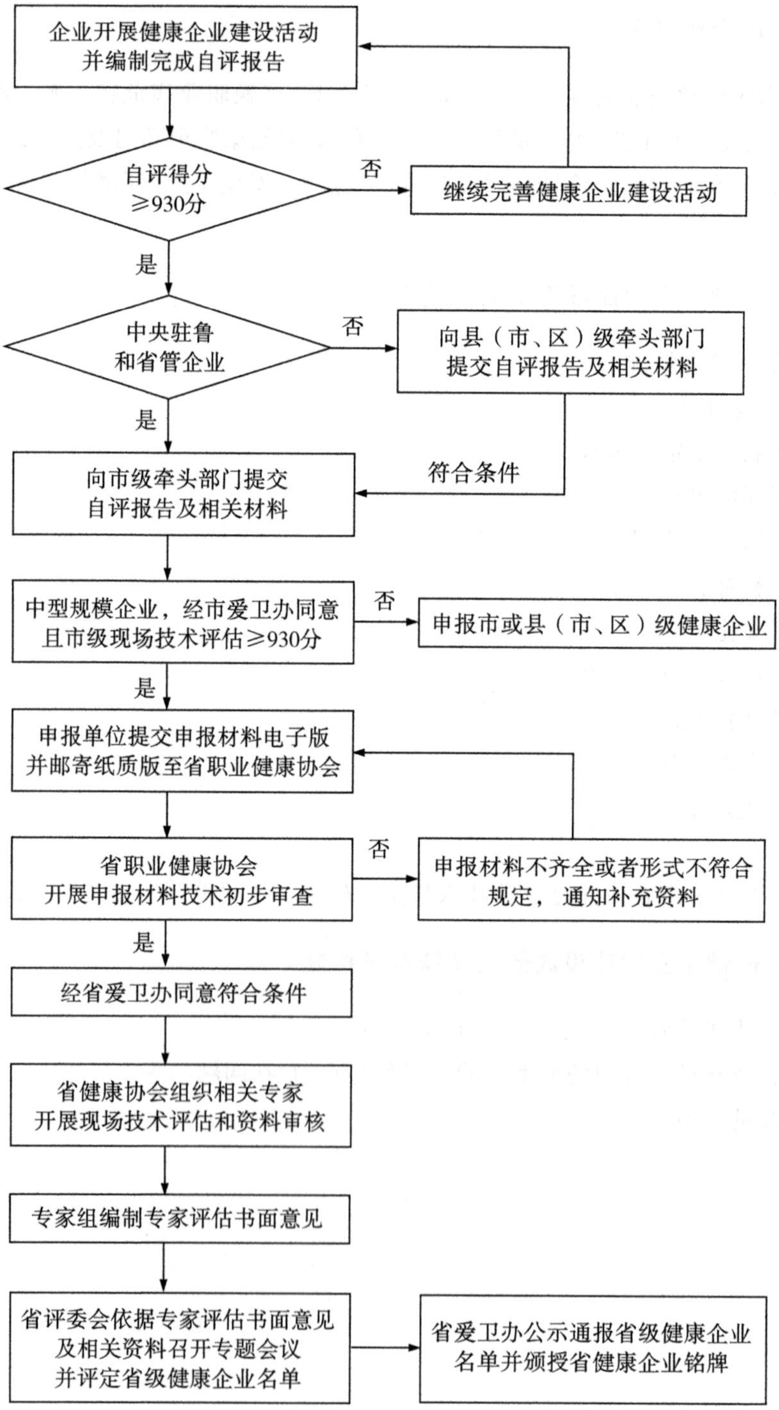

附录6 心理健康问卷调查表(参考)

焦虑自评量表
(Self-rating Anxiety Scale, SAS)

指导语:下面有二十条文字,请仔细阅读每一条,把意思弄明白,然后根据您近一星期的实际情况在适当的方格里画"√"。

1.我觉得比平时容易紧张或着急

A.没有或偶尔□ B.有时□ C.经常□ D.总是如此□

2.我无缘无故在感到害怕

A.没有或偶尔□ B.有时□ C.经常□ D.总是如此□

3.我容易心里烦乱或感到惊恐

A.没有或偶尔□ B.有时□ C.经常□ D.总是如此□

4.我觉得我可能将要发疯

A.没有或偶尔□ B.有时□ C.经常□ D.总是如此□

5.我觉得一切都很好

A.没有或偶尔□ B.有时□ C.经常□ D.总是如此□

6.我手脚发抖打颤

A.没有或偶尔□ B.有时□ C.经常□ D.总是如此□

7.我因为头疼、颈痛或背痛而苦恼

A.没有或偶尔□ B.有时□ C.经常□ D.总是如此□

8.我觉得容易衰弱或疲乏

A.没有或偶尔□ B.有时□ C.经常□ D.总是如此□

9.我觉得心平气和,并且容易安静坐着

A.没有或偶尔□ B.有时□ C.经常□ D.总是如此□

10.我觉得心跳得很快

A.没有或偶尔□ B.有时□ C.经常□ D.总是如此□

11.我因为一阵阵头晕而苦恼

A.没有或偶尔□ B.有时□ C.经常□ D.总是如此□

12.我有晕倒发作,或觉得要晕倒似的

A.没有或偶尔□ B.有时□ C.经常□ D.总是如此□

13.我吸气呼气都感到很容易

A.没有或偶尔□ B.有时□ C.经常□ D.总是如此□

14.我的手脚麻木和刺痛

A.没有或偶尔□ B.有时□ C.经常□ D.总是如此□

15.我因为胃痛和消化不良而苦恼

A.没有或偶尔□　　B.有时□　　C.经常□　　D.总是如此□

16.我常常要小便

A.没有或偶尔□　　B.有时□　　C.经常□　　D.总是如此□

17.我的手脚常常是干燥温暖的

A.没有或偶尔□　　B.有时□　　C.经常□　　D.总是如此□

18.我脸红发热

A.没有或偶尔□　　B.有时□　　C.经常□　　D.总是如此□

19.我容易入睡并且一夜睡得很好

A.没有或偶尔□　　B.有时□　　C.经常□　　D.总是如此□

20.我做噩梦

A.没有或偶尔□　　B.有时□　　C.经常□　　D.总是如此□

抑郁自评量表

(Self-rating Depression Scale,SDS)

抑郁自评量表(SDS)是美国教育卫生部推荐用于精神药理学研究的量表之一。

填表注意事项:下面有二十条题目,请仔细阅读每一条,每一条文字后有四个选项,分别表示:

A:没有或偶尔(过去一周内,出现这类情况的日子不超过 1 天);

B:有时(过去一周内,有 1～2 天有过这类情况);

C:经常(过去一周内,有 3～4 天有过这类情况);

D:总是如此(过去一周内,有 5～7 天有过这类情况)。

说明:根据你最近一个星期的实际情况在适当的方格里画"√"。

1.我觉得闷闷不乐,情绪低沉

A.没有或偶尔□ B.有时□ C.经常□ D.总是如此□

2.我觉得不安而平静不下来

A.没有或偶尔□ B.有时□ C.经常□ D.总是如此□

3.我一阵阵地哭出来或是想哭

A.没有或偶尔□ B.有时□ C.经常□ D.总是如此□

4.我晚上睡眠不好

A.没有或偶尔□ B.有时□ C.经常□ D.总是如此□

5.我比平常容易激动

A.没有或偶尔□ B.有时□ C.经常□ D.总是如此□

6.我认为如果我死了别人会生活得更好些

A.没有或偶尔□ B.有时□ C.经常□ D.总是如此□

7.我发觉我的体重在下降

A.没有或偶尔□ B.有时□ C.经常□ D.总是如此□

8.我有便秘的苦恼

A.没有或偶尔□ B.有时□ C.经常□ D.总是如此□

9.我心跳比平时快

A.没有或偶尔□ B.有时□ C.经常□ D.总是如此□

10.我无缘无故感到疲乏

A.没有或偶尔□ B.有时□ C.经常□ D.总是如此□

11.我的头脑和平时一样清楚

A.没有或偶尔□ B.有时□ C.经常□ D.总是如此□

12.我觉得经常做的事情并没有困难

A.没有或偶尔□ B.有时□ C.经常□ D.总是如此□

13.我觉得一天之中早晨最好

A.没有或偶尔□　　B.有时□　　C.经常□　　D.总是如此□

14.我对将来抱有希望

A.没有或偶尔□　　B.有时□　　C.经常□　　D.总是如此□

15.我吃得和平时一样多

A.没有或偶尔□　　B.有时□　　C.经常□　　D.总是如此□

16.我觉得做出决定是容易的

A.没有或偶尔□　　B.有时□　　C.经常□　　D.总是如此□

17.我觉得自己是个有用的人,有人需要我

A.没有或偶尔□　　B.有时□　　C.经常□　　D.总是如此□

18.我的生活过得很有意思

A.没有或偶尔□　　B.有时□　　C.经常□　　D.总是如此□

19.我与异性接触时和以往一样感到愉快

A.没有或偶尔□　　B.有时□　　C.经常□　　D.总是如此□

20.平常感兴趣的事我仍然照样感兴趣

A.没有或偶尔□　　B.有时□　　C.经常□　　D.总是如此□

匹茨堡睡眠质量指数量表

(Pittsburgh Sleep Quality Index, PSQI)

填表提示:以下的问题仅与你过去一个月的睡眠习惯有关。你应该对过去一个月中多数白天和晚上的睡眠情况作精确的回答,要回答所有的问题。

1.过去一个月你通常上床睡觉的时间是?上床睡觉的时间是:________________

2.过去一个月你每晚通常要多长时间(分钟)才能入睡?多少分钟:________________

3.过去一个月每天早上通常什么时候起床?起床时间:________________

4.过去一个月你每晚实际睡眠的时间有多少?每晚实际睡眠的时间:______________

5.过去一个月你是否因为以下问题而经常睡眠不好:

(1)不能在30分钟内入睡:

A.过去一个月没有□　　B.每周平均不足一个晚上□

C.每周平均一或两个晚上□　　D.每周平均三个或更多晚上□

(2)在晚上睡眠中醒来或早醒:

A.过去一个月没有□　　B.每周平均不足一个晚上□

C.每周平均一或两个晚上□　　D.每周平均三个或更多晚上□

(3)晚上起床上洗手间:

A.过去一个月没有□　　B.每周平均不足一个晚上□

C.每周平均一或两个晚上□　　D.每周平均三个或更多晚上□

(4)不舒服的呼吸:

A.过去一个月没有□　　B.每周平均不足一个晚上□

C.每周平均一或两个晚上□　　D.每周平均三个或更多晚上□

(5)大声咳嗽或打鼾声:

A.过去一个月没有□　　B.每周平均不足一个晚上□

C.每周平均一或两个晚上□　　D.每周平均三个或更多晚上□

(6)感到寒冷:

A.过去一个月没有□　　B.每周平均不足一个晚上□

C.每周平均一或两个晚上□　　D.每周平均三个或更多晚上□

(7)感到太热:

A.过去一个月没有□　　B.每周平均不足一个晚上□

C.每周平均一或两个晚上□　　D.每周平均三个或更多晚上□

(8)做不好的梦:

A.过去一个月没有□　　B.每周平均不足一个晚上□

C.每周平均一或两个晚上□　　D.每周平均三个或更多晚上□

(9)出现疼痛:

A.过去一个月没有□　　B.每周平均不足一个晚上□

C.每周平均一或两个晚上□　　D.每周平均三个或更多晚上□

(10)其他原因,请描述:____________________

6.你对过去一个月总睡眠质量评分:

A.非常好□　　B.尚好□　　C.不好□　　D.非常差□

7.过去一个月,你是否经常要服药(包括以医生处方或者在外面药店购买)才能入睡?

A.过去一个月没有□　　B.每周平均不足一个晚上□

C.每周平均一或两个晚上□　　D.每周平均三个或更多晚上□

8.过去一个月你在开车、吃饭或参加社会活动时难以保持清醒状态?

A.过去一个月没有□　　B.每周平均不足一个晚上□

C.每周平均一或两个晚上□　　D.每周平均三个或更多晚上□

9.过去一个月,你在积极完成事情上是否有困难?

A.没有困难□　　B.有一点困难□　　C.比较困难□　　D.非常困难□

10.你是与人同睡一床(睡觉同伴,包括配偶)或有室友?

A.没有与人同睡一床或有室友□　　B.同伴或室友在另外房间□

C.同伴在同一房间但不睡同床□　　D.同伴在同一床上□

◆如果你是与人同睡一床或有室友,请询问他(她)你过去一个月是否出现以下情况:

(1)你在睡觉时,有无打鼾声:

A.过去一个月没有□　　B.每周平均不足一个晚上□

C.每周平均一或两个晚上□　　D.每周平均三个或更多晚上□

(2)在你睡觉时,呼吸之间有没有长时间停顿:

A.过去一个月没有□　　B.每周平均不足一个晚上□

C.每周平均一或两个晚上□　　D.每周平均三个或更多晚上□

(3)在你睡觉时,你的腿是否有抽动或者有痉挛:

A.过去一个月没有□　　B.每周平均不足一个晚上□

C.每周平均一或两个晚上□　　D.每周平均三个或更多晚上□

(4)在你睡觉时是否出现不能辨认方向或混乱状态:

A.过去一个月没有□　　B.每周平均不足一个晚上□

C.每周平均一或两个晚上□　　D.每周平均三个或更多晚上□

(5)在你睡觉时是否有其他睡不安宁的情况,请描述:____________________

A.过去一个月没有□　　B.每周平均不足一个晚上□

C.每周平均一或两个晚上□　　D.每周平均三个或更多晚上□

职业紧张调查表
(Occupational Stress Inventory, OSI)

根据近三个月的工作情况和健康状况,请在下列提问中勾出一个最能反映您的情况的答案,每个提问只能选择一项。

1.在工作中,要求我在短时间内完成多项工作任务

A.没有□ B.较少有□ C.有时有□ D.较多有□ E.经常有□

2.我感到工作职责在不断增加

A.没感到□ B.较少感到□ C.有时感到□ D.较多感到□ E.经常感到□

3.安排我去完成从未受过培训的任务

A.没有□ B.较少有□ C.有时有□ D.较多有□ E.经常有□

4.任务太多,我不得不把工作带回家做

A.没有□ B.较少有□ C.有时有□ D.较常有□ E.经常有□

×5.我有完成工作任务的能力

A.没有□ B.较少有□ C.有时有□ D.较常有□ E.经常有□

×6.我擅长我的工作

A.不擅长□ B.稍擅长□ C.一般□ D.较擅长□ E.擅长□

7.我的工作时间非常紧

A.不紧□ B.不太紧□ C.有时紧□ D.较紧□ E.非常紧□

×8.我希望能获得更多的帮助以更好地完成工作

A.不能获得□ B.较少获得□ C.有时获得□ D.较多获得□ E.经常获得□

9.要求我能同时在几个同等重要的领域开展工作

A.没有□ B.较少有□ C.有时有□ D.较常有□ E.经常有□

10.要求我完成超负荷工作

A.没有□ B.较少有□ C.有时有□ D.较常有□ E.经常有□

×11.我的事业进展明显

A.不明显□ B.不太明显□ C.一般□ D.较明显□ E.很明显□

×12.我的工作适合我的技能和兴趣

A.不适合□ B.不太适合□ C.一般□ D.较适合□ E.很适合□

13.我厌倦我的职业

A.不厌倦□ B.不太厌倦□ C.有时厌倦□ D.较厌倦□ E.很厌倦□

14.我感到对工作有很大的责任

A.没感到□ B.较少感到□ C.有时感到□ D.较多感到□ E.经常感到□

×15.我的天赋在工作中得到发挥

A.不能□ B.不太能□ C.有时能□ D.较能□ E.经常能□

×16.我的工作前景良好

A.不好□ B.不太好□ C.一般□ D.较好□ E.很好□

×17.我对我的工作成绩感到满意

A.不满意□ B.不太满意□ C.有时满意□ D.较满意□ E.很满意□

×18.我认为自己完全能胜任工作

A.不能□ B.不太能□ C.有时能□ D.较能□ E.完全能□

×19.在工作中我能学到新技术

A.不能□ B.不太能□ C.有时能□ D.较能□ E.完全能□

×20.我能完成力所能及的工作

A.不能□ B.不太能□ C.有时能□ D.较能□ E.完全能□

×21.我的领导给我的工作提供一些有用的信息

A.没有提供□ B.较少提供□ C.有时提供□ D.较常提供□ E.经常提供□

×22.我很清楚自己必须做什么才能进步

A.不清楚□ B.不太清楚□ C.有时清楚□ D.较清楚□ E.完全清楚□

×23.我能肯定在工作中我应该做什么

A.不能□ B.不太能□ C.有时能□ D.较能□ E.完全能□

×24.面对多项工作任务，我清楚应该先做哪一项

A.不清楚□ B.不太清楚□ C.有时清楚□ D.较清楚□ E.很清楚□

×25.当新的工作安排给我时，我知道从何做起

A.不知道□ B.不太知道□ C.有时知道□ D.较知道□ E.完全知道□

26.上级要求我做这件事，但真正意图是要我干另一件事

A.不是□ B.较少是□ C.有时是□ D.较常是□ E.经常是□

×27.在工作中，我清楚哪些是可以接受的个人行为(如穿着、人际关系等)

A.不清楚□ B.不太清楚□ C.有时清楚□ D.较清楚□ E.很清楚□

×28.我清楚工作的重点

A.不清楚□ B.不太清楚□ C.有时清楚□ D.较清楚□ E.很清楚□

×29.我清楚领导让我如何使用时间

A.不清楚□ B.不太清楚□ C.有时清楚□ D.较清楚□ E.很清楚□

×30.我知道别人如何评价我

A.不知道□ B.不太知道□ C.有时知道□ D.较知道□ E.很知道□

31.领导期望我做的与我认为应该做的之间有冲突

A.没有□ B.较少有□ C.有时有□ D.较常有□ E.经常有□

32.在工作中，我感到陷入派别间的矛盾中

A.没感到□ B.较少感到□ C.有时感到□ D.较多感到□ E.经常感到□

33.工作中，有多个人吩咐我该干什么

A.没有□ B.较少有□ C.有时有□ D.较常有□ E.经常有□

×34.我清楚我在单位中的位置(地位)

A.不清楚□　B.不太清楚□　C.有时清楚□　D.较清楚□　E.很清楚□

×35.我对自己做的工作感到满意

A.没有感到□　B.较少感到□　C.有时感到□　D.较多感到□　E.经常感到□

36.领导们对我该干什么看法不一

A.不是□　B.较少是□　C.有时是□　D.较常是□　E.经常是□

37.我的工作需要许多部门合作完成

A.不是□　B.较少是□　C.有时是□　D.较常是□　E.经常是□

×38.我清楚在工作中谁在主持大局

A.不清楚□　B.不太清楚□　C.有时清楚□　D.较清楚□　E.很清楚□

39.我对于工作不那么负责了

A.不是□　B.不太是□　C.有时是□　D.较常是□　E.经常是□

40.工作中我常常与其他部门的人意见分歧

A.不是□　B.较少□　C.有时是□　D.较常是□　E.经常是□

41.工作中,每天需要应付的人太多

A.不是□　B.较少□　C.有时是□　D.较多□　E.经常是□

42.工作中我要花些时间来考虑别人提出的问题

A.不是□　B.较少□　C.有时是□　D.较多□　E.经常是□

43.我负责职工的福利

A.不是□　B.较少□　C.有时是□　D.较多□　E.经常是□

44.同事将我视为领导人

A.不是□　B.较少□　C.有时是□　D.较多□　E.经常是□

45.工作中我对其他人所做的事负有责任

A.不是□　B.较少□　C.有时是□　D.较多□　E.经常是□

46.我担心同事们能否很好地完成工作任务

A.不担心□　B.不太担心□　C.有时担心□　D.较常担心□　E.经常担心□

47.我的工作需要我做出重大决策

A.不需要□　B.不太需要□　C.有时需要□　D.较多需要□　E.经常需要□

48.如果我在工作中出了差错,会对他人造成严重后果

A.不会□　B.不太会□　C.有时会□　D.较多会□　E.肯定会□

49.我担忧我所承担的工作责任

A.不担忧□　B.较少担忧□　C.有时担忧□　D.较常担忧□　E.经常担忧□

×50.我喜欢我的同事

A.不喜欢□　B.不太喜欢□　C.一般□　D.较喜欢□　E.很喜欢□

51.工作环境中噪声大

A.无□　B.较少□　C.有时有□　D.较常有□　E.经常有□

52.工作环境中很潮湿

A.不潮湿□　B.不太潮湿□　C.有时潮湿□　D.较潮湿□　E.很潮湿□

53.工作环境中粉尘浓度很高

A.不高□　B.不太高□　C.有时高□　D.较高□　E.很高□

54.工作环境中气温很高

A.不高□　B.不太高□　C.有时高□　D.较高□　E.很高□

55.工作环境中光线过强

A.不强□　B.不太强□　C.有时强□　D.较强□　E.很强□

56.我的工作有危险性

A.没有□　B.较少有□　C.有时有□　D.较常有□　E.经常有□

57.我的工作时间变化大

A.不是□　B.较少是□　C.有时是□　D.较常是□　E.经常是□

58.我独立工作

A.不是□　B.较少是□　C.有时是□　D.较常是□　E.经常是□

59.工作环境中有难闻的气味

A.没有□　B.较少有□　C.有时有□　D.较常有□　E.经常有□

60.工作环境中存在有毒的物质

A.没有□　B.较少有□　C.有时有□　D.较常有□　E.经常有□

61.我感到不能完成很多的工作

A.没感到□　B.较少感到□　C.有时感到□　D.较常感到□　E.经常感到□

62.近来，我害怕去上班

A.不害怕□　B.不太害怕□　C.有时害怕□　D.较常害怕□　E.经常害怕□

63.我厌烦我的工作

A.不厌烦□　B.较少厌烦□　C.有时厌烦□　D.较常厌烦□　E.经常厌烦□

64.近来，我感到我的工作落后了

A.没感到□　B.较少感到□　C.有时感到□　D.较常感到□　E.经常感到□

65.近来在工作中出现了事故

A.没有□　B.较少有□　C.有时有□　D.较常有□　E.经常有□

×66.我的工作质量是好的

A.不好□　B.不太好□　C.一般□　D.较好□　E.很好□

67.近来我常缺勤

A.没有□　B.较少有□　C.有时有□　D.较常有□　E.经常有□

×68.我感到我的工作很有意义和令人振奋

A.没感到□　B.较少感到□　C.有时感到□　D.较常感到□　E.经常感到□

×69.我能专心工作

A.不能□　B.很少能□　C.有时能□　D.较常能□　E.经常能□

70.我在工作中造成了一些差错

A.没有□ B.较少有□ C.有时有□ D.较常有□ E.经常有□

71.近来,我容易发火

A.不发火□ B.较少发火□ C.有时发火□ D.较常发火□ E.经常发火□

72.近来,我感到压抑

A.没感到□ B.较少感到□ C.有时感到□ D.较常感到□ E.经常感到□

73.近来,我感到焦虑

A.没感到□ B.较少感到□ C.有时感到□ D.较常感到□ E.经常感到□

×74.近来,我感到愉快

A.没感到□ B.较少感到□ C.有时感到□ D.较常感到□ E.经常感到□

75.晚上睡觉时,我常被一些想法所困扰而难以入睡

A.不是□ B.较少是□ C.有时是□ D.较常是□ E.经常是□

76.近来,我应付困境的能力很差

A.不是□ B.较少是□ C.有时是□ D.较常是□ E.经常是□

77.我发现自己为一些小事抱怨

A.不是□ B.较少是□ C.有时是□ D.较常是□ E.经常是□

78.近来,我心烦

A.不是□ B.较少是□ C.有时是□ D.较常是□ E.经常是□

×79.我说话有风趣

A.没有□ B.较少有□ C.有时有□ D.较常有□ E.经常有□

×80.我发现一切都在顺利地进行

A.不是□ B.较少是□ C.有时是□ D.较常是□ E.经常是□

81.我希望有更多的时间与好朋友在一起

A.不希望□ B.较少希望□ C.有时希望□ D.较常希望□ E.经常希望□

82.我常常与亲近的人发生争吵

A.没有□ B.较少有□ C.有时有□ D.较常有□ E.经常有□

83.我常常与朋友争辩

A.没有□ B.较少有□ C.有时有□ D.较常有□ E.经常有□

×84.我与配偶在一起很开心

A.不开心□ B.不太开心□ C.有时开心□ D.较开心□ E.很开心□

85.最近,一切事情我都是亲自做

A.不是□ B.较少是□ C.有时是□ D.较常是□ E.经常是□

86.我与家人发生争吵

A.没有□ B.较少有□ C.有时有□ D.较常有□ E.经常有□

×87.最近我的人际关系很好

A.不好□ B.不太好□ C.有时好□ D.较好□ E.很好□

88.我认为需要时间来解决我自己的问题
A.不是□ B.较少□ C.有时□ D.较常□ E.经常是□
89.最近，我担心同事对我的看法
A.没担心□ B.较少担心□ C.有时担心□ D.较担心□ E.经常担心□
90.近来我不愿与人接触
A.不是□ B.较少是□ C.有时是□ D.较常是□ E.经常是□
91.我的体重意外地增加
A.没增加□ B.较少增加□ C.有时增加□ D.较多增加□ E.经常增加□
92.我的饮食习惯没有规律
A.不是□ B.很少是□ C.有时是□ D.较常是□ E.经常是□
93.近来，我饮酒多
A.不饮□ B.很少饮□ C.有时饮□ D.较常饮□ E.经常饮□
94.近来，我感到疲倦
A.不疲倦□ B.不太疲倦□ C.有时疲倦□ D.较疲倦□ E.经常疲倦□
95.我感到紧张
A.不紧张□ B.不太紧张□ C.有时紧张□ D.较紧张□ E.很紧张□
96.我入睡和熟睡都感到困难
A.没感到□ B.较少感到□ C.有时感到□ D.较常感到□ E.经常感到□
97.我感觉有些难以形容的疼痛
A.没有□ B.较少有□ C.有时有□ D.较常有□ E.经常有□
98.我食用一些不卫生的食品
A.没有□ B.较少有□ C.有时有□ D.较常有□ E.经常有□
×99.我感觉良好
A.不好□ B.不太好□ C.有时好□ D.较好□ E.很好□
×100.近来我精力充沛
A.不充沛□ B.不太充沛□ C.有时充沛□ D.较充沛□ E.经常充沛□
101.当我需要休假时，就可以休假
A.不是□ B.较少是□ C.有时是□ D.较常是□ E.经常是□
102.空闲期间，我能做我想做的事
A.不能□ B.不太能□ C.有时能□ D.较能□ E.经常能□
103.周末，我做我最喜欢的事
A.不是□ B.较少是□ C.有时是□ D.较常是□ E.经常是□
104.我几乎不看电视
A.不看□ B.很少看□ C.有时看□ D.较常看□ E.经常看□
105.大部分业余时间我去观看一些表演(如体育比赛、歌剧、电影和音乐会等)
A.不看□ B.很少看□ C.有时看□ D.较常看□ E.经常看□

106.我用大量的业余时间去参加各项活动(如干木工活和缝纫等)

A.不是□ B.较少□ C.有时□ D.较常□ E.经常是□

107.我用一些时间去做自己喜欢做的事

A.不是□ B.较少□ C.有时□ D.较常□ E.经常是□

×108.休息时,我还常常想到工作

A.不是□ B.较少□ C.有时是□ D.较常□ E.经常是□

109.我用大量的时间去参加娱乐活动以满足我的兴趣和爱好

A.不是□ B.较少是□ C.有时是□ D.较常是□ E.经常是□

×110.我花费了大量的业余时间在兴趣爱好上(如收藏各类物品)

A.不是□ B.较少是□ C.有时是□ D.较常是□ E.经常是□

111.我对饮食非常小心(如注意进食的规律性,适宜的量和合适的营养搭配)

A.不是□ B.较少□ C.有时是□ D.较常是□ E.经常是□

112.我定期进行体检

A.不是□ B.较少□ C.有时□ D.较常是□ E.经常是□

113.我避免饮酒过量

A.没避免□ B.很少避免□ C.有时避免□ D.较常避免□ E.经常避免□

114.我进行有规律的身体锻炼(每月至少三次,每次至少二十分钟)

A.不是□ B.较少是□ C.有时是□ D.较常是□ E.经常是□

115.我练习一些放松的技巧

A.没有练习□ B.较少练习□ C.有时练习□ D.较常练习□ E.经常练习□

116.我睡眠充足

A.不充足□ B.不太充足□ C.有时充足□ D.较常充足□ E.经常充足□

117.我避免食用对健康不利的东西(如咖啡、酒、烟等)

A.没避免□ B.很少避免□ C.有时避免□ D.较常避免□ E.经常避免□

×118.我经常陷入沉思

A.不是□ B.很少是□ C.有时是□ D.较常是□ E.经常是□

119.每天我做深呼吸几次,每次几分钟

A.没有□ B.较少□ C.有时□ D.较常□ E.经常□

120.我经常刷牙

A.没有□ B.较少□ C.有时□ D.较常□ E.经常□

121.受人重视

A.没有□ B.很少有□ C.有时有□ D.较常有□ E.经常有□

122.我协助同事完成任务

A.没有协助□ B.很少协助□ C.有时协助□ D.较常协助□ E.经常协助□

123.我能协助处理必须完成的重要事情

A.不能□ B.很少能□ C.有时能□ D.较常能□ E.经常能□

124.我常与同事讨论我所关心的事

A.没有□　B.较少有□　C.有时有□　D.较常有□　E.经常有□

125.我常与同事讨论工作问题

A.没有□　B.较少有□　C.有时有□　D.较常有□　E.经常有□

126.我感到有可以信赖的好朋友

A.没有□　B.较少有□　C.有时有□　D.较常有□　E.经常有□

127.我感到周围环境充满爱

A.没感到□　B.较少感到□　C.有时感到□　D.较常感到□　E.经常感到□

128.我感到有一些真正可以亲近的人

A.没感到□　B.较少感到□　C.有时感到□　D.较常感到□　E.经常感到□

129.我有些重视我的好朋友

A.没有□　B.较少有□　C.有时有□　D.较常有□　E.经常有□

130.当我在工作中需要帮助时,我知道向谁求助

A.不知道□　B.不太知道□　C.有时知道□　D.较常知道□　E.经常知道□

131.当我回家时,我不再思考工作

A.不是□　B.较少是□　C.有时是□　D.较常是□　E.经常是□

132.除现有工作外,我能同时做别的工作

A.不能□　B.较少能□　C.有时能□　D.较能□　E.完全能□

133.我能定期检查工作方式和时间表

A.不能□　B.较少能□　C.有时能□　D.较常能□　E.经常能□

134.我能合理安排使用我的时间

A.不能□　B.较少能□　C.有时能□　D.较常能□　E.经常能□

135.我能坚持执行已确立的时间表

A.不能□　B.很少能□　C.有时能□　D.较常能□　E.经常能□

136.我善于避免干扰

A.不善于□　B.很少善于□　C.有时善于□　D.较常善于□　E.经常善于□

137.我善于分析所遇到的问题的实质

A.不善于□　B.不太善于□　C.有时善于□　D.较善于□　E.经常善于□

138.我能有条不紊处理所遇到的问题

A.不能□　B.不太能□　C.有时能□　D.较常能□　E.经常能□

139.我善于思考,通过筛选再作抉择

A.不是□　B.较少是□　C.有时是□　D.较常是□　E.经常是□

140.我能保持良好的行为举止和处世哲学

A.不能□　B.较少能□　C.有时能□　D.较常能□　E.经常能□

注:项目前有×的是反向计分题。

附录 7 粉尘危害工程防护先进适宜技术指南(2022 年)

序号	技术装备名称	主要功能	主要技术指标	适用范围
1	工程爆破多组分高效水炮泥减尘降毒技术	多组分高效水炮泥对工程爆破产生的粉尘与有毒有害气体(CO、NO_X、SO_2)具有源头高效抑制作用,具有成本低、减尘降毒效率高、应用方法便捷的显著特点。该技术对优化隧巷道炮掘环境、提高作业进度、保障工人身体健康与安全具有重要应用价值。	矿山井下爆破与隧(巷)道爆破后粉尘降低率平均达 50%以上,CO 降低率平均达 50%以上,NO 与 SO_2 累积降低率达 60%以上,减尘降毒效果显著。	多组分高效水炮泥适用于矿山爆破、隧道爆破、水电站岩体爆破等,具体包括矿山井下巷道爆破、井下采场爆破、露天矿开采爆破、公路隧道爆破、铁路隧道爆破、水电站岩体爆破等。
2	巷道干式滤筒过滤除尘技术	利用抽出式风机将含尘气流吸入除尘箱体,通过阻燃抗静电滤筒的筛滤等作用将粉尘从气流中分离,采用周期性高压脉冲喷吹将捕集于滤筒表面的尘饼剥离,利用柔性自密闭主动卸灰装置将沉降粉尘排出,进而实现巷道地下作业空间含尘风流的连续高效净化。可在易燃易爆环境下安全使用,具有呼尘净化效率高、运行不耗水、二次污染小等优势。	净化风量为 200~800 m^3/min(可根据现场实际条件选配),漏风率≤5%,工作阻力<2000 Pa,工作噪声≤85 dB(A),滤料成分为阻燃和不燃材料,滤筒使用寿命>20 个月,清灰频率为 4~6 次/8 h,总尘除尘效率≥99.5%,呼尘除尘效率≥95%,出口粉尘排放浓度<1 mg/m^3。	适用于井下岩巷、煤巷和半煤岩巷以及岩土工程隧道施工粉尘治理,有胶带机支撑式、单轨吊悬挂式、掘进机机载式和动力车车载式 4 种现场安装方式,与巷道生产空间布局相匹配。

续表

序号	技术装备名称	主要功能	主要技术指标	适用范围
3	超声干雾高效降尘技术	超声干雾降尘技术具有耗水量小、雾化效果好、降尘效率高等显著特点。超声干雾降尘设备对巷道弥散性粉尘具有显著捕集与沉降作用。超声干雾降尘设备及其配套的气水共用型过滤系统在井下压风送水工况下可实现高效运转，不需额外动力辅助。超声干雾降尘技术对各种工矿作业过程中产生的弥散性粉尘、呼尘具有高效沉降效果。	使用压风、送水压力分别在 0.3～0.5 MPa、0.1～0.3 MPa 的工况下，井下干雾雾滴平均粒径≤20 μm。应用该干雾降尘装备后，巷道内 30 m 内平均抑尘率＞60%，200 m 内平均抑尘率＞80%，降尘效果显著；在配套使用专用气水过滤系统后，该装置维护周期≥6 个月。	井下干雾降尘技术适用于矿山开采、隧道开挖、选煤厂降尘等，具体包括矿山井下巷道掘进与回采、矿山井下转载点、破碎机、矿山井下钻孔、公路隧道施工、选煤厂胶带运输过程等。
4	煤矿采掘面活性磁化水喷雾降尘技术与装备	通过物理方法与化学方法间的协同作用大幅提升溶液湿润凝并煤尘的能力，形成具有强湿润性能的活性磁化水，并通过所研发的具有远射程、高雾化能力的新型喷雾装置，形成具有小粒径、雾化范围广的活性磁化水雾场，对采掘工作面粉尘源进行雾场覆盖，大幅提升井下溶液雾滴-粉尘间碰撞概率，并利用活性磁化水湿润粉尘性能强的优势，实现雾滴-尘粒间快速凝并，进而显著提高井下喷雾降尘效率。	活性磁化水表面张力＜29 mN/m，活性添加剂在水溶液中的质量百分比为 0.03%，喷雾射程＞4 m，总尘降尘效率＞90%，呼尘降尘效率＞85%。	适用于煤矿井下采用喷雾降尘工艺的采掘工作面。同时，对金属矿山粉尘防治也具有良好的应用前景。此外，所研发的降尘技术体系也能很好地适用于建筑防尘领域。

续表

序号	技术装备名称	主要功能	主要技术指标	适用范围
5	一种采用水动力输出轴驱动的负压降尘技术	一种采用水动力输出轴驱动的负压降尘技术能用于工业除尘领域的水雾与负压协同降尘。功能：利用静压力水流驱动输出轴带动均匀布置的空心杆高速旋转，产生负压抽吸作用，空心杆上的小孔喷出的水雾和含尘气流混合形成高动惯量细水雾喷出，可以同时达到零耗电本质安全型抽吸降尘和细水雾捕尘双重效果。特点：直接采用矿井静压水源作为动力源，驱动水压仅需 2 MPa，不需要气源和电源，设备关键部件材料可以解决装置锈蚀失效难题，保障装置在恶劣环境下长期使用。	水压≥2 MPa，装置体积<1 m^3，连接管径可变，水轴转速最高可达 2600 rad/min，入口负压>350 Pa，最高 −500 Pa，最大处理风量可达 260 m^3/min，适用风速范围为 0～10 m/s，耗水量<38.6 L/min，工作噪声<68.0 dB(A)。总尘除尘效率≥85%，呼尘除尘效率≥80%。	适用于矿山井下、隧道或地面产尘企业局部区域的粉尘治理。只要具备相应水压条件和安装条件的工矿企业均可适用。在煤矿领域具体适用于井下转载机进料口、转载点、皮带输送机、掘进机、液压支架、瓦斯排放钻孔口、巷道喷浆点等作业点。
6	煤层高效渗透棒增透注水减尘技术	高效渗透棒具有均匀溶解、高效渗透与保湿抗蒸发的功能；对疏水煤层、难渗透煤层，高效注水减尘技术具有显著改进作用。使用高效渗透棒后，煤层注水可在中低压力下实现对煤层的高效持续增透润湿，进而在煤体采掘过程中实现高效源头减尘效果。	48 h 静压注水下，综采工作面注水湿润半径≥20 m，且在其润湿范围内的保湿时间>20 d。添加渗透棒注水后，各主要生产工序处降尘率在 80%以上，相较于普通注水可提高 30%～40%。	煤层渗透棒增透注水减尘技术主要适用于煤矿井下的煤层注水工程，具体包括煤矿综采工作面超前注水，煤巷掘进工作面迎头短孔注水等工程。
7	环保型黏结抑尘材料及其应用技术	环保型黏结抑尘材料主要功能是对沉积粉尘具有强力黏结固定作用，可有效防止沉积粉尘的二次飞扬；且具有生物完全可降解性，应用该抑尘材料后对应用场地土壤环境不会造成污染与破坏。	经黏结固定的粉尘块体材料最大耐压力≥100 N，八级风力下一周内平均抑尘率≥90%，六个月内生物自然降解率≥95%。	环保型黏结抑尘材料主要适用于矿山运输路面、高寒露天矿边坡与排土场、施工隧道路面、露天煤堆、井下煤巷等场所。适用于多种类型的粉尘，如煤尘、岩尘等。

续表

序号	技术装备名称	主要功能	主要技术指标	适用范围
8	打磨粉尘、高效集尘技术装置	该打磨粉尘高效集尘工作台实现打磨粉尘的高效捕集与分级净化和通风系统风量智能控制，在提高除尘效率的同时尽可能降低能耗；该工作台侧排风和下排风的风量合理分配，高效捕集水平风向打磨粉尘和垂直方向落尘；该工作台内设整流结构，实现了排风面风速的均匀分布，有利于打磨粉尘的捕集；该工作台内设整流结构可根据颗粒大小初步分类，实现粉尘分级净化，降低除尘器净化压力。	打磨工作台下排风风量和侧排风风量的比为 1.67；打磨工作台下排风和侧排风的排风面的风速不均匀度＜25%；打磨工作台排风系统开启后，作业人员呼吸带高度粉尘捕集效率均＞98%。	该技术装置适用于机械加工行业，金属固定抛光打磨作业场所。
9	综掘面风水双幕协同增效粉尘“控-除”技术及装备	针对低瓦斯综掘面，基于“以风控尘”的核心原理，发明了可快速覆盖巷道全断面的三向旋流风幕控尘技术，研发了高效小型化风雾双幕协同增效控除尘成套装备，实现了掘进机截割粉尘先由水雾幕包裹捕集，再由三向旋流风幕与洗气机等有效控除的突破。针对高瓦斯综掘面，为进一步提高雾化捕尘效率，采用自由基聚合-分子段链重组技术制备了强润高倍泡沫除尘剂，满足了我国不同类型巷道快速掘进的雾化降尘需求，达到了高效抑尘的目的。	风幕装置重量＜25 kg，压风量径向调节 0～95%；洗气机处理风量范围 200～600 m^3/min，除尘效率≥99%；泡沫除尘系统发泡倍数≥53.57 倍；煤工作业区域总尘平均降尘率≥97%，呼尘平均降尘率≥95%；掘进司机处总尘与呼尘时间加权平均浓度分别降至 4.9 mg/m^3 和 3.4 mg/m^3。	适用于煤矿井下低瓦斯综掘面、高瓦斯综掘面等不同类型煤岩巷综掘面生产作业粉尘治理，现场安装简单便捷，与巷道生产空间布局相匹配。

续表

序号	技术装备名称	主要功能	主要技术指标	适用范围
10	超音速气动虹吸雾化技术	将传统雾化方法的"以高压穿透高速的超音速气动虹吸气流注水雾化"转变为"利用超音速气动虹吸气流的流场特性形成相对真空克服水自重汲水雾化"的新型液相离散雾化方式。合理利用超音速气动虹吸流动特性、流场内部能量，在超低气压时，耗费极低水量，实现巨量雾化。达到节能省水、降本增益，减少对环境润湿度的目的，实现低压条件下的高水平雾化效果，达到高效的呼吸性煤尘的降尘、隔尘效率。	喷雾距离超过 50 cm 后，测试雾滴粒径在 19～30 μm 范围内趋于稳定。在 0.8 m/s 横向风中实际穿透深度约为 3.2 m，在 0.8～2.2 m/s 风流中穿透深度为 3.2～1.5 m。相对于传统超声波干雾抑尘方式(隔尘效率 84.75%)，超音速气动虹吸自吸汲水型雾化隔尘效率可达 94.07%。耗水量<0.2 L/min。	超音速气动虹吸自吸汲水型气动雾化技术可适用于采掘进工作面及转载点等生产工作场所。
11	矿用超疏水褶式微孔膜过滤除尘器	采用聚四氟乙烯原料，利用自主研发的特殊加工和后处理工艺制成了高效微孔膜褶式过滤材料，该过滤材料具有强度高、疏水性能高、过滤面积大、孔隙直径小、孔隙率高等特点，并研制出矿用超疏水微孔膜褶式滤筒除尘器。非常适合矿山高湿高浓度粉尘的过滤和净化，突破了传统袋式除尘器在矿山应用中易粘袋、滤料寿命短、维护成本高的技术瓶颈。	滤料孔隙直径<5 μm，孔隙率≥80%，清灰后滤料阻力较清洁滤料增加约 5.8%，粉尘剥离率约 97.6%，滤料使用寿命>2 年。设备漏风率≤3%，阻力<1500 Pa，总尘除尘效率≥99.8%，呼尘除尘效率≥97%，清灰方式可选择机械振打或者脉冲清灰，设备体积减少 20%。	适用于非煤矿山井下粗破碎硐室，地表破碎、筛分、转运等系统有组织粉尘的治理。

续表

序号	技术装备名称	主要功能	主要技术指标	适用范围
12	磁化表面活性剂溶液除尘技术	利用磁化原理增加喷雾雾滴对细微煤尘的捕集能力与吸附能力，同时利用表面活性剂大大降低了溶液的接触角与表面张力，增加了对粉尘的润湿性。利用研制的磁化表面活性剂溶液综合降尘装置，可实现表面活性剂浓度精确可调及自动添加的目的，进而可实现井下喷雾的高效降尘效果。可在易燃易爆环境下安全使用，且具有降尘效率高、用水量少、操作简单、自动化程度高、环境污染小等优势。	磁化表面活性剂溶液除尘技术装备可将井下含表面活性剂的喷雾水进行磁化处理，增强对煤尘的润湿性能和雾滴吸尘能力，在原有喷雾降尘技术基础上，提高工作面空间总尘平均降尘率 42.4%，呼尘平均降尘率 37.3%。	设备适用于综采工作面的降尘，尤其与采煤机内外喷雾结合使用，有助于喷雾液滴更为高效地对采煤机附近的微细煤尘进行捕集，最大程度降低工作面粉尘浓度。同时还可用于掘进工作面、进回风巷等区域的粉尘防治。
13	煤炭矿山运输扬尘污染源头控制技术	利用研发的“一剂式”喷淋抑尘剂和智能化自动喷淋技术装备，以喷淋方式在煤炭或路面土层表层形成具有一定强度和韧性的覆盖膜层结构，从而达到降低扬尘和煤炭散落的效果，大幅度减少了煤炭运输扬尘污染问题和煤炭运输损失问题，保护矿区及沿线的环境，节约煤炭资源，提升铁路运输安全。抑尘剂成本适中、无毒无害，技术装备操作简单、性能稳定、自动化程度高、推广性强。	抑尘剂单车材料配方成本<100 元/车煤。在货车对货车（120 km/h 对 120 km/h）、货车对客车（120 km/h 对 160 km/h）运行时，抑尘层稳定性良好。抗雨淋性能良好，在中雨情况下抑尘层不损坏。环保、无毒，无车体污染和腐蚀。风蚀率<1%，抑尘层厚度>10 mm。	技术可实现对煤炭铁路运输扬尘的成功抑制，和对公路尘土、煤粉扬尘污染和煤炭散落的有效抑制。同时本技术还可以应用到矿区道路和其他抑尘作业，具有广阔的市场前景。

续表

序号	技术装备名称	主要功能	主要技术指标	适用范围
14	煤矿掘进工作面粉尘防治关键技术及装备	本项技术由导隔风幕、引射分级雾幕降尘及超声雾化降尘装置三部分组成，能够将大部分粉尘在尘源处被喷雾多级抑制，少量逃逸粉尘受导隔风幕引流作用避开掘进司机工作区域，达成更好的降尘效果，该套设备能够随掘进面复杂多变的环境及时调整治理区域以及摆放位置，结构简约且灵活度高；采用新型超声雾化喷头，结合研制的抑尘剂及配套的抑尘剂自动添加装置以实现良好的雾化和降尘效果，提高粉尘防治效率。	引射分级雾幕降尘装置，喷射距离最高可达 5 m，雾滴平均粒度为 18 μm，呼尘降尘效率≥94.4%；抑尘剂环保、无毒，表面张力最低为 28.2 mN/m，抗风蚀率达 99.48%，抗压强度达 0.67 MPa，抗蒸发率达 98.07%；抑尘剂自动添加装置可实现不同浓度抑尘材料自动配置和给料。	适用于掘进工作面、主要运输巷道等煤矿中的总尘及呼尘治理以及其他喷雾降尘的行业领域。该项技术可拆分使用，也可联合使用，能够适配井下复杂多变的工作环境。
15	呼吸追随型防尘口罩	该呼吸追随型防尘口罩具有动力送风和呼吸追随功能，可根据劳动者的呼吸频次，实现动力送风与吸气的同步，降低了吸气阻力，劳动者尤其是重体力劳动者佩戴时吸气更顺畅，从本质上解决了过滤效率与吸气阻力的矛盾。	口罩集送风风机、电池、呼吸追随控制系统与防尘口罩为一体，整机重量只有 206 g；采用智能感知设计，佩戴后根据呼吸自动开启和关闭；充满电后持续使用时间可达 12 h；滤芯外壳采用透明设计，滤芯污染情况实现可视化。	适用于矿山露天和地下开采、机械加工行业的焊接和打磨、冶金行业的金属冶炼、建筑领域装卸材料和运输、面粉行业的操作和运输和其他多粉尘类工作场所的作业人员，以及户外健身和长期暴露在雾霾环境下的工作人员。

续表

序号	技术装备名称	主要功能	主要技术指标	适用范围
16	基于焊枪的电焊烟尘控制技术装置	该技术装置是在焊接机器人焊枪上加装局部排风烟尘净化装置，对二氧化碳气体保护焊接作业过程产生的电焊烟尘进行源头控制，在电焊烟尘还未扩散至周围空气中时，采用局部排风系统将电焊烟尘有效捕集，所需风量小，能耗低，捕集效率高。该技术装备集电焊烟尘辅助防尘装置与焊枪与一体，在保障焊接质量的同时，实现电焊烟尘的就近高捕集效率。	该技术装置与焊枪集成一体，且实现电焊烟尘过滤后室内排风；排风罩罩口尺寸可根据实际情况定制；焊点控制风速为 0.3～0.5 m/s；净化装置过滤材料过滤效率 90%以上。	该技术装置适用于机械加工行业二氧化碳气体保护焊接作业场所
17	地下空间支护封闭工程混凝土喷射成套装备及粉尘防控技术	针对混凝土湿式喷射、潮式喷射、薄喷等工艺中存在的粉尘浓度大、回弹高、机械化水平低等问题，研发了以“三缸”无脉冲泵送和智能喷射辅助机械手(臂)为核心技术的混凝土高效绿色低成本制备、输送、喷射成套装备，攻克了湿喷、潮喷、薄喷工艺的材料制备、管道输送、粉尘防控、回弹控制等配套技术和聚合物改性喷射类材料制备难题，实现了支护和封闭作业的“减人、减尘、减回弹损失”，有效提高了地下空间喷浆支护和封闭类工程施工的智能化和职业病防护水平。	喷射装备喷射量 6～15 m^3/h，水平输送距离 50～500 m(可根据现场实际条件选配)，喷浆机处呼尘降尘率≥95%(喷射出口粉尘浓度最高不超过 10 mg/m^3)，喷射出口处呼尘降尘率≥90%，回弹率 8%～15%。	适用于煤矿、非煤矿山及地下空间中巷道、密闭墙体、衬砌等支护和封闭类建(构)筑物类采用混凝土及水泥基薄喷材料的喷射成型。可根据施工空间、管道输送距离等条件进行搅拌、泵送、喷射、自行走、喷射辅助机械手(臂)的功能集成。

续表

序号	技术装备名称	主要功能	主要技术指标	适用范围
18	综采面“多级多维”-“多元融合”空间雾化粉尘高效控除技术及装备	针对3～5 m采高的综采面，在煤机截割部安设水动力除尘风机、多级喷嘴组，在移架区域设置负压卷吸除尘装置、雾化引射喷雾装置，可使截割、移架粉尘受限于立体式雾化封闭空间。针对5 m以上的大采高综采面，在煤机截割部安装紧凑型“阻隔-净除”湿式除尘器，在移架区域布设风雾协同除尘器形成清洁控尘风水幕。为了进一步协同增效喷雾降尘效果，研发了系列化高效环保型抑尘材料及其自动添加装置，从而形成了“多级多维”-“多元融合”空间雾化粉尘高效控除技术体系。	针对3～5 m采高综采面，煤机水动力除尘风机处理风量350 m^3/min；支架负压卷吸除尘器封控粉尘面积15.3～28.4 m^2，雾滴平均粒径27.3～35.4 μm。针对5 m以上大采高综采面，煤机“阻隔-净除”湿式除尘器有效射程5.4 m；支架风雾协同液压马达除尘器处理风量60 m^3/min。抑尘材料接触角<30°，表面张力25 N/m。	适用于煤矿井下采煤工作面，包括3～5 m采高综采面以及5 m以上大采高综采面。而且，可应用于煤矿综掘面和分散尘源的粉尘控除。此外，在非煤矿山、隧道、地铁等地下工程粉尘作业环境清洁化生产也有较大的推广应用价值。
19	钻爆法施工隧道湿式洗烟消热设备	在隧道掌子面爆破后，近程遥控，柴油内燃机直驱，钻爆法施工隧道湿式洗烟消热设备进入掌子面，切换至洗烟模式，油电联动，驱动水泵与通风机，通风机抽吸污风，雾化液滴群一次洗涤、弦栅液膜二次洗涤、挡水板脱水除雾，制取可回用风流，原位洗烟；洗烟后，设备回退至起拱点，动力切换，接入隧道内电网，辅以洞外冰砖，降低设备循环水温度，减焓降湿高热污风，制取低温回用风，营造舒适的台车作业环境，突破可控循环通风瓶颈。	净化风量为300～800 m^3/min（可根据现场实际条件选配），漏风率≤5%，工作阻力<1000 Pa，工作噪声≤85 dB(A)，弦栅丝为306不锈钢丝，使用寿命>48个月，排淤换水≤7 d，除尘效率≥96%，除雾率≥99%，回用风出口颗粒物排放浓度<2 mg/m^3。	在洞口压入式通风机及其管网的基础上，适用于钻爆法施工公路隧道、铁路隧道、地铁隧道等作业现场的粉尘治理，有履带式底盘柴油内燃机驱动型和轮式拖拽型等移动方式，匹配地下空间施工作业布局。

续表

序号	技术装备名称	主要功能	主要技术指标	适用范围
20	煤矿大采高综采和掘锚工作面粉尘分源治理及智能管控技术	在大采高综采面，综合利用滚筒三维包络高效喷雾、采煤机含尘气流控制、支架防尘装置以及负压微雾除尘装置，实现滚筒割煤、降柱移架两大尘源的有效治理；在快掘面，综合利用滚筒立体喷雾、柔性附壁风筒以及大风量机载除尘系统，实现迎头含尘气流的有效控制和高效抽吸净化；在主运巷道，综合利用沿程煤体润湿、皮带清洁、断面喷雾、除雾捕尘门等技术，实现粉尘有效治理，保证视线清晰；最后基于全矿井粉尘监控系统及其控制策略，实现防尘信息的实时监测及系统的智能调控。	大采高综采面、快掘面人员作业区域总尘、呼尘降尘效率分别达到95%和90%以上；主运巷道内总尘、呼尘浓度分别降至10 mg/m³、8 mg/m³以下；采煤机机载喷雾控除尘装置引射风量≥120 m³/min；掘锚机机载除尘器处理风量≥450 m³/min。	适用于我国安全高效矿井大采高综采工作面、快速掘进工作面、主要运输巷道的粉尘治理及全矿井粉尘智能管控，其中的防尘工艺及装备可根据现场具体情况进行定制开发。
21	大空间厂房电焊烟尘多元通风除尘控制技术	利用移动式局部排风与置换通风协同的通风气流组织方式进行大空间机加厂房非固定焊接点位电焊烟尘控制。利用移动式局部排风装置使烟尘向远离作业人员方向运动，并在尘源附近将烟尘吸入排风装置；结合焊接热气流向上运动的特点，散逸的粉尘通过置换通风的下送上排方式控制；排风经袋式除尘器净化处理后可直接排出或循环利用。袋式除尘器过滤材料采用可高效净化焊接烟尘的高密面层梯度滤料。该方式可实现焊接烟尘的节能高效控制。	以产尘点2个，产尘量14 mg/s为例，置换通风系统风量≤12600 m³/h；移动式局部排风设备2台，排风量1600 m³/h。除尘器处理风量≤13230 m³/h，阻力1500 Pa，采用高密面层梯度除尘滤料，效率达99.998%。系统实际参数可根据产尘点位数量调整。	车间为相对密闭环境，焊接作业点位不固定且空间变化较大，难以用固定式局部排风罩控制烟尘。所控制的粉尘主要是常用的、产尘量较高的二氧化碳气体保护焊作业产生的烟尘，其他焊接作业可根据产尘情况进行风量的适当调整。

续表

序号	技术装备名称	主要功能	主要技术指标	适用范围
22	矿井主要尘源点的磁化螺旋气动雾幕控尘关键技术	利用磁化过滤、软化降尘用水供给装置，将矿下供水过滤并加以磁化使之能更好的吸附粉尘，再通过研发的螺旋气动雾幕装置扩大雾幕覆盖范围，增大雾滴破碎程度，从而降低雾滴粒径，在一定程度上也增加了喷雾有效射程。利用排污系统将沉降粉尘排出，污染小，效率高，进而实现矿井主要尘源点粉尘浓度有效控制，持续高效净化。该技术不需提供额外动力，仅由井下水压、风压即可满足最佳运行条件，针对呼尘捕捉具有高效性。	断面风速 1～1.6 m/s 范围内，能实现全断面喷雾，穿透风阻达到巷道壁面。呼尘隔尘效率可达≥90%，其中 PM2.5 隔尘效率增加 30%。并且该系统实际耗水量极低，全系统耗水量 300 mL/min，耗气量 480 L/min，所用喷头结实耐用，结构简单，维修更换方便。	主要适用于井下岩巷、煤巷和半煤岩巷综掘面综掘机驾驶人员处、液压支架控制人员处、转载点、回风巷道处等人员长时间暴露于呼尘浓度较高的场所，可根据巷道实际情况优选匹配方案，实时调整雾化参数。
23	高效节能喷雾及在线监控降尘关键技术	利用设计研发的先进节能高效超音速汲水式磁化喷雾降尘装置。将之与粉尘浓度在线监测系统联动，构建集多尘源粉尘浓度监测、数据传输、数值拟合分析、喷雾运行状态显示、降尘控尘等功能为一体的集约化系统。并且设计相关手机 APP 软件，实现实时监控功能。	井下供气压力为 0.4～0.6 MPa，喷雾射程即可达 3.3 m，耗气量 4.1 m^3/h，耗水量 89 mL/min。除尘效率≥87.82%，呼尘除尘效率≥90.3%。在线监控系统误码率≤10～8；系统软件死机率≤1 次/720 h；可支持系统用户数≥1000 个。	主要适用于井下岩巷、煤巷和半煤岩巷综掘面、转载点、回风巷道及露天选煤厂等粉尘浓度较大场所，可根据巷道实际情况优选匹配方案，实时调整雾化参数。
24	干式钻孔孔口负压捕尘技术	干式钻孔孔口负压捕尘技术是利用瓦斯抽采负压系统与高效雾化过滤系统组合而成。该技术先通过负压抽吸，进入雾化过滤系统，经过高效过滤后新鲜气流进入抽采管路，进而对井下干式钻孔作业产生的粉尘具有源头高效控制效果。该技术对井下干式钻孔作业具有显著源头降尘效果。	干式钻孔孔口负压值≥0.2 MPa；应用干式钻孔孔口负压捕尘装置后，矿山井下煤体干式钻孔孔口粉尘浓度降低率平均达 80%以上，粉尘净化率≥85%。	干式钻孔孔口负压捕尘技术主要适用于煤矿井下干式钻孔作业。

续表

序号	技术装备名称	主要功能	主要技术指标	适用范围
25	综掘工作面控除尘及安全监控技术	利用除尘器运行中产生的负压，通过吸尘风筒与靠近尘源的吸尘罩，在尘源处形成一个负压区，使含尘空气由吸尘罩经吸尘风筒进入除尘器中净化处理；利用附壁射流控尘装置产生不断向工作面推进的旋转气流，将粉尘集中在掘进机司机区域前方，使之经过吸尘罩吸入除尘器中进行净化而不外流，从而提高系统除尘效率；实时监测压抽风量、瓦斯浓度、降尘效率等参数，自动调节压抽风量比使之处于合理区间，确保除尘系统高效、安全运行。	处理风量：120～650 m^3/min（系统配套的除尘器已形成系列化，可满足不同供风风量下的除尘需求）；总尘降尘效率≥90%；呼尘降尘效率≥85%；工作噪声≤85 dB(A)。	适用于低瓦斯煤矿煤巷和半煤岩、井下岩巷以及隧道工程掘进施工的粉尘灾害防治。配套方式灵活：机载式、机尾跟随式、单轨吊式、控除尘一体化式等，也可根据实际条件进行配套定制。
26	旋流风幕主动捕尘技术	旋流风幕主动捕尘技术利用首尾相连的风幕形成对粉尘的隔离墙，利用首尾相连中心的抽吸气流实现内部含尘气流的主动抽排，隔离风幕墙和抽吸气流通过流场的组织，形成了旋转上升的气流，加强了对粉尘的卷吸功能，达到对粉尘的主动捕收效果，实现作业场所粉尘源头隔离与收集，避免作业人员暴露于粉尘环境。	收尘尺寸：单设备尺寸可达0.6 m×0.6 m～4.0 m×4.0 m（高度1～4 m），也可根据实际尘源范围设计不同形状和尺寸；风幕射流风量450～8600 m^3/h，抽吸风量360～10000 m^3/h；开放源粉尘捕收效率提升至95%。	适用于人员密集操作的粮食卸载等环节粉尘的强化收集。特别适合于无法采用固定密封环节的烟尘收集，对大面积无组织排放粉尘的收集也较为适用。

续表

序号	技术装备名称	主要功能	主要技术指标	适用范围
27	尘肺快速筛查及早期预警仪	利用针对尘肺呼气生物标志物的高响应传感器阵列，结合模式识别算法，形成灵敏且稳定的尘肺识别电子鼻；同时整合呼出气预处理系统、自清洁和校准模块，最终集成于尘肺病快速筛查及早期预警仪，可快速识别肺部健康、尘肺病患者以及肺部纤维化人群，实现尘肺的实时无创筛查和早期风险预警。	仪器正常工况下单中心尘肺筛查的漏诊率＜5%～10%，准确率＞80%，在线分析诊断时长＜3 min。仪器运行稳定、可靠，传感器寿命＞3 年且易于更换。	尘肺快速筛查及早期预警仪是为矿工呼出气成分监测、尘肺病快速筛查和预警而研制的便携式分析仪器，易于布置在体检车、医院、疾控中心或矿区内等有接尘工人肺部健康监测和尘肺筛查需求的场所使用。
28	煤炭港口粉尘危害物高效控制技术	在煤炭进港之初的翻车装卸环节，通过设计研发分层洒水装置和控制系统，实现分层洒水、煤炭与水均匀混合，并结合发明的非接触、稳定、精确的煤炭含水率自动在线检测方法及装置，和适用于分层洒水装置的数据采集及管控一体化的智能补水系统，从而确保煤炭通过皮带机、转接机房、堆料机等传送过程中各个环节时，粉尘接近零排放，杜绝了粉尘的二次污染问题，实现了“堆存不起尘、转运不落尘、装卸不扬尘、粉尘全吸附、收集全处理”。	分层精准洒水，水利用率＞95%；冬季低温可正常使用，实际温度保持在 5 ℃以上；减少皮带沿线 98.4% 的煤尘撒漏；提高了堆场煤堆 10% 的装卸量；港口作业现场、皮带转接塔粉尘浓度降低 95% 以上，粉尘浓度＜2.6 mg/m^3。	适用于煤炭港口和露天堆场等同类型作业场所的粉尘治理，包括翻车机房、皮带沿线、皮带转接塔、堆场等处产生的粉尘。

附录8　工作场所化学毒物工程防护先进适宜技术指南（2022年）

序号	技术装备名称	主要功能	主要技术指标	适用范围
1	涡旋通风技术	技术装备主要包括送风风机、排风风机、风阀与均流装置。利用送风气流和排风气流的协同作用，形成覆盖污染源的柱状空气涡旋。利用柱状空气涡旋的空气动力学特性，实现对大面积散发、高温高初速度污染物的高效汇聚捕集与快速排除，有效控制工业生产污染物的无组织扩散。技术装备具有空气置换速率高、环境抗干扰性强、能量耗散低等优势。	装备运行送排风量范围为500～2000 m^3/min（根据实际条件选配），工作噪声≤80 dB(A)，高温高污染环境装备运行寿命＞5年，最高耐受温度150 ℃，高污染散发场所岗位污染物去除率≥85%，工作区颗粒物浓度＜2.5 mg/m^3。	适用于大面积散发、大密度或高温污染气体、烟尘的捕集及室内区域环境控制；应用于高炉出铁场烟气捕集、电炉烟气捕集、卸料间扬尘捕集、大密度污染气体捕集等领域。
2	低风速气流均一型吹吸式通风防毒技术装备	低风速气流均一型吹吸式通风防毒技术装备通过在送排风装置内设置整流结构，实现大面积均匀送风和均匀排风，利用均匀送风与均匀排风相结合形成吹吸式通风，使气流在送排风罩之间均匀移动，将污染物包围在送排风换气区域内，从而增加毒物控制距离；敞开式空间设计，避免排毒设备对作业方式产生影响；在同等控制效果前提下，所需气流风速低，经济节能性较好。该技术装备主要用于工业企业控制距离远、污染面积大且敞开式作业的毒物防护。	毒物控制区域内控制风速可在0.3～0.7 m/s之间均匀调节，控制风速不均匀度＜0.25（数值越小表示气流越均匀）；在调节均匀送风罩和均匀排风罩的前提下，毒物控制距离可达5 m以上。	该技术装备是一种普适性尘毒控制通风技术装置，可广泛适用于印刷、制鞋、箱包制造、家具制造、冶金、化工、制药、电子等行业中刷胶、打磨、焊接、有机溶剂作业、分装等场所的尘毒危害治理，以及化验室和医院病理室的毒物控制。

续表

序号	技术装备名称	主要功能	主要技术指标	适用范围
3	矿井下柴油车尾气低温等离子体协同催化净化技术	采用低温等离子体与催化技术相结合，净化矿井内柴油车尾气污染物；通过稀土改性制备非贵金属催化剂，利用低温等离子体放电强化催化剂的吸附和催化性能，进而提高矿用柴油车尾气的净化效率；尾气中碳微粒（PM）被静电捕集，碳氢化合物（HC）被吸附剂浓缩，活化后的PM和HC还原尾气中的氮氧化物（NO_x）。具有体积小、重量轻、安全防爆等优点。	适用于27～375 kW矿用柴油车排放尾气净化，功率消耗≤柴油机动力的5%，单位体积尾气的能耗≤12 J/L，尾气中氮氧化物去除率＞90%，CO净化效率＞87%，HC净化效率＞82%，碳烟排放满足GB 36886—2018要求，净化后的尾气质量满足国Ⅵ排放标准。	适用于矿井下无轨胶轮柴油车尾气净化，以及含有易燃易爆气体隧道开凿施工过程中以柴油机为动力的运输车辆尾气净化；同时，也适用于受限空间内船舶柴油机尾气净化。
4	基于负压调适与扩容蓄调机制的通风技术	根据高温颗粒物自迁移特性及环境控制需求不同，研发了系列专门化通风技术。基于负压调适机制的捕集罩优化关键技术，通过调节捕集罩口负压分布，有效控制高温颗粒物向负压区迁移，大幅提高高温颗粒物控制效率；基于扩容蓄调机制的捕集罩优化关键技术，在捕集罩罩内形成具有一定容积的缓冲蓄容空间，有效降低间歇生产过程阵发性高温颗粒物逃逸。实现高温颗粒物的高效捕集，减小通风系统对生产操作干扰，有效降低通风系统运行能耗。	基于负压调适机制的通风技术，在系统能耗降低30%的条件下，工作区颗粒物浓度峰值不超过4 mg/Nm^3；相同通风系统能耗下，基于扩容蓄调机制的通风技术捕集效率较同类技术提高15%左右。	适用于工业厂房包括高温烟尘在内的多种类污染物高效控制，如钢铁行业中高炉、转炉、电炉的高温高浓度尘毒的高效捕集，并可推广应用于有色金属冶炼、橡胶生产、化工制品加工等行业有毒有害气体的高效捕集。

续表

序号	技术装备名称	主要功能	主要技术指标	适用范围
5	化学品槽车密闭卸车防毒技术	利用旋转活塞泵卸车与残液回收工艺实现一泵完成卸油、残液回收(扫仓)等多种作业;通过循环加热卸车工艺与控制方法有效实现了冬季低温地区槽车的低耗能快速解冻和快速卸车;利用新式锁紧密封装置实现了鹤管与槽车罐口的高效密封并解决鹤管对位误差和罐体沉降难题;采用卸车液位监控与预警系统实现了卸车与残液回收的自动控制与切换,避免容积泵卸车气阻、气蚀。具有高自动化、密闭化、卸车效率高、物料损耗少和能耗低等技术优势。	鹤管密封处泄漏检测值为0.008%V(80 ppm),远低于国家规定的允许泄漏值0.05%V;卸车结束后残液量<10 L/车,显著低于潜油泵卸车技术(约20 L/车)的残液量,卸车时间较潜油泵卸车技术减少1/3～1/2;作业场所苯浓度<2.5 mg/m^3。	适用于苯、油品及其他化学品槽车的密闭卸车。